선재국어

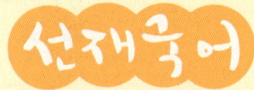

선재국어가 제시하는
초효율 학습 전략

—
부담 없는 분량의 전 범위 문제 풀이로
꾸준한 실전 감각 유지

—
최신 공무원 시험 경향에 맞춘
독해 신유형 강화

—
풍부하고 자세한
보충 자료와 문제 해설

—
친절한 선재 쌤의 학습 조언
선재 쌤's 공감 Tip

2024

매일 국어

3

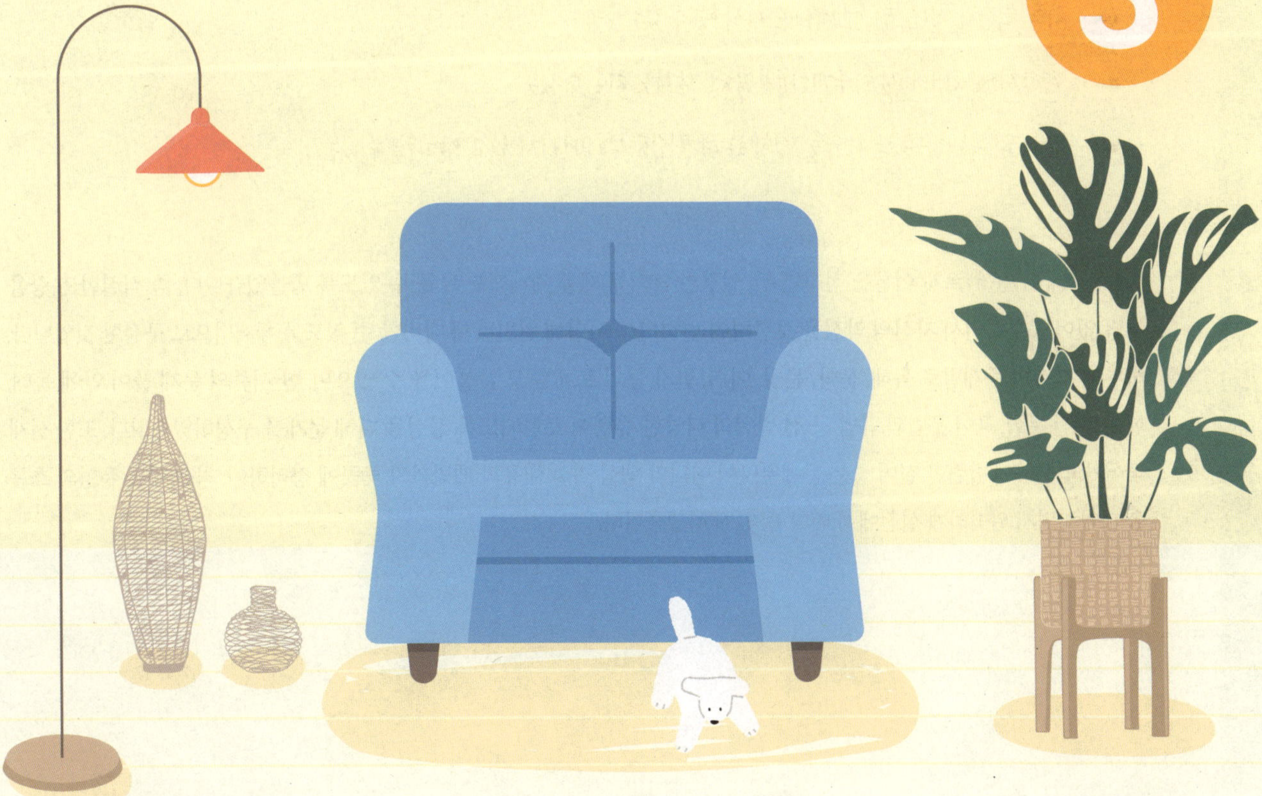

이선재·선재국어연구소 편저

수비니겨

Intro

좋은 문제로 꾸준히, 적절한 분량으로 부담 없이
가장 효율적인 국어 학습 전략을 택하라

공무원 시험의 전공과목이 필수 과목으로 전환된 후, 상대적으로 낯선 전공과목의 학습이 수험생들에게 큰 부담으로 다가오고 있습니다. 또한 지엽적인 지식형 문제의 출제를 지양하고 추론형 문제를 강화하겠다는 인사 혁신처의 발표는 수험생들의 불안감을 한층 더 가중시키고 있습니다. 이러한 변화 속에서 가장 필요한 것은 수험생들의 국어 학습에 대한 부담을 줄이면서도 실전 감각을 더욱 예리하게 만드는, 효율적인 국어 학습 전략일 것입니다. 지금과 같은 시기에 《매일 국어》는 **지속적인 문제 풀이와 반복 학습을 통해, 부담 없는 분량으로도 최대의 효과를 낼 수 있는 최고의 전략**이 되리라 확신합니다.

- 이론 학습이 끝난 뒤 언제라도 시작할 수 있는
- 평상시에 국어의 감을 유지하며 실전 감각도 키울 수 있는
- 강화된 독해와 문학 연습을 병행하며 문법도 잊어버리지 않고 암기할 수 있는

《매일 국어》는 빠르게 이론을 정리한 뒤, 일정한 양의 문제를 체계적으로 풀 수 있도록 만들었습니다. 즉 **적절한 분량을 부담 없이 공부하면서 자신의 약점을 보강하여 변화하는 시험에 완벽하게 대비**할 수 있도록 체계적으로 구성한 것입니다. 하루에 각각의 주제별로 독해, 문학, 문법, 어휘, 한자 등의 문제를 모두 풀어볼 수 있으며, **한 시즌의 문제 풀이 안에 독해, 현대·고전 문학, 국어 문법과 규범 등 전 범위의 다양한 유형이 포함되도록 정성을 다해 문제를 구성**하였습니다. 또한 선재국어가 엄선하여 마련한 질이 좋은 문제뿐만이 아니라 핵심 기출 내용과 개념까지 곳곳에 정리하여, 최신 기출 유형의 흐름을 파악하면서 완벽하게 실전에 대비할 수 있게 하였습니다.

필자의 말씀

- **학습 동영상** gong.conects.com
- **카페** cafe.daum.net/sjexam
- **인스타그램** @sj_ssam
- **유튜브** 선재국어TV

《2024 매일 국어》는 여기에 머무르지 않고, 변화하는 공무원 시험에 맞게, 보다 효율적이고도 강화된 구성을 취하였습니다. 수험생들의 취약점이 개인별로 상이하다는 것을 감안하여, 시즌별로 테마를 정해 문제를 구성한 것입니다.

《2024 매일 국어 1》은 기본 이론 편으로, **기본적인 개념을 확실하게 익히기 위한 문제들로 구성되어 있습니다.** 독해가 강조되는 요즘 추세에 맞게 독해 문항 개수를 늘렸으며, **문제 순서를 기본서의 흐름과 동일하게 배치**하여, 문제를 풀면서 자연스럽게 핵심 이론을 다시 복습할 수 있도록 하였습니다.

이어지는 《2024 매일 국어 2》와 《2024 매일국어 3》은 영역별 정리와 강화에 중점을 두어, 시즌 1에서 익힌 기본 개념을 바탕으로 보다 다양한 유형의 문제를 풀며 자신의 약점을 보완할 수 있도록 구성하였습니다. 그리고 《2024 매일 국어 4》는 실제 시험과 유사한 문제로 구성한 미니 모의고사로 준비하였습니다. 기존의 문제 유형은 물론 신유형의 문제도 배치하여 한 것입니다.

지금부터, 이 자리에서, 꾸준하게, 좋은 문제로 훈련하라

우공이산(愚公移山), 지금은 비록 작은 한 걸음에 불과하지만, 꾸준함이 우리를 합격으로 이끌 것입니다. 합격을 앞당기기 위한 방법은 멀리 있는 것이 아닙니다. **지금부터, 이 자리에서, 꾸준하고 성실하게 학습을 하는 것이야말로, 합격으로 가는 지름길**일 것입니다. 우직하고 끈기 있게 목표를 향해 나아가는 수험생 여러분들을 위해, 저는 더욱더 좋은 문제와 자료로 합격을 앞당기기 위해 노력하겠습니다. 보다 좋은 책과 강의를 통해 여러분의 성원에 보답할 수 있도록, 제자리에서 더욱 노력하겠습니다. 여러분의 땀과 노력이 합격이라는 소중한 열매로 맺어지기를, 진심으로 소망합니다.

2023. 8. 노량진 연구실에서
이선재

Construction

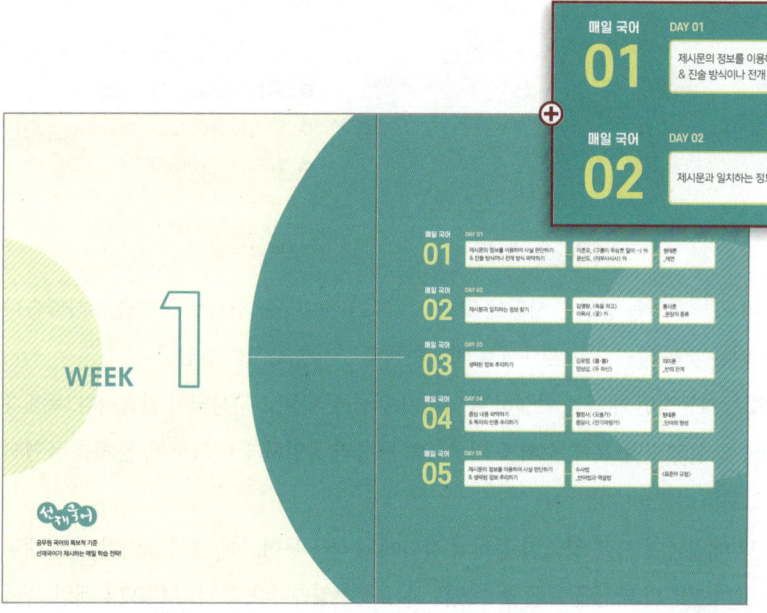

오늘의 학습 주제

《수비니겨 기본서》의 해당 부분을 같이 공부하면 더욱 효과적입니다.

독해 실전과 같은 최신 유형의 문제로 독해 감각을 꾸준하게 유지할 수 있습니다.
문학 현대 문학, 고전 문학의 여러 장르, 다양한 작품을 미리 접해 볼 수 있습니다.
문법 한 가지 주제에 대한 실전 문제로 문법 실력을 강화할 수 있습니다.

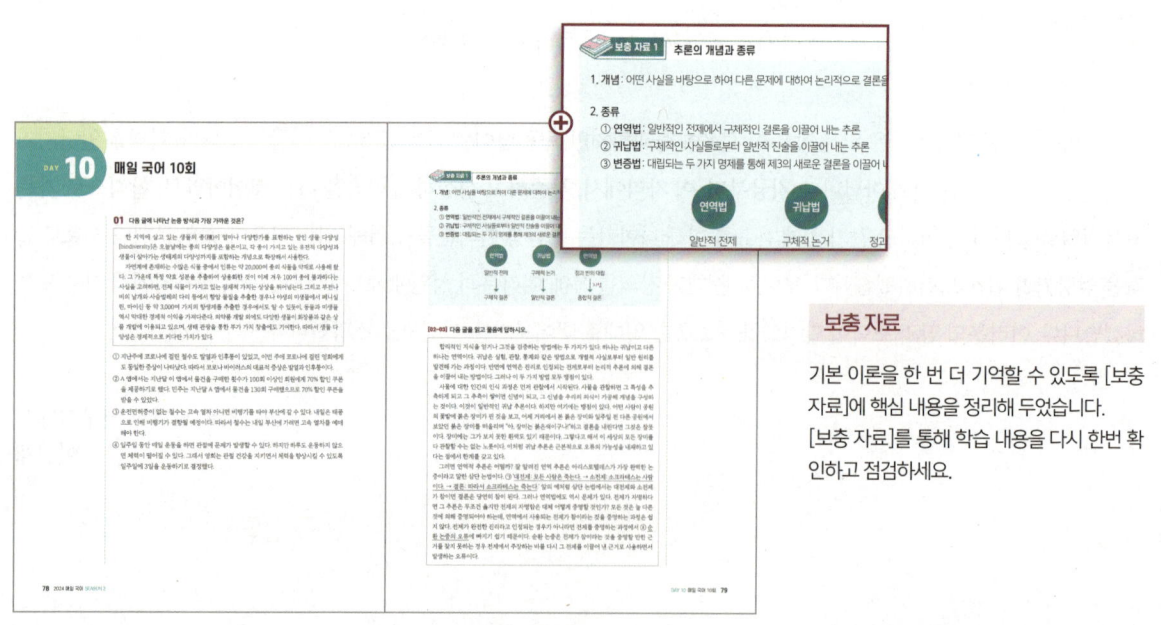

보충 자료

기본 이론을 한 번 더 기억할 수 있도록 [보충 자료]에 핵심 내용을 정리해 두었습니다.
[보충 자료]를 통해 학습 내용을 다시 한번 확인하고 점검하세요.

구성과 특징

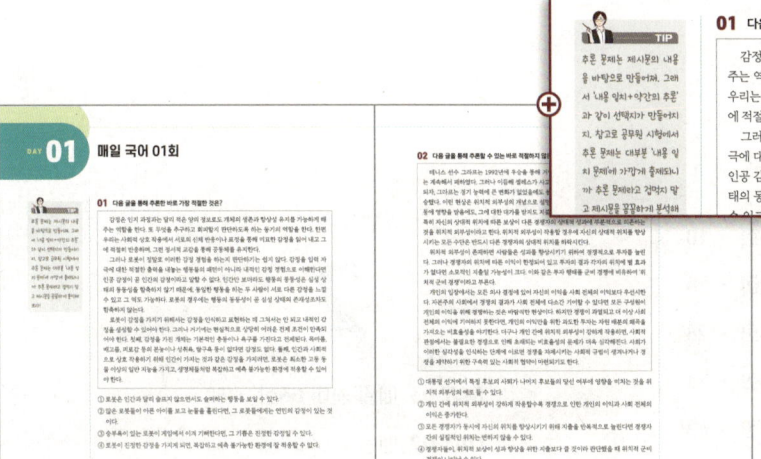

선재 쌤의 학습 Tip

- 이러한 문제 유형에는 어떻게 접근해야 하는지
- 문제를 어떻게 풀어야 하는지
- 문제의 어떤 부분이 핵심 포인트인지

선재 쌤이 옆에서 직접 말씀해 주시는 것처럼 친절하고 자세하게 알려드립니다.

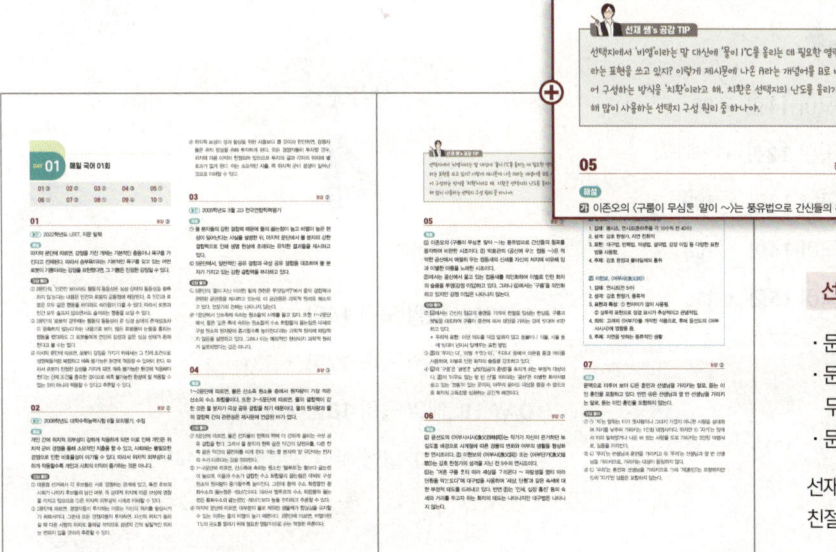

선재 쌤의 공감 Tip

- 문제를 풀 때 중요한 부분은 어디인지
- 문제와 관련해서 더 알아 두어야 하는 것은 무엇인지
- 문제 해당 파트는 어떻게 복습해야 하는지

선재 쌤이 옆에서 직접 말씀해 주시는 것처럼 친절하고 자세하게 알려드립니다.

Contents

차례

WEEK 1

- **DAY 01** 매일 국어 **01**회 • 10
- **DAY 02** 매일 국어 **02**회 • 18
- **DAY 03** 매일 국어 **03**회 • 28
- **DAY 04** 매일 국어 **04**회 • 36
- **DAY 05** 매일 국어 **05**회 • 43

WEEK 2

- **DAY 06** 매일 국어 **06**회 • 52
- **DAY 07** 매일 국어 **07**회 • 58
- **DAY 08** 매일 국어 **08**회 • 64
- **DAY 09** 매일 국어 **09**회 • 71
- **DAY 10** 매일 국어 **10**회 • 78

WEEK 3

- **DAY 11** 매일 국어 **11**회 • 88
- **DAY 12** 매일 국어 **12**회 • 96
- **DAY 13** 매일 국어 **13**회 • 102
- **DAY 14** 매일 국어 **14**회 • 108
- **DAY 15** 매일 국어 **15**회 • 116

WEEK 4

- **DAY 16** 매일 국어 **16**회 • 124
- **DAY 17** 매일 국어 **17**회 • 131
- **DAY 18** 매일 국어 **18**회 • 139
- **DAY 19~20** 실력 확인 모의고사 • 148

Guide

매일 국어 SEASON 3 학습 주제

WEEK 1

DAY 01 매일 국어 01회	제시문의 정보를 이용하여 사실 판단하기 & 진술 방식이나 전개 방식 파악하기	이존오, 〈구룸이 무심툰 말이 ~〉 外 윤선도, 〈어부사시사〉 外	형태론 _체언
DAY 02 매일 국어 02회	제시문과 일치하는 정보 찾기	김영랑, 〈독을 차고〉 이육사, 〈꽃〉 윤동주, 〈참회록〉	통사론 _문장의 종류
DAY 03 매일 국어 03회	생략된 정보 추리하기	김유정, 〈봄·봄〉 염상섭, 〈두 파산〉	의미론 _반의 관계
DAY 04 매일 국어 04회	중심 내용 파악하기 & 독자의 반응 추리하기	월명사, 〈도솔가〉 충담사, 〈찬기파랑가〉	형태론 _단어의 형성
DAY 05 매일 국어 05회	제시문의 정보를 이용하여 사실 판단하기 & 생략된 정보 추리하기	수사법 _반어법과 역설법	〈표준어 규정〉

WEEK 2

DAY 06 매일 국어 06회	생략된 단어나 접속어 추리하기 & 제시문과 일치하는 정보 찾기	작가 미상, 〈옥낭자전〉 작가 미상, 〈전우치전〉	언어의 특성
DAY 07 매일 국어 07회	진술 방식이나 전개 방식 파악하기 & 태도와 관점·의도 추리하기	전상국, 〈우상의 눈물〉 김승옥, 〈무진기행〉	통사론 _사동 표현과 피동 표현
DAY 08 매일 국어 08회	구조에 맞게 문장이나 문단 배열하기	작가 미상, 〈서경별곡〉 작가 미상, 〈동동〉	음운론 _음운 변동
DAY 09 매일 국어 09회	말하기 방식	이개, 〈방 안에 혓는 촉불 ~〉 外 이별, 〈장육당육가〉 外	형태론 _관계언
DAY 10 매일 국어 10회	논증과 추론	법정, 〈설해목〉 조지훈, 〈돌의 미학〉 이청준, 〈아름다운 흉터〉	〈표준 발음법〉

WEEK 3

DAY 11 매일 국어 11회	제재와 구성	박완서, 〈아저씨의 훈장〉 이문구, 〈유자소전〉	통사론 _높임 표현
DAY 12 매일 국어 12회	논증과 오류 & 말하기 방식	정철, 〈속미인곡〉 정철, 〈관동별곡〉	〈한글 맞춤법〉 _준말
DAY 13 매일 국어 13회	태도와 관점·의도 추리하기 & 생략된 단어 추리하기	함세덕, 〈고목〉 유치진, 〈토막〉	통사론 _서술어의 자릿수
DAY 14 매일 국어 14회	제시문과 일치하는 정보 찾기	박지원, 〈소단적치인〉 허균, 〈통곡헌 기〉	〈한글 맞춤법〉 _띄어쓰기
DAY 15 매일 국어 15회	조건에 맞게 쓰기	문순태, 〈징 소리〉	〈한글 맞춤법〉

WEEK 4

DAY 16 매일 국어 16회	진술 방식이나 전개 방식 파악하기 & 독자의 반응 추리하기	한림 제유, 〈한림별곡〉	고전 문법
DAY 17 매일 국어 17회	말하기의 종류와 원리 & 말하기 방식	작가 미상, 〈봉산 탈춤〉	〈로마자 표기법〉
DAY 18 매일 국어 18회	복합 문제의 이해	김기택, 〈멸치〉 안도현, 〈간격〉 황지우, 〈새들도 세상을 뜨는구나〉	〈문장 부호론〉
DAY 19~20	매일 국어 실력 확인 모의고사		

WEEK 1

공무원 국어의 독보적 기준
선재국어가 제시하는 매일 학습 전략!

매일 국어 01
DAY 01
- 제시문의 정보를 이용하여 사실 판단하기 & 진술 방식이나 전개 방식 파악하기
- 이존오, 〈구룸이 무심툰 말이 ~〉 外
  윤선도, 〈어부사시사〉 外
- 형태론
  _체언

매일 국어 02
DAY 02
- 제시문과 일치하는 정보 찾기
- 김영랑, 〈독을 차고〉
  이육사, 〈꽃〉
  윤동주, 〈참회록〉
- 통사론
  _문장의 종류

매일 국어 03
DAY 03
- 생략된 정보 추리하기
- 김유정, 〈봄·봄〉
  염상섭, 〈두 파산〉
- 의미론
  _반의 관계

매일 국어 04
DAY 04
- 중심 내용 파악하기 & 독자의 반응 추리하기
- 월명사, 〈도솔가〉
  충담사, 〈찬기파랑가〉
- 형태론
  _단어의 형성

매일 국어 05
DAY 05
- 제시문의 정보를 이용하여 사실 판단하기 & 생략된 정보 추리하기
- 수사법
  _반어법과 역설법
- 〈표준어 규정〉

DAY 01 매일 국어 01회

TIP

추론 문제는 제시문의 내용을 바탕으로 만들어져. 그래서 '내용 일치+약간의 추론'과 같이 선택지가 만들어지지. 참고로 공무원 시험에서 추론 문제는 대부분 '내용 일치 문제'에 가깝게 출제되니까 추론 문제라고 겁먹지 말고 제시문을 꼼꼼하게 분석해 보자!

01 다음 글을 통해 추론한 바로 가장 적절한 것은?

> 감정은 인지 과정과는 달리 적은 양의 정보로도 개체의 생존과 항상성 유지를 가능하게 해 주는 역할을 한다. 또 무엇을 추구하고 회피할지 판단하도록 하는 동기의 역할을 한다. 한편 우리는 사회적 상호 작용에서 서로의 신체 반응이나 표정을 통해 미묘한 감정을 읽어 내고 그에 적절히 반응하며, 그런 정서적 교감을 통해 공동체를 유지한다.
>
> 그러나 로봇이 정말로 이러한 감정 경험을 하는지 판단하기는 쉽지 않다. 감정을 입력 자극에 대한 적절한 출력을 내놓는 행동들의 패턴이 아니라 내적인 감정 경험으로 이해한다면 인공 감정이 곧 인간의 감정이라고 말할 수 없다. 인간만 보더라도 행동의 동등성은 심성 상태의 동등성을 함축하지 않기 때문에, 동일한 행동을 하는 두 사람이 서로 다른 감정을 느낄 수 있고 그 역도 가능하다. 로봇의 경우에는 행동의 동등성이 곧 심성 상태의 존재성조차도 함축하지 않는다.
>
> 로봇이 감정을 가지기 위해서는 감정을 인식하고 표현하는 데 그쳐서는 안 되고 내적인 감정을 생성할 수 있어야 한다. 그러나 거기에는 현실적으로 상당히 어려운 전제 조건이 만족되어야 한다. 첫째, 감정을 가진 개체는 기본적인 충동이나 욕구를 가진다고 전제된다. 목마름, 배고픔, 피로감 등의 본능이나 성취욕, 탐구욕 등이 없다면 감정도 없다. 둘째, 인간과 사회적으로 상호 작용하기 위해 인간이 가지는 것과 같은 감정을 가지려면, 로봇은 최소한 고등 동물 이상의 일반 지능을 가지고, 생명체들처럼 복잡하고 예측 불가능한 환경에 적응할 수 있어야 한다.

① 로봇은 인간과 달리 슬프지 않으면서도 슬퍼하는 행동을 보일 수 있다.
② 많은 로봇들이 아픈 아이를 보고 눈물을 흘린다면, 그 로봇들에게는 연민의 감정이 있는 것이다.
③ 승부욕이 있는 로봇이 게임에서 이겨 기뻐한다면, 그 기쁨은 진정한 감정일 수 있다.
④ 로봇이 진정한 감정을 가지게 되면, 복잡하고 예측 불가능한 환경에 잘 적응할 수 없다.

02 다음 글을 통해 추론할 수 있는 바로 적절하지 않은 것은?

> 테니스 선수 그라프는 1992년에 우승을 통해 거액을 벌었지만, 유독 숙적인 셀레스에게는 계속해서 패하였다. 그러나 이듬해 셀레스가 사고를 당해 더 이상 경기에 참여할 수 없게 되자, 그라프는 경기 능력에 큰 변화가 없었음에도 불구하고 이후 승률이 거의 두 배 이상 상승했다. 이런 현상은 위치적 외부성의 개념으로 설명된다. 한 사람의 보상이 다른 사람의 행동에 영향을 받음에도, 그에 대한 대가를 받지도 지불하지도 않는 현상을 외부성이라고 한다. 특히 자신의 상대적 위치에 따른 보상이 다른 경쟁자의 상대적 성과에 부분적으로 의존하는 것을 위치적 외부성이라고 한다. 위치적 외부성이 작용할 경우에 자신의 상대적 위치를 향상시키는 모든 수단은 반드시 다른 경쟁자의 상대적 위치를 하락시킨다.
>
> 위치적 외부성이 존재하면 사람들은 성과를 향상시키기 위하여 경쟁적으로 투자를 늘린다. 그러나 경쟁자의 위치에 따른 이익이 한정되어 있고 투자의 결과 각자의 위치에 별 효과가 없다면 소모적인 지출일 가능성이 크다. 이와 같은 투자 행태를 군비 경쟁에 비유하여 '위치적 군비 경쟁'이라고 부른다.
>
> 개인의 입장에서는 모든 의사 결정에 있어 자신의 이익을 사회 전체의 이익보다 우선시한다. 자본주의 사회에서 경쟁의 결과가 사회 전체에 다소간 기여할 수 있다면 모든 구성원이 개인의 이익을 위해 경쟁하는 것은 바람직한 현상이다. 하지만 경쟁이 과열되고 더 이상 사회 전체의 이익에 기여하지 못한다면, 개인의 이익만을 위한 과도한 투자는 자원 배분의 왜곡을 가져오는 비효율성을 야기한다. 더구나 개인 간에 위치적 외부성이 강하게 작용하면, 사회적 관점에서는 불필요한 경쟁으로 인해 초래되는 비효율성의 문제가 더욱 심각해진다. 사회가 이러한 심각성을 인식하는 단계에 이르면 경쟁을 자제시키는 사회적 규범이 생겨나거나 경쟁을 제약하기 위한 구속력 있는 사회적 협약이 마련되기도 한다.

① 대통령 선거에서 특정 후보의 사퇴가 나머지 후보들의 당선 여부에 영향을 미치는 것을 위치적 외부성의 예로 들 수 있다.
② 개인 간에 위치적 외부성이 강하게 작용할수록 경쟁으로 인한 개인의 이익과 사회 전체의 이익은 증가한다.
③ 모든 경쟁자가 동시에 자신의 위치를 향상시키기 위해 지출을 반복적으로 늘린다면 경쟁자 간의 실질적인 위치는 변하지 않을 수 있다.
④ 경쟁자들이, 위치적 보상이 성과 향상을 위한 지출보다 클 것이라 판단했을 때 위치적 군비 경쟁이 나타날 수 있다.

[03~04] 다음 글을 읽고 물음에 답하시오.

물[H_2O]은 비정상적이라고 할 만큼 끓는점이 높다. 일반적으로 같은 족에 속하는 원소들은 화학적으로 유사한 성질을 지니며, 그들의 끓는점은 원자량이 증가할수록 높아진다. 이는 산소족에 속하는 원소들의 경우에도 마찬가지이다. 즉, 산소, 황, 셀레늄, 텔루르 등의 순으로 끓는점이 높아진다. 이들은 동일한 방식으로 수소와 결합하여 수소 화합물을 이루며, 이들 화합물의 끓는점은 대체로 구성 원소의 원자량이 증가할수록 높아진다.

그런데 유독 물의 경우에는 끓는점이 비정상적으로 높다. 황의 수소 화합물인 황화수소[H_2S]의 끓는점이 -59.6℃인 데 비해 산소족 원소들 중에서 원자량이 가장 적은 산소의 수소 화합물인 물은 끓는점이 100℃나 되는 것이다. 단순히 원칙대로만 따지면, 물의 끓는점은 -80℃ 정도여야 한다. 뿐만 아니라 물은 다른 물질들에 비해 1℃의 온도를 올리기 위해 필요한 열량, 즉 비열이 대단히 높다. 어떤 물질의 온도를 높이기 위해 많은 양의 열이 필요하다는 말은, 온도가 내려갈 때 그만큼 많은 열에너지를 방출한다는 의미도 된다.

이렇게 물의 끓는점이 높고 비열이 큰 이유는 물 분자들 사이의 강한 결합력 때문이다. 물의 단독 분자를 찾으려고 하는 것은 소용없는 일이라는 말이 있을 정도로, 물 분자들은 강한 결합력을 바탕으로 집단을 이루고 있기 때문에 온도를 높이는 데 많은 열이 필요하며 쉽게 기화되지 않는 것이다.

또한 물은 가장 뛰어난 용매이기도 하다. 물질들을 물속에 넣으면 그 물질의 원자나 분자 사이에 작용하던 힘이 매우 약해져서 쉽게 녹아 버린다. 물이 이렇게 뛰어난 용해력을 갖는 것은 물 분자가 자기들끼리 결합하는 힘뿐만 아니라 다른 물질의 원자나 분자를 자기 쪽으로 끌어당기는 힘도 역시 매우 강하기 때문이다.

물이 지닌 이러한 힘의 원천은 무엇일까? 그것은 물 분자가 '극성 공유 결합'의 형태로 존재하는 것에서 찾을 수 있다. 일반적인 공유 결합으로 이루어진 분자의 두 핵은 그 사이에 있는 전자들을 동등하게 공유하지만, 극성 공유 결합을 한 분자의 경우에는 전자들이 한쪽의 핵에 더 강하게 끌리게 된다. 이 때문에 분자의 한쪽 끝은 약간의 양전하를 띠게 되고 다른 쪽 끝은 약간의 음전하를 띠게 된다. 양전하를 띠는 부분과 음전하를 띠는 부분이 쉽게 결합한다는 것은 상식이다. 이러한 결합 방식 덕분에, 물 분자들끼리의 결합력이 다른 물질의 분자들에 비해 강할 뿐만 아니라, 다른 물질들과도 쉽게 극성 공유 결합을 이룸으로써 그 물질을 용해시킬 수 있는 것이다.

물의 이러한 성질은 생명 현상에 매우 유익한 결과들을 초래한다. 물 분자들의 결합력 덕분에 물은 상온에서 기체 상태가 아니라 액체와 고체 상태로도 존재할 수 있는 것이고, 더불어 물을 생명 유지의 근간으로 삼고 있는 우리 생물체들도 존재할 수 있는 것이다. 게다가 물은 비열이 높기 때문에 온도에 민감하지 않다. 즉 항상성이 크다. 그 덕분에 대부분이 물로 채워진 생물체와 지구는 급격한 변화를 겪지 않고 항상성을 유지할 수 있다. 생물체 내에서 이루어지는 다양한 신진대사 역시 물의 강한 용해력이 없다면 불가능한 일이다.

03 이 글에 나타난 전개 방식으로 적절한 것만을 〈보기〉에서 모두 고르면?

── 보기 ──
㉠ 특정 현상이 일어나는 원인을 분석하고 그에 수반되는 효과를 제시하고 있다.
㉡ 화제와 관련된 궁금증들을 전문가의 견해를 덧붙여 해소하고 있다.
㉢ 과학 현상을 대조하여 특정 대상이 가진 특징을 부각하고 있다.
㉣ 구체적 사례를 통해 잘못된 과학적 원리를 바로잡고 있다.

① ㉠, ㉡   ② ㉠, ㉢   ③ ㉢, ㉣   ④ ㉠, ㉢, ㉣

04 이 글에서 추론한 내용으로 적절하지 않은 것은?

① 물 분자의 양 극단에 놓인 전자들의 수는 서로 다를 것이다.
② 텔루르의 수소 화합물은 끓는점이 –59.6℃보다 높을 것이다.
③ 물은 산소족에 속하는 원소들의 수소 화합물 중 원자량이 가장 많아 결합력이 강할 것이다.
④ 체내 수분 함량이 높은 인체가 항상성을 유지할 수 있는 것은 물이 1℃를 올리는 데 많은 열량이 필요하기 때문이다.

05 〈가〉와 〈나〉에 대한 설명으로 옳지 않은 것은?

가 구룸이 무심툰 말이 아마도 허랑(虛浪)ᄒ다.
중천(中天)에 ᄠᅥ 이셔 임의(任意)로 ᄃᆞ니면셔
구티야 광명(光明)ᄒᆞᆫ 날빗ᄎᆞᆯ ᄯᅡ라가며 덥ᄂᆞ니.
— 이존오

나 공산(空山)에 우는 접동 너는 어이 우지는다.
너도 날과 갓치 무음 이별(離別) ᄒᆞ엿ᄂᆞ냐.
아무리 피ᄂᆞ게 운들 대답이나 ᄒᆞ더냐.
— 박효관

① **가**와 **나**는 의인화된 자연물에 감정을 이입하여 화자의 정서를 표현하고 있다.
② **가**는 우의적 표현과 자연물의 대비를 통해 부정적 현실을 비판하고 있다.
③ **나**는 의문형 종결 어미를 사용하여 화자의 정서를 강조하고 있다.
④ **가**의 '구룸'은 화자가 부정적으로 인식하는 대상이며, **나**의 '공산'은 화자의 고독감을 심화하는 배경이다.

TIP
시조는 시험에 자주 출제되는 고전 문학 장르인데, 작품 수가 굉장히 많기 때문에 대표 작품을 주제별로 나누어 공부하는 것이 좋아. 시조에 잘 나타나는 주제로는 '유교적 충의, 풍유, 이별과 그리움, 풍자·비판' 등이 있어.

06 가와 나에 대한 설명으로 적절하지 않은 것은?

> 가 백운(白雲)이 니러나고 나모 긋티 흐느낀다.
> 돋 두라라 돋 두라라
> 밀믈의 셔호(西湖) ㅣ 오, 혈믈의 동호(東湖) 가쟈.
> 지국총(至匊悤) 지국총(至匊悤) 어스와(於思臥)
> 빅빈 홍료(白蘋紅蓼)는 곳마다 경(景)이로다.
> 추사(秋詞) 3
>
> 묽ᄀ의 외로온 솔 혼자 어이 싁싁ᄒ고.
> 빈 미여라 빈 미여라
> 머흔 구롬 흔(恨)티 마라 셰샹(世上)을 ᄀ리온다.
> 지국총(至匊悤) 지국총(至匊悤) 어스와(於思臥)
> **파랑성(波浪聲)**을 염(厭)티 마라 단훤(塵喧)*을 막는도다.
> 동사(冬詞) 8
– 윤선도, 〈어부사시사〉
>
> 나 이 듕에 시름 업스니 어부의 생애(生涯)이로다.
> 일엽편주(一葉扁舟)를 만경파(萬頃波)에 띄워 두고
> 인세(人世)를 다 니젯거니 날 가는 줄를 안가.
>
> 구버는 **천심 녹수**(千尋綠水) 도라보니 만첩청산(萬疊靑山)
> 십장 홍진(十丈紅塵)이 언매나 ᄀ롓는고.
> 강호(江湖)에 월백(月白)ᄒ거든 더옥 무심(無心)하얘라. [중략]
>
> 장안을 도라보니 북궐(北闕)이 천 리로다.
> 어주(漁舟)에 누어신들 니즌 스치 이시랴.
> 두어라 내 시름 아니라 제세현(濟世賢)이 업스랴.
> – 이현보, 〈어부사〉
>
> * 단훤: 속세에서 시비를 가리는 시끄러운 소리

① 가와 나는 대구법을 활용해 속세에 대한 태도를 드러내고 있다.
② 가의 '파랑셩'과 나의 '천심 녹수'는 유사한 기능을 한다.
③ 가와 나는 강호에서 느끼는 한정을 노래하고 있다.
④ 가와 달리 나의 화자는 우국충정을 드러내고 있다.

07 ㉠~㉣에 대한 설명으로 옳은 것은?

> (음악실에서 선생님과 훈민이 대화하고 있다.)
> 훈민: 대회가 이제 다음 주예요. ㉠저는 실수할까봐 너무 걱정이 돼요.
> 선생님: 괜찮을 거야. 연습 많이 했잖아. 나도 열심히 가르쳤고. ㉡우리 둘이 그동안 최선을 다 했는데 좋은 결과가 있지 않을까?
> 훈민: 네. 그렇게 믿을게요. 선생님은 같이 못 들어가시는 거죠?
> 선생님: 그래. 대회장에는 학생들만 들어갈 수 있잖아. 혼자서 괜찮겠어?
> 훈민: 정음이가 ㉢자기가 같이 가겠다고 했어요. 제 짐도 지켜 주고, 응원도 해 준대요.
> 선생님: 다행이다. 그날 선생님도 옆 반 선생님이랑 함께 가기로 했어. ㉣우리는 대회장 밖에서 응원할게. 그럼, 파이팅!

① ㉠과 ㉢은 모두 1인칭 대명사이다.
② ㉡과 ㉣은 가리키는 대상이 모두 동일하다.
③ ㉡은 듣는 이를 포함하지만 ㉣은 포함하지 않는다.
④ ㉡은 ㉠과 ㉢을 모두 아우르고 있다.

보충 자료 | 대명사 '우리'와 '당신'

1. 우리
① 말하는 이가 자기와 듣는 이, 또는 자기와 듣는 이를 포함한 여러 사람을 가리키는 1인칭 대명사
　예 우리가 나아갈 길 / 어머니, 우리 오늘 도봉산에 갈까요?
② 말하는 이가 자기를 포함한 여러 사람을 가리키는 1인칭 대명사. 듣는 이를 포함하지 않는다.
　예 우리 먼저 나간다. 수고해라. / 언젠가 자네가 우리 부부를 초대한 적이 있었지.
③ 말하는 이가 어떤 대상이 자기와 친밀한 관계임을 나타낼 때 쓰는 말
　예 우리 엄마 / 우리 동네 / 우리 학교 교정은 넓지는 않지만 깨끗하다.

2. 당신
① 듣는 이를 가리키는 2인칭 대명사. 하오할 자리에 쓴다.
　예 이 일을 한 사람이 당신이오?
② 부부 사이에서, 상대편을 높여 이르는 2인칭 대명사
　예 당신에게 좋은 남편이 되겠소.
③ 맞서 싸울 때 상대편을 낮잡아 이르는 2인칭 대명사
　예 당신이 뭔데 참견이야.
④ 3인칭 '자기'를 아주 높여 이르는 말
　예 아버지는 당신과는 아무 상관 없는 사람이라도 부당한 대우를 받는 것을 보면 참지 못하신다.

08 밑줄 친 '당신' 중에서 인칭이 다른 것은? 2022 서울시 기술직 2차

① 할아버지께서는 생전에 당신의 장서를 소중히 다루셨다.
② 당신에게 좋은 남편이 되도록 노력하겠소.
③ 당신의 희생을 잊지 않겠습니다.
④ 이 일을 한 사람이 당신입니까?

TIP
어휘의 뜻풀이 문제는 솔직히 복불복이지. 그렇다고 손 놓고 있을 수는 없지. 기출 어휘를 중심으로 꾸준히 공부하면서 어휘의 양을 조금씩 늘리는 방법으로 시험에 대비해 보자!

09 밑줄 친 어휘의 사전적 의미로 옳지 않은 것은?

① 그는 부엌에서 갖가지 양념을 뒤져내기도 했고, 작은방에서는 쌀을 퍼내기도 했다.
  - 뒤져내다: 샅샅이 뒤져서 들춰내거나 찾아내다.
② 이 책에는 옛 성인들의 가르침이 오롯이 담겨 있다.
  - 오롯이: 모자람이 없이 온전하게
③ 인절미의 고물로 쓸 것은 거칠게 갈지 말고 잗갈아야 한다.
  - 잗갈다: 잘고 곱게 갈다.
④ 철수만 한 무녀리가 없는 줄 알았는데 영수에 대면 철수는 오히려 실팍한 터수였다.
  - 무녀리: 빈틈없이 아주 여무진 사람

10 ㉠에 들어갈 한자 성어로 가장 적절한 것은?

> 현대판 (㉠)을 실천한 남성이 화제다. 이는 어떤 일이든 꾸준히 하면 꿈을 이룰 수 있음을 이르는 고사성어이다. '미친 사람' 취급 받던 인도네시아 한 남성이 24년간 날마다 나무를 심었다. 마침내 불모의 땅을 푸른 산림으로 바꾸는 기적을 일궜다. 24년간 노력으로 녹지가 우거지고 물이 솟는 '축복의 땅'으로 바꾼 주인공은 인도네시아 사디만 씨다. 그는 산불 탓에 물이 마르고 나무도 사라진 벌거숭이 땅을 바꾸려고 반얀 나무를 심었다. 뿌리가 깊어 많은 물을 저장할 수 있기 때문이었다. 반얀 씨앗을 사기 위해 염소까지 내다 팔아 반얀 씨앗을 사들였다. 마을 사람들은 미친 짓한다고 했다. 아랑곳 하지 않았다. 묵묵히 250ha에 1만 1000그루 반얀 나무와 피쿠스 나무를 심었다. 24년 뒤 숲은 녹지로 변했다. 땅에는 물이 스며들었고 샘물이 솟았다. 나무를 심어 토지를 비옥하게 만들어 마침내 기적을 일궈 냈다.

① 愚公移山　　② 毛遂自薦　　③ 養虎遺患　　④ 錦衣夜行

DAY 02 매일 국어 02회

TIP

내용 일치 문제를 잘 풀려면, 제시문을 꼼꼼하게 읽어야 해. 이것과 함께 '선택지 구성 방식'을 익혀 두면 더욱 좋겠지. 선택지 구성 방식은 출제자가 선택지를 만드는 방법을 의미하는데, 이를 알고 있으면 쉽게 정답을 찾을 수 있어. 《세상에 없던 독해 스킬》에서 자세히 다루고 있으니까 이 책을 활용해 보면 좋을 거야!

01 다음 글의 내용과 부합하지 않는 것은?

　이름이 다양하기로 유명한 생선은 명태가 아닐까 한다. 방금 잡아 올린 명태는 생태, 잡아서 꽁꽁 얼리면 동태, 따뜻한 바닷가에서 완전히 말리면 북어가 되고, 명태 새끼를 바싹 말리면 노가리가 되며, 명태를 반쯤 말리면 코다리가 된다.
　눈과 바람을 맞으며 낮에 녹았다가 밤에 얼기를 4~5개월 반복하면 고소한 맛을 내는 황태가 된다. 해풍에 말린 북어와는 다르게 황태는 대부분 바닷가에서 멀리 떨어진 백두 대간 높은 고갯마루나 산골에서 만들어진다. 특히 황태가 탄생하는 최적의 장소는 겨울에 눈이 많이 내려 적당한 수분을 유지할 수 있는 곳이어야 한다. 때문에 바닷가에서 가까운 곳보다 높은 고갯마루나 산골이 황태의 최적지로 손꼽힌다.
　황태로 변신하기가 하늘의 별 따기만큼 어렵기 때문에 이 과정에서 실패한 생태의 종류도 참으로 다양하다. 황태를 만들 때 너무 추우면 꽁꽁 얼어붙은 백태가 되며, 너무 따뜻해지면 검게 변한 먹태가 돼 황태만큼 제값을 받지 못한다. 얼지 않고 말라 버리는 바람에 딱딱해진 황태는 깡태, 속살이 부드럽지 않고 딱딱한 황태는 골태로 불린다. 이들은 비록 황태로 변신하지 못했을지라도 여전히 생태의 다른 모습으로 사람에게는 더 없이 소중한 먹거리가 된다.
　한 가지 안타까운 사실은 이런 명태가 지구 온난화가 심해지면서 우리 바닷가 근처에서 사라지고 있다는 점이다. 해풍에 말린 북어가 유명한 전남 고성은 지구 온난화로 인한 수온 상승으로 명태의 주산지라는 말이 무색하게 됐다.

① 북어, 노가리, 코다리는 명태를 건조한 것이다.
② 황태는 수분을 유지하기 위해 고갯마루나 산골에서 건조한다.
③ 황태 되기에 실패한 백태, 깡태, 골태 등은 폐기 처분해야 한다.
④ 해수 온도의 상승은 명태 생존에 악영향을 미친다.

02 다음 글에 나타난 글쓴이의 생각과 일치하는 것은?

> 스와데시의 정신이란 우리가 가까운 주변에 모든 힘을 기울이기 위해 더욱 먼 곳은 관여하지 않는 것을 말한다. 종교를 예로 들면, 나는 우리의 고대 종교만을 믿는다. 내게 가까운 종교이기 때문이다. 비록 그 종교가 결점을 내포하고 있다 해도, 나는 그 결점을 고쳐 가면서라도 그 종교를 믿어야 한다. 스와데시 정신을 가진 힌두인은 종교를 바꾸지 않는다. 그것은 그가 힌두교를 최고라고 생각해서가 아니라, 힌두교를 개혁할 수 있다고 생각하기 때문이다.
>
> 이것은 정치 분야에서도 마찬가지이다. 경제 분야에서도 나는 가까운 이웃이 생산한 물건만을 사용해야 하며, 물건에 결함이 있다 해도 이웃의 생업이 능률적으로 이루어질 수 있도록 도와주어야 한다. 만약에 이러한 스와데시가 실천된다면 우리는 영원한 평화의 나라를 건설할 수 있을 것이다.
>
> 우리는 스와데시 정신에서 매우 멀리 벗어났기 때문에 심각한 어려움을 겪으며 일하고 있다. 우리 지식인은 외국어를 통해서 교육을 받았기 때문에 우리 민중에게 영향을 주지 못했다. 우리는 민중을 대표하고 싶었지만 성공하지 못했다. 민중은 우리 지식인들을 영국 관료와 다르게 생각하지 않았다. 그래서 우리에게 마음을 열지 않았고, 그들의 소망은 우리의 소망과 같지 않았다. 이처럼 우리는 민중과 단절되어 있었다. 지난 50년 동안 만일 모국어로 교육을 받을 수 있었다면, 우리의 선배·공무원 등은 우리 전통 발전에 크게 이바지했을 것이다.

① 자신과 가까운 종교가 완벽한 종교이므로 인간은 그것을 믿어야 한다.
② 비록 물질에 하자가 있더라도 이웃이 생산한 물건을 사용해야 한다.
③ 지식인들이 민중과 연대하기 위해서는 민중에게 스와데시 정신을 전파해야 한다.
④ 지식인들이 민중에게 외국어 교육을 실시했기 때문에 민중은 그들을 영국 관료와 같다고 생각했다.

03 다음 글을 통해서 답을 찾을 수 없는 질문은?

대부분의 미세 먼지 측정기는 설정된 시간에 맞추어 미세 먼지의 농도를 자동적으로 측정하는 베타선 흡수법을 사용하고 있다. 농도 측정을 위해서는 우선 분석에 쓰일 재료인 시료의 채취가 필요하다. 시료인 공기는 흡인 펌프에 의해 시료 흡입부로 들어오는데, 이때 일정한 양의 공기가 일정한 시간 동안 유입되도록 설정된다. 분립 장치는 시료 흡입부를 통해 유입된 공기 속 입자 물질을 내부 노즐을 통해 가속한 후, 충돌판에 충돌시켜 10마이크로미터(㎛)보다 큰 입자만 포집하고 그보다 작은 것들은 통과할 수 있도록 한다.

결국 지름 10㎛보다 큰 먼지는 충돌판에 그대로 남고, 이보다 크기가 작은 미세 먼지만 아래로 떨어져 여과지에 쌓인다. 여과지는 긴 테이프의 형태로 되어 있으며, 일정 시간 미세 먼지를 포집한다. 여과지에 포집된 미세 먼지는 베타선 광원과 베타선 감지기에 의해 그 질량이 측정된 후 자동 이송 구동 장치에 의해 밖으로 배출된다.

방사선인 베타선을 광원으로 사용하는 이유는 베타선이 어떤 물질을 통과할 때, 그 물질의 질량이 커질수록 베타선의 세기가 감쇠하는 성질이 있기 때문이다. 또한 종이는 빠르게 투과하나 얇은 금속판이나 플라스틱은 투과할 수 없어, 안전성이 뛰어나기 때문이다. 베타선 광원으로부터 조사(照射)된 베타선은 여과지 위에 포집된 미세 먼지를 통과하여 베타선 감지기에 도달하게 된다. 이때 감지된 베타선의 세기는 미세 먼지가 없는 여과지를 통과한 베타선의 세기보다 작을 수밖에 없다. 왜냐하면 베타선이 여과지 위에 포집된 미세 먼지를 통과할 때, 그 일부가 미세 먼지 입자에 의해 흡수되거나 소멸되기 때문이다. 따라서 미세 먼지가 없는 여과지를 통과한 베타선의 세기와 미세 먼지가 있는 여과지를 통과한 베타선의 세기에는 차이가 발생한다.

베타선 감지기는 이 두 가지 베타선의 세기를 데이터 신호로 바꾸어 연산 장치에 보낸다. 연산 장치는 이러한 데이터 신호를 수치로 환산한 후 미세 먼지가 흡수한 베타선의 양을 고려하여 여과지에 포집된 미세 먼지의 질량을 구한다. 이렇게 얻어진 미세 먼지의 질량은 유량 측정부를 통해 측정한, 시료 포집 시 흡입된 공기량을 감안하여 ppb단위를 갖는 대기 중의 미세 먼지 농도로 나타나게 된다.

① 연산 장치가 베타선 감지기로부터 전달받은 데이터 신호를 계산하는 방식은?
② 베타선 흡수법을 사용한 미세 먼지 측정기에서 여과지에 쌓이는 먼지의 크기는?
③ 미세 먼지가 있는 여과지를 통과한 베타선의 세기가 미세 먼지가 없는 여과지를 통과한 베타선의 세기보다 작은 까닭은?
④ 미세 먼지 측정기에서 미세 먼지를 포집하는 여과 장치의 재질로 플라스틱을 쓰지 않고 종이를 사용하는 이유는?

04 다음 글에서 제시한 아리스토텔레스의 관점으로 가장 적절하지 않은 것은?

> 아리스토텔레스에 의하면 인생의 궁극적인 목적은 '행복'에 있으며, 인간은 행복에 이르기 위해 '덕'에 따라야 한다고 했다. 여기서 '덕'은 인간 고유의 기능을 탁월하게 발휘하는 것이다. 그는 동물이나 식물에서는 찾아볼 수 없는 인간 고유의 기능이 이성의 활동에 있다고 보았다. 따라서 그에 따르면, 인간의 행복은 이성의 활동에 있어서의 '탁월함', 즉 이성의 본래적 기능인 사유와 추론에서의 탁월함과 더불어 비이성적 부분이 이성의 명령에 따르는 능력에 있어서의 탁월함에 있다.
>
> 아리스토텔레스는 사유와 추론에서의 탁월함을 '지성의 덕'이라고 하며, 지성의 덕은 오랜 시간의 교육과 이론적 탐구를 통해 길러진다고 한다. 한편, 비이성적 부분인 감정과 욕망이 이성의 명령에 따르는 능력에 있어서의 탁월함을 '품성의 덕'이라고 한다. 그에 따르면, 품성의 덕은 부단한 실천을 통해 길러진다. 따라서 인간은 자신의 욕망과 감정, 그리고 행위에 있어서 이성의 명령에 따라 좋은 것을 선택하도록 노력해야 한다.
>
> 아리스토텔레스에 의하면 품성의 덕은 '중용'이다. 중용은 욕망, 감정, 행위에 있어서 넘침도 없고 모자람도 없는 알맞음의 극치, 또는 최적의 상태를 의미한다. 이러한 중용은 때에 따라, 상황에 따라, 대상에 따라, 동기나 목적이나 방법에 따라 달라질 수 있다. 그래서 중용은 모든 사람에게 동일하지 않은 상대적인 중간점이다.
>
> '실천적 지혜'는 지성의 덕 중 하나로, 인간에게 좋은 것과 나쁜 것이 무엇인지, 구체적인 상황에서 중용이 무엇인지 알게 해 주는 것이다. 그러므로 실천적 지혜는 품성의 덕을 갖추기 위해 반드시 필요한 것이다. 우리가 실천적 지혜라는 이성적 명령에 따라 어떤 욕망이나 감정을 가져야 하는가, 어떻게 행위해야 하는가를 선택하고 결정하는 과정을 '심사숙고'라고 한다. 우리는 이러한 심사숙고를 통해 욕망, 감정, 행위에 있어서 중용에 도달할 수 있다.
>
> 아리스토텔레스는 행복의 근본이 되는 덕을 따르는 일이 지식만으로는 가능하지 않음을 경고하며, 그냥 아는 것보다는 실제로 행하는 것의 중요성을 역설한다. 실제로 유덕한 행동을 실천함으로써 덕에 이르게 된다는 것이다.

① '중용'은 절대적 기준이 있는 것이 아니므로 유동적일 수 있다.
② '덕'을 따르기 위해서는 배우고 실천하는 것이 병행되어야 한다.
③ '지성의 덕'과 '품성의 덕'을 통해 삶의 궁극적 목적에 다다를 수 있다.
④ 중용에 도달하기 위해서는 부단한 실천을 통해 '실천적 지혜'를 길러야 한다.

TIP

시에서 화자가 갖고자 하는 것은 긍정적인 의미를 가질 때가 많아. 김영랑의 〈독을 차고〉에서 '독'도 마찬가지지. 이 시에서 화자는 '독'을 차고 가겠다고 하고 있는데, 여기서 '독'은 부정적 현실, 즉 일제 강점기에 대한 화자의 저항 의지를 상징해.

05 다음 시에 대한 설명으로 적절하지 않은 것은?

> 내 가슴에 독(毒)을 찬 지 오래로다.
> 아직 아무도 해(害)한 일 없는 새로 뽑은 독
> 벗은 그 무서운 독 그만 흩어 버리라 한다.
> 나는 그 독이 선뜻 벗도 해할지 모른다 위협하고
>
> 독 안 차고 살아도 머지않아 너 나 마주 가 버리면
> 억만 세대(億萬世代)가 그 뒤로 잠자코 흘러가고
> 나중에 땅덩이 모지라져 모래알이 될 것임을
> '허무(虛無)한듸!' 독은 차서 무엇하느냐고?
>
> 아! 내 세상에 태어났음을 원망 않고 보낸
> 어느 하루가 있었던가, '허무한듸!' 허나
> 앞뒤로 덤비는 이리 승냥이 바야흐로 내 마음을 노리매
> 내 산 채 짐승의 밥이 되어 찢기우고 할퀴우라 내맡긴 신세임을
>
> 나는 독을 차고 선선히 가리라
> 막음 날 내 외로운 혼(魂) 건지기 위하여.
>
> – 김영랑, 〈독을 차고〉

① 영탄적인 어조를 통해 화자의 정서를 효과적으로 표출하고 있다.
② 삶에 대한 서로 대립적 태도를 보이는 벗과 나의 대화 형식을 취하고 있다.
③ 시상의 전환을 통해 화자가 지향하는 삶의 자세를 부각하고 있다.
④ 미래에 대한 긍정적 낙관을 바탕으로 의지를 실천해 나가려는 화자의 모습이 드러난다.

보충 자료 1 | 시의 어조

1. 개념: 시적 화자가 작품에서 취하는 말하기의 특성, 즉 작품에서 드러나는 화자의 개성적인 목소리. 어조는 시의 분위기를 형성하고, 시적 화자의 정서와 감정, 태도를 드러낼 뿐만 아니라, 시의 주제를 형상화하는 데에도 중요한 역할을 함.

2. 유형

유형	설명 및 예시
고백적 어조	화자가 특정한 청자 없이 혼자 말하는 듯한 어조 예) 어느 사이에 나는 아내도 없고, 또, / 아내와 살던 집도 없어지고, / 그리고 살뜰한 부모며 동생들과도 멀리 떨어져서, / 그 어느 바람 세인 쓸쓸한 거리 끝에 헤매이었다. - 백석, 〈남신의주 유동 박시봉방〉
영탄적 어조	화자의 감정을 직접적으로 분출하는 어조 예) 가야 할 때가 언제인가를 / 분명히 알고 가는 이의 뒷모습은 얼마나 아름다운가 - 이형기 〈낙화〉
단정적·의지적 어조	화자의 확신이나 의지 등을 나타내는 어조 예) 껍데기는 가라. / 사월도 알맹이만 남고 / 껍데기는 가라. - 신동엽, 〈껍데기는 가라〉
절제된 어조	슬픔, 분노 등의 격정적인 감정을 절제하여 표현하는 어조 예) 우리는 머리맡에 엎디어 / 있는 대로의 울음을 다아 울었고 / 아버지의 침상 없는 최후 최후(最後)의 밤은 / 풀벌레 소리 가득 차 있었다. - 이용악, 〈풀벌레 소리 가득 차 있었다〉
관조적 어조	감정을 겉으로 드러내지 않은 채 담담하게 말하는 듯한 어조 예) 노주인(老主人)의 장벽(腸壁)에 / 무시(無時)로 인동(忍冬) 삼긴 물이 나린다. / [중략] / 산중(山中)에 책력(冊曆)도 없이 / 삼동(三冬)이 하이얗다. - 정지용, 〈인동차〉
경건한 어조	대상을 공경하는 마음이나 화자의 기원을 드러낼 때 주로 쓰는 어조 예) 가을에는 / 호올로 있게 하소서……. / 나의 영혼, / 굽이치는 바다와 백합(百合)의 골짜기를 지나, / 마른 나뭇가지 위에 다다른 까마귀같이 - 김현승, 〈가을의 기도〉
친근한 어조	시적 대상에 대해 긍정적인 태도로 부드럽게 말하는 듯한 어조 예) 네 집에서 그 샘으로 가는 길은 한길이었습니다. 그래서 새벽이면 물 길러 가는 인기척을 들을 수 있었지요. - 함민복, 〈그 샘〉

06 ᄀᆞ와 ᄂᆞ에 대한 설명으로 가장 적절한 것은?

2021 법원직 9급

가 동방은 하늘도 다 끝나고
비 한 방울 내리잖는 그 땅에도
오히려 꽃은 발갛게 피지 않는가
내 목숨을 꾸며 쉬임 없는 날이여

북(北)쪽 툰드라에도 찬 새벽은
눈 속 깊이 꽃맹아리가 옴작거려
제비 떼 까맣게 날아오길 기다리나니
마침내 저버리지 못할 약속(約束)이여!

한바다 복판 용솟음치는 곳
바람결 따라 타오르는 꽃 성(城)에는
나비처럼 취(醉)하는 회상(回想)의 무리들아
오늘 내 여기서 너를 불러 보노라

— 이육사, 〈꽃〉

나 파란 녹이 낀 구리거울 속에
내 얼굴이 남아 있는 것은
어느 왕조(王朝)의 유물(遺物)이기에
이다지도 욕될까.

나는 나의 참회(懺悔)의 글을 한 줄에 줄이자.
─만 이십사 년 일 개월을
무슨 기쁨을 바라 살아왔던가

내일이나 모레나 그 어느 즐거운 날에
나는 또 한 줄의 참회록(懺悔錄)을 써야 한다.
─그때 그 젊은 나이에
왜 그런 부끄런 고백(告白)을 했던가

밤이면 밤마다 나의 거울을
손바닥으로 발바닥으로 닦아 보자

그러면 어느 운석(隕石) 밑으로 홀로 걸어가는
슬픈 사람의 뒷모양이
거울 속에 나타나 온다.

— 윤동주, 〈참회록〉

① 가는 나와 달리 고백적 어조를 통한 화자의 성찰이 드러난다.
② 가와 나는 색채를 나타내는 시어를 통한 시각적 심상이 드러난다.
③ 가와 나는 시구의 반복을 통해 화자의 감정이 고조됨을 드러내고 있다.
④ 나는 가와 달리 영탄적 어조를 사용하여 화자의 정서를 드러내고 있다.

07 ㉠~㉣에 대한 설명으로 적절하지 않은 것은?

주어와 서술어가 두 번 이상 나타나는 문장을 겹문장이라고 한다. 겹문장 중에서 문장 안에 작은 문장(절)이 들어가 안겨 있는 경우를 안은문장이라고 하고, 안은문장 속에 절(節)의 형태로 포함되어 있는 문장을 안긴문장이라고 한다. 안긴문장에는 명사절, 관형절, 부사절, 서술절, 인용절이 있다.

㉠ 아이가 지은 시는 훌륭했다.
㉡ 나는 친구가 오기 전에 집에 갔다.
㉢ 우리는 그가 범인임을 알았다.
㉣ 동생이 방에서 소리도 없이 잔다.

TIP
서술절로 안긴 문장은 서술어, 관형절로 안긴 문장은 관형어, 부사절로 안긴 문장은 부사어의 역할을 하지만, 명사절로 안긴 문장은 다양한 문장 성분의 역할을 한다는 것을 이제는 알고 있겠지? 기억이 잘 나지 않는 수험생들은 《수비니겨 기본서》 2권을 보면서 다시 한번 개념을 확실하게 이해하고 넘어가자!

① ㉠의 안긴문장은 체언의 뜻을 제한하는 기능을 한다.
② ㉡의 안긴문장은 안은문장에서 부사어의 기능을 하고 있다.
③ ㉢의 안긴문장은 조사 '을'과 결합하여 목적어로 쓰이고 있다.
④ ㉣의 안긴문장은 뒤에 오는 서술어를 수식하고 있다.

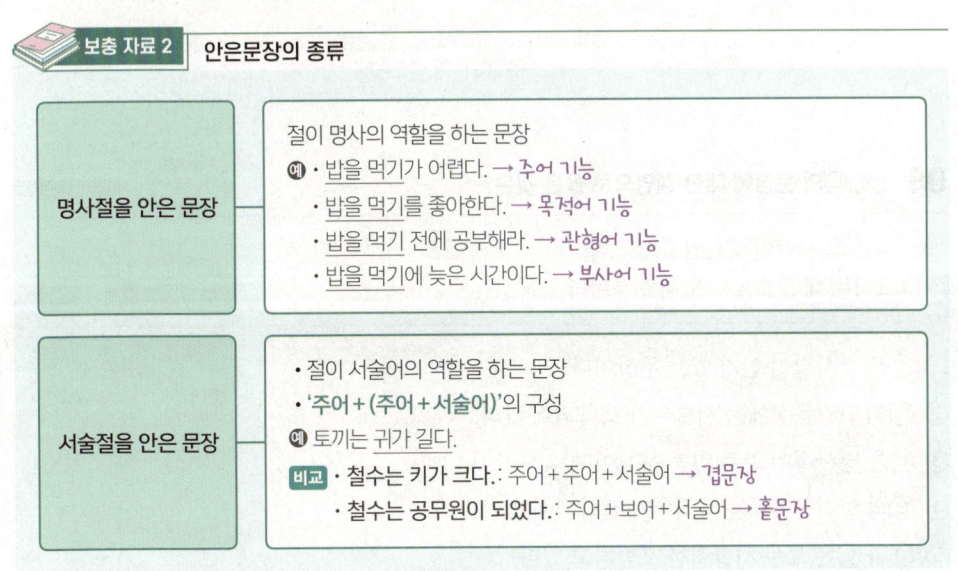

관형절을 안은 문장	절이 관형어의 역할을 하는 문장 예 • 철수가 그린 그림이 참 멋졌다. – 철수가 (그림을) 그리다. 　　→ 관계 관형절 　• 낙엽이 지는 광경이 아름답다. – 광경 = 낙엽이 지다. 　　→ 동격 관형절
부사절을 안은 문장	절이 부사어의 역할을 하는 문장 예 • 비가 소리도 없이 내린다. 　• 도로가 눈이 와서 매우 미끄럽다.
인용절을 안은 문장	문장에서 인용된 부분 예 • 철수는 책을 좋아한다고 나에게 속삭였다. 　• 주인이 "많이 드세요"라고 권한다.

08 ㉠, ㉡의 문장에 대한 설명으로 옳은 것은?　　　2022 국회직 9급

㉠ 나는 그 사람이 정직함을 믿는다.
㉡ 그녀는 내가 모르는 노래를 불렀다.

① ㉠은 부사절이 안겨 있는 문장이다.
② ㉠의 안긴문장에는 서술어가 생략되어 있다.
③ ㉡은 명사절이 안겨 있는 문장이다.
④ ㉡의 안긴문장에는 목적어가 생략되어 있다.
⑤ ㉠과 ㉡은 모두 서술절을 포함하고 있다.

09 관용어의 쓰임이 적절하지 않은 것은?

① 그 사람은 부하에게는 큰소리치면서 상관에게는 꼬리를 내린다.
② 그는 자기가 맡은 일은 모두 손끝을 맺어 성실하게 마무리했다.
③ 그 판사의 판결은 언제나 사개가 맞아 원고와 피고 모두가 동의할 수밖에 없었다.
④ 일은 과장이 잘못했는데, 바가지를 쓴 것은 계장이었으니 억울할 만하지.

10 ㉠에 들어갈 한자 성어로 가장 적절한 것은?

> 내년 4월 10일 22대 총선을 앞두고 여의도는 이미 총선 준비가 한창이다. 지역구 출마를 노리는 정치인들은 각 당에서 공천을 받기 위해 전략을 가다듬고, 존재감을 드러내기도 한다. 정치 신인들은 새로 여의도 입성을 노리고 있고, 고배를 마셨던 원외 인사들도 (㉠)를 노리고 있다. 이들에게 가장 중요한 것은 '공천 룰'이다. 게임의 룰인 공천은 신뢰도가 핵심이다.

① 興盡悲來   ② 千客萬來   ③ 捲土重來   ④ 說往說來

DAY 03 매일 국어 03회

TIP

생략된 정보가 문장일 때는 전체 내용의 포괄 여부, 앞뒤 내용과의 일치성 등을 살펴 봐야 해. 부분적인 내용만을 다룬다거나 앞뒤 내용과 맞지 않는 선택지는 정답 후보에서 제외시키자!

01 ㉠~㉢ 중 〈보기〉가 들어갈 자리로 가장 적절한 것은?

―― 보기 ――
또한 사회적 기업의 고용 창출은 사회적 기업 자체의 역량만으로는 불가능한 점이 있다.

여러 가지 순기능과 별개로 사회적 기업에는 한계 또한 존재한다. 사회적 기업은 복지 및 고용의 측면에서 정부나 기업이 져야 할 책임을 회피하게 할 수 있다. (㉠) 국가는 복지 공급에 대한 책임과 역할을 더는 확대하지 않을 수도 있고, 기업은 시장화된 복지 서비스에 적극적으로 참여해서 영리를 취할 수 있는 것이다. 그리고 사회적 기업이 내적으로 나타낼 수밖에 없는 딜레마도 있다. 즉, 사회적 가치를 최우선으로 추구하다 보면 이익의 창출을 통한 생존이 어렵고, 반면 수익에 대한 관심을 기울이다 보면 고유의 사회적 가치를 축소할 수밖에 없게 되는 처지에 놓인다. (㉡) 따라서 정부나 기업, 그리고 지역 사회의 상당한 지원이 필요한데, 이 지원을 이끌어 내기 위한 정당한 근거가 취약 계층의 고용 창출이다. (㉢) 그렇다면 이들에게는 일반 노동 시장에 속한 이들에게 지급되는 급여보다 좋은 조건이 제시되기 어렵고, 이는 사회적 기업이 또 하나의 분절된 노동 시장이 될 가능성이 큼을 의미한다. 그래서 사회적 기업의 긍정적 의미를 살려 가는 가운데 그 문제점을 최소화할 방안이 모색되어야 한다. (㉣)

① ㉠ ② ㉡ ③ ㉢ ④ ㉣

02 ( ) 안에 들어갈 말을 〈보기〉에서 골라 순서대로 나열한 것은?

> 영국의 사회학자 베이실 번스타인은 노동 계급의 자녀들은 제한된 코드, 즉 듣는 사람이 이미 알고 있다는 가정을 많이 하는 화법을 사용한다고 주장했다. 제한된 코드란 자기 자신이 속한 문화적 배경에 의해 제한되는 발화의 방법이다. 많은 노동자 계급은 가족 혹은 이웃 중심의 문화 속에서 살아간다. 그러한 문화에서는 가치와 규범은 당연한 것으로 인식되며 언어로 표현되지 않는다. 부모들은 자녀를 직설적으로 칭찬하거나 혼내면서 자녀들을 사회화시킨다. 제한된 코드의 언어는 실제적인 경험에 대해 의사소통을 하는 데는 적합하지만, 보다 추상적인 개념이나 과정, 관계에 대한 토론에는 부적합하다.
> 반면에 중산층 가정의 자녀들은 특정 상황에 맞도록 개인화된 정교한 언어 코드를 사용한다. 중산층 자녀들은 특정 상황에서 언어를 사용하는 제약에서 비교적 자유롭다. 즉 아이들은 일반화하거나 추상화를 손쉽게 한다. 따라서 자신의 자녀를 가르칠 때 중산층 어머니들은 자신이 왜 자녀의 행동에 그렇게 반응하는지 이유와 원리를 설명한다. 예를 들어, 노동자 계급의 어머니들은 자녀가 사탕을 너무 많이 먹으려고 할 때 "(   )"라고 말하는 반면, 중산층 어머니들은 "(   )"라고 말한다.

― 보기 ―
㉠ 더 이상의 사탕은 안 돼.
㉡ 엄마도 어렸을 때 사탕을 정말 좋아했단다.
㉢ 네가 착한 일을 많이 해서 사탕을 받았구나.
㉣ 사탕을 너무 많이 먹으면 충치가 생기고 비만이 될 수 있어.

① ㉠, ㉡ ② ㉠, ㉣ ③ ㉡, ㉢ ④ ㉢, ㉣

03 글의 맥락을 고려할 때, ㉠에 들어갈 문장으로 가장 적절한 것은?

자연에서 일어나는 변화에는 일정한 방향성이 있는 경우가 많다. 물은 영하 5도에서는 저절로 얼어서 얼음이 되지만, 얼음은 같은 온도에서 절대로 녹지 않는다. 그러나 영상 5도가 되면 얼음은 저절로 녹지만, 물이 어는 현상은 관찰할 수가 없다. 이처럼 자연에서 관찰되는 자발적인 변화는 방향성을 가지고 있지만, 그 방향을 미리 예측하는 일은 결코 쉬운 일이 아니다. '엔트로피[물체의 열(熱)적 상태를 나타내는 물리량의 하나]'라는 새로운 개념을 도입한 열역학 제2 법칙은 바로 그런 자발적인 변화와 방향을 예측하기 위한 것이다.

주위와 완전히 단절되어 에너지가 일정하게 유지될 수밖에 없는 고립계의 경우에는 엔트로피가 증가하는 방향으로 자발적인 변화가 일어나게 된다는 것이 바로 열역학 제2 법칙이다. "우주의 엔트로피는 끊임없이 증가한다."라는 표현에서 '우주'는 바로 그런 고립계를 뜻한다. 고립계에 적용되는 '엔트로피 증가의 법칙'이 우리의 앞날에 대해서 암울한 예언을 해주는 것처럼 보이기도 한다. 우리가 살고 있는 '우주'와 엔트로피도 끊임없이 증가할 것이기 때문에 우리의 우주는 결국 더 이상의 자발적인 변화가 불가능한 '열적 죽음[thermal death]'의 상태에 이르게 될 것이라는 해석이다. 전 우주에 걸쳐 열적으로 평형 상태가 이뤄지면 엔트로피가 최대가 되는 안정한 상태가 된다. 여기서는 더 이상 아무런 활동이 생길 수 없으며 그건 곧 종말이라는 소리다. 그러나 (㉠) 열역학 제2 법칙이 우주의 열적 죽음이라는 암울한 예언을 담고 있다고 볼 수는 없다.

① 열은 언제나 온도가 높은 곳에서 낮은 곳으로 흐르기 때문에
② 고립계에서는 엔트로피가 감소하지 않고 끊임없이 증가하기 때문에
③ 실제의 우주는 계속 팽창하면서 온도가 낮아지고 있는 비평형의 상태에 있기 때문에
④ 고립계인 우주에서는 엔트로피가 감소할 수도 있고 증가할 수도 있기 때문에

04 다음 글에 대한 설명으로 적절하지 않은 것은?

[앞부분의 줄거리] '나'는 점순과 성례를 시켜 주겠다는 장인의 약속을 믿고 아무런 대가도 받지 않고 머슴 일을 한다.

 나는 장인님이 너무나 고마워서 어느덧 눈물까지 났다. 점순이를 남기고 인젠 내쫓기려니 하다 뜻밖의 말을 듣고,
 "빙장님! 인제 다시는 안 그러겠어유……."
 이렇게 맹서를 하며 불야살야 지게를 지고 일터로 갔다. 그러나 이때는 그걸 모르고 장인님을 원수로만 여겨서 잔뜩 잡아다렸다.
 "아! 아! 이놈아! 놔라, 놔, 놔……."
 장인님은 헛손질을 하며 솔개미에 챈 닭의 소리를 연해 질렀다. 놓긴 왜, 이왕이면 호되게 혼을 내 주리라 생각하고 짓궂이 더 댕겼다마는, 장인님이 땅에 쓰러져서 눈에 눈물이 피잉 도는 것을 알고 좀 겁도 났다.
 "할아버지! 놔라, 놔, 놔, 놔놔."
 그래도 안 되니까,
 "애 점순아! 점순아!"
 이 악장에 안에 있었든 장모님과 점순이가 헐레벌떡하고 단숨에 뛰어나왔다.
 나의 생각에 장모님은 제 남편이니까 역성을 할지도 모른다. 그러나 점순이는 내 편을 들어서 속으로 고소해서 하겠지……. 대체 이게 웬 속인지(지금까지도 난 영문을 모른다.), 아버질 혼내 주기는 제가 내래 놓고 이제 와서는 달겨 들며,
 "에그머니! 이 망할 게 아버지 죽이네!"
 하고 내 귀를 뒤로 잡아댕기며 마양 우는 것이 아니냐. 그만 여기에 기운이 탁 꺾이어 나는 얼빠진 등신이 되고 말았다. 장모님도 덤벼들어 한쪽 귀마저 뒤로 잡아채면서 또 우는 것이다.
 이렇게 꼼짝 못하게 해 놓고 장인님은 지게막대기를 들어서 사뭇 내려조겼다. 그러나 나는 구태여 피할랴지도 않고 암만해도 그 속 알 수 없는 점순이의 얼굴만 멀거니 들여다보았다.
 － 김유정, 〈봄·봄〉

① 부수적 인물인 '나'가 주인공과 주변 인물들의 이야기를 해석하여 전달하고 있다.
② 순박하고 어리석은 인물의 시각에서 사건을 왜곡되게 서술하여 해학적인 분위기를 조성하고 있다.
③ 인물의 대화나 행동을 통해 성격을 간접적으로 제시하는 보여주기의 방법을 주로 쓰고 있다.
④ 사건이 끝난 시점에서 과거의 일을 회상하여 서술하는 역순행적 구성을 보인다.

TIP
인물 제시 방법은 소설에서 가장 중요한 '서술자'가 독자에게 인물을 이야기해 주는 방식이기 때문에 소설에서 꼭 알아두어야 할 개념이야. '직접 제시, 요약적 제시, 해설적 제시, 말하기', '간접 제시, 극적 제시, 보여주기', 이렇게 세 트로 묶일 수 있다는 것도 기억해 둘 것!

보충 자료 1 — 인물의 제시 방법

직접적 제시
- 서술자가 인물의 성격과 특성을 직접적으로 요약하여 설명하는 방법
- 인물의 성격에 대한 이론(異論)과 모호성이 없음.
- 말하기[telling] 기법, 요약적 제시, 해설적 제시, 분석적 제시, 편집자적 방법

간접적 제시
- 인물의 행동이나 대화, 장면 묘사 등을 통해 성격을 암시적이고 간접적으로 보여 주는 방법
- 인물의 **대화와 행동**을 보고 성격을 유추해야 하기 때문에 극적인 효과를 지님.
- 보여주기[showing] 기법, 극적 제시

[05~06] 다음 글을 읽고 물음에 답하시오.

"오늘은 아퀴를 지어주시렵니까? 언제 갚으나 갚고 말 것인데 그걸루 의 상할 거야 있나요?"
이튿날 교장이 슬쩍 들러서 매우 점잖은 수작을 하는 것이었다.
"이렇게 말씀드리면 교장 선생님부터가 어떻게 들으실 줄 모르나, 김옥임이가 그렇게 되다니 불쌍해 못 견디겠어요. 예전에 셰익스피어의 원서를 끼구 다니구, 〈인형의 집〉에 신이 나구, 엘렌 케이의 숭배자요 하던 그런 옥임이가, 동냥자루 같은 돈 전대나 차구 나서면 세상이 모두 돈닢으로 보이는지, 어린애 코 묻은 돈 바라고 이런 구멍가게에 나와 앉았는 나두 불쌍한 신세이지마는, 난 옥임이가 가엾어서 어제 울었습니다. 난 살림이나 파산 지경이지 옥임이는 성격 파산인가 보더군요······."
정례 어머니는 분하다 할지, 딱하다 할지, 속에 맺히고 서린 불쾌한 감정을 스스로 풀어 버리려는 듯이 웃으며 하소연을 하는 것이었다.
"그런 말씀을 하시니 나두 듣기에 좀 괴란쩍습니다마는, 모두 어려운 세상에 살자니까 그런 거죠, 별수 있나요, 그래도, 제 돈 내놓고 싸든 비싸든 이자(利子)라고 명토 있는 돈을 어엿이 받아먹는 것은 아직도 양심이 있는 생활입니다. 입만 가지고 속여 먹고, 등쳐 먹고, 알로 먹고, 꿩으로 먹는 허울 좋은 불한당 아니고는 밥알이 올곧게 들어가지 못하는 지금 세상 아닙니까, 허허허."
하고, 교장은 자기 변명인지 옥임이 역성인지를 하는 것이었다.
이날 정례 어머니는 딸이 옆에서 한사코 말리며,
"그 따위 돈은 안 갚아도 좋으니, 정장을 하든 어쩌든 마음대로 하라고 내버려 두세요."
하며 팔팔 뛰는 것을 모른 척하고, 이십만 원 표에 이만 원 현금을 얹어서 옥임이에게 갖다 주라고 내놓았다.
정례 모친은 그 후 두 달 걸려서 교장 영감의 오만 원 돈은 갚았으나, 석 달째 가서는 이 상점 주인이 바뀌어 들고야 말았다. 정말 교장 영감의 조카가 나서는가 하였더니, 교장의 딸 내외가 들어앉았다.

— 염상섭, 〈두 파산〉

05 이 글에 대한 설명으로 적절하지 않은 것은?

① 대조적 소재를 활용하여 인물의 변화를 표현하고 있다.
② 인물의 말을 통해 시대 상황에 대한 인식을 보여 주고 있다.
③ 서술자가 인물의 성격을 직접적 제시를 통해 드러내고 있다.
④ 서술자가 사건에 대한 정보를 모두 파악하여 독자에게 전달하고 있다.

06 이 글의 내용에 대한 이해로 가장 적절한 것은?

① 정례 모녀는 옥임을 연민하며 옥임과의 채무 관계를 정리했다.
② 정례 어머니는 교장에게 돈을 갚아 자신의 가게를 지켜 내었다.
③ 정례 어머니는 교장에게 자신의 처지를 이야기하며 자조하고 있다.
④ 교장은 정례 어머니의 말에 긍정하며 정례 어머니를 위로하고 있다.

TIP

상보 반의어, 등급 반의어, 방향 반의어의 기본적인 예들은 꼭 기억해 두어야 해. 반의 관계의 성격을 묻는 문제나, 비슷한 사례를 찾는 문제들도 곧잘 나오니까 꼼꼼하게 공부해 두자.

07 ㉠~㉢의 예가 옳게 연결된 것은?

> 반의 관계는 서로 반대되거나 대립되는 의미를 가진 단어 사이의 의미 관계이다. 반의 관계는 두 단어가 여러 공통 의미 요소를 가지고 있으면서 다만 하나의 의미 요소가 다를 때 성립한다. 가령 '총각'의 반의어가 '처녀'인 것은 두 단어가 여러 공통 의미 요소를 가지고 있으면서 '성별'이라고 하는 하나의 의미 요소가 다르기 때문이다.
> 반의어는 반의 관계의 성격에 따라 분류할 수 있다. 즉, 반의어에는 한 영역 안에서 상호 배타적 대립 관계에 있는 ㉠상보 반의어, 두 단어 사이에 등급성이 있어서 중간 단계가 있는 ㉡등급(정도) 반의어, 두 단어가 상대적 관계를 형성하고 있으면서 의미상 대칭을 이루고 있는 ㉢방향(대칭) 반의어가 있다.

	㉠	㉡	㉢
①	가다 : 오다	크다 : 작다	아래 : 위
②	살다 : 죽다	참 : 거짓	빠르다 : 느리다
③	살다 : 죽다	크다 : 작다	아래 : 위
④	가다 : 오다	참 : 거짓	빠르다 : 느리다

보충 자료 2 | 반의어의 종류

①	각각의 의미 영역이 상호 배타적이며 한쪽을 부정하는 것이 다른 쪽을 긍정하는 관계를 이루는 반의어 예 알다 - 모르다 / 있다 - 없다 / 출석하다 - 결석하다
②	정도의 차이를 표현하는 반의어 예 넓다 - 좁다 / 높다 - 낮다 / 뜨겁다 - 차갑다
③	마주 선 방향에 따라 관계나 이동의 측면에서 대립을 이루는 반의어 예 아래 - 위 / 부모 - 자식 / 주다 - 받다

08 다음에 해당하는 사례로 적절한 것은? 2020 지역인재 9급

> '길다 : 짧다'는 정도나 등급의 측면에서 반의 관계를 보인다.

① 남자 : 여자 ② 스승 : 제자
③ 밝다 : 어둡다 ④ 가르치다 : 배우다

09 ㉠에 들어갈 속담으로 적절한 것은?

> "용민이 지금 서울 가는 길이요."
> 뒤뜰에 파 놓은 펌프 쪽으로 걸어가다 뒤돌아보니 마누라가 아랫입술을 쭝 내밀고 안색이 좋지 않았다.
> "서울? 뭣하러?"
> "제 형이 보낸답디다. 처가 돈이라도 꾸어 오라고. 직공들 월급도 몇 달째 거르고 있대요. 아, 그러기에 좀 도와주시구랴. 남도 아니고 당신 아들 둘이 벌여 놓은 일인데 넘 보듯 하지 말고……."
> 그는 두 번 다시 마누라 쪽을 보지 않고 뒤꼍으로 가서 펌프 물을 뽑아 올린다.
> (㉠   )도 아니고 참말로 기가 막힐 노릇이었다. 쓸 줄만 알지 벌어들일 줄은 모르는 녀석들이 간덩이만 부어서 일만 크게 벌여 놓고 뒷감당은 모두 아비에게 떠넘기는 짓들이 오늘까지 계속이었다. 남들 다 하는 월급쟁이는 마다하고 떼돈 벌 궁리에 떼돈만 날리는 녀석들이다. 누구 돈이든 쏟아 붓고 보자는 저 섣부른 행동이 결국은 그의 땅덩이로 막아져야 할 것임은 불을 보듯 뻔한 노릇이었다.
> ― 양귀자, 〈마지막 땅〉

① 밑 빠진 독에 물 붓기
② 애호박에 말뚝 박기
③ 땅 짚고 헤엄치기
④ 꿩 먹고 알 먹기

10 밑줄 친 한자 성어의 쓰임이 적절하지 않은 것은?

① 그 사람은 여러 말을 하는 것이 지루하다는 듯이 <u>單刀直入</u>으로 말하였다.
② 그동안 따뜻하게 보살펴 주신 선생님의 은혜는 실로 <u>刻骨痛恨</u>입니다.
③ 성격도, 조건도 다른 그들이 결혼하기까지에는 많은 <u>迂餘曲折</u>이 있었다.
④ 그들은 마지막으로 저항해 본 싸움에서도 결국 <u>一敗塗地</u>하여 쫓겨 갔다.

DAY 04 매일 국어 04회

TIP

중심 내용을 묻는 문제에서, 선택지가 제시문에 없는 내용으로 구성된 것, 제시문의 일부 내용만으로 구성된 것, 제시문의 내용과 배치되는 내용으로 구성된 것은 모두 오답이야.

01 다음 글의 중심 내용으로 가장 옳은 것은?

> 한 대학생이 1995년에 '2,000곳 이상의 도시에서 인터넷 접속자들이 8백 5십만 번 다운로드한 917,410종의 그림들, 문장과 이야기들, 애니메이션에 대한 조사'라는 부제목이 붙은 한 조사를 법률 잡지에 발표했다. 그는 다운로드된 이미지의 83.5퍼센트가 포르노였다고 보고했다. 1995년에 인터넷은 아직 새로운 장치였다. 사람들은 어린이들이 자주 인터넷을 이용한다는 것과 어린이들을 문제의 내용에서 보호할 수 있을 만큼 부모들이 잘 인터넷을 모르고 있다는 점에 대해 염려했다. 광범위한 조사에 의해 인터넷 접속 건의 대다수가 포르노라는 주장은 심각한 우려를 야기했다. 표본의 막대한 크기는 그것이 철저한 조사였다는 것을 의미했다.
> 하지만 크기가 크다고 해서 반드시 훌륭한 표본은 아니다. 이 경우에서 조사자는 인터넷 접속의 대표 표본을 수집하지 않았다. 그보다는 이미지 파일을 운반하는 32개 일부 유즈넷 그룹 중에 단지 17개에 등록된 것들을 조사했다. 다시 말하자면, 그의 조사 결과는 전체 인터넷 이용의 8분의 1 정도에만 해당되는 유즈넷 접속 가운데 단지 약 3퍼센트 정도가 포르노 이미지라는 것을 보여 준다. 그 이미지 표본은 포르노 이미지가 집중되는 부분에서 추출한 것이므로 결코 대표 표본이 아니었다.

① 대표 표본은 가능한 한 많은 표본을 수집해서 종합해야 의미가 있다.
② 부모들은 어린이들을 유해한 정보에서 보호하기 위해 인터넷에 대해 잘 알아야 한다.
③ 인터넷과 같은 새로운 장치에 대해 조사를 할 때에는 조사 대상 선정에 신중을 기해야 한다.
④ 대표 표본을 정할 때에는 표본의 크기보다 표본을 추출하는 대상이 고르게 분포되도록 하는 것이 더 중요하다.

02 다음 글의 중심 내용으로 가장 적절한 것은?

소리는 진동에 의해 만들어진다. 진동이 매질을 따라 퍼져 나가는 것을 파동이라고 한다. 파동이 일어나지 않으면 아무 소리도 들리지 않는다. 이와 같은 원리는 아름다운 소리를 만들어 내는 악기에도 그대로 적용된다. 악기는 저마다의 방법으로 공기를 진동시켜 아름다운 소리를 낸다. 악기마다 다양한 음역과 음색을 갖고 있는 것은 그 때문이다.

악기 소리의 높이와 크기는 공기의 진동에 의해 결정된다. 진동수가 적으면 소리가 낮고, 많으면 소리가 높다. 그리고 진동하는 폭이 크면 소리가 크고, 작으면 소리가 작다. 여기서 악기 소리를 크게 하려면 진폭을 크게 해야 함을 알 수 있다. 악기 소리의 진폭을 크게 만드는 데는 공명(共鳴) 현상이 중요하게 작용한다. 그네가 뒤로 끝까지 왔다가 앞으로 나아가려는 순간에 밀면 그네의 진폭이 커지듯이, 물체가 갖고 있는 고유 진동수에 그와 일치하는 진동이 에너지를 더해 진폭을 크게 만드는 현상이 공명이다.

바이올린의 현은 그 자체로는 작은 소리밖에 못 낸다. 그러나 활로 켜서 현을 진동시키고, 그 진동이 브리지를 통해 몸통으로 전해져 공명이 일어나면 소리가 커진다. 바이올린은 기타보다 크기는 작지만 훨씬 큰 소리를 낸다. 몸통의 앞판과 뒤판이 막대로 연결되어 있어서 현의 진동이 앞판뿐만 아니라 뒤판에도 전해져 몸통 전체에서 공명이 일어나기 때문이다. 이처럼 공명은 바이올린 소리의 크기를 결정한다. 그럼 바이올린의 넓은 음역은 무엇과 관련이 있을까? 바이올린은 현의 팽팽한 정도와 길이를 조절해 넓은 음역의 소리를 낸다. 현이 팽팽할수록, 손가락으로 브리지에 가까운 쪽의 현을 누를수록 소리가 높다. 현의 진동수는 현의 길이에 반비례하고, 소리의 높이는 현의 진동수에 비례하기 때문이다.

① 소리의 진동과 공명 현상을 중심으로 본 바이올린 소리의 원리
② 바이올린의 연주 과정을 중심으로 한 소리와 공명 현상의 관계
③ 소리의 다양한 파동 형태를 중심으로 본 바이올린 소리의 음색
④ 바이올린 구성 요소에 따른 바이올린 음색의 변화

[03~04] 다음 글을 읽고 물음에 답하시오.

　소재나 표현 분위기로 보아 한국화처럼 보이는 서양화가 있는가 하면 서양화처럼 보이는 한국화도 있다. 한국화와 서양화는 대체로 먼저 재료와 용구에 의해 구분한다. 재료적인 측면에서 동양의 전통적 재료를 썼으면 한국화이고, 그 외에 서양 회화의 재료를 썼으면 모두 서양화로 보는 것이다. 미술은 정신적 내용을 담고 있지만 동시에 재료와 용구의 물질적 제한을 받는다. 한국화와 서양화의 구분은 기본적으로 양식에 따른 것이나 이 양식을 형성하는 데 가장 크게 관여한 요소가 바로 재료와 용구인 것이다.

　한국화는 전통적 재료와 용구로서 우선 화선지 또는 비단과 먹을 사용하고, 붓은 끝이 뾰족한 전통적 모필(毛筆)을 쓰며, 물감은 아교를 고착제로 사용한 물감을 쓴다. 만약 화선지와 먹을 사용하지 않고 캔버스에 유화 물감으로 그렸다면, 아무리 한국화 양식을 흉내 내서 그렸다 하더라도 한국화로 보기 어려울 것이다. 한국적 재료에다 작품 주제와 소재가 한국적이거나, 필법(筆法), 화법(畫法) 등에서 한국에서만 써 오던 전통적인 방법을 그대로 유지하고 있다면 더욱 명확하게 한국화가 되는 것이다.

　그러나 현대 회화에서는 이렇게 재료와 용구만으로 한국화와 서양화를 구분할 수 없는 경우가 많다. 요즘은 그리는 재료가 다양해지고 그리는 방법이 수없이 분화됨에 따라, 세부적으로 따져 보면 어떤 것이 한국화이고 어떤 것이 서양화인지 구분하기가 어려워진다. 실제로 요즘에는 이러한 작품들을 심심치 않게 볼 수 있다. 이때는 관습적으로 행해 오던 '재료, 용구에 의한 분류'가 무의미해진다.

　이런 경우 굳이 한국화니 서양화니 장르 구분을 해야 한다면, 이때는 작자 본인의 의도가 중시되어야 할 것이다. 평소 어떤 양식을 주로 그리는 화가인가, 또 작자 자신이 어떤 양식을 염두에 두고 작품 제작을 했는가, 작자 자신이 어떤 양식으로 분류하고 싶은가에 따라 결정될 수 있다. 예를 들어 평소 한국화 화가가 도화지에 먹이나 물감으로 풍경을 그렸더라도, 화가 자신이 전통적 산수를 새로운 방법으로 표현하고자 의도했다면 그것은 한국화로 보아야 할 것이다.

　그러나 이때도 화가가 자기 그림을 한국화로 주장하기 위해서는 합리적인 근거를 내세울 수 있어야 할 것이다. 그리고 한국화가 우리의 전통적 회화 양식이기 때문에 전통에서 그 근거를 찾는 것이 바람직하다. 오랜 세월 내려오면서 은연중에 형성되어 있는 한국화라는 회화 양식에 대한 기본적인 약속이 있다. 그 약속은 재료, 용구, 소재, 기법, 그리고 예술관에 있어서의 약속이다. 이들 모두를 충족한다면 말할 것도 없이 한국화이지만, 이 중에 몇 가지만이라도 한국적이라야 한국화일 수 있다.

03 이 글의 중심 내용으로 가장 알맞은 것은?

① 한국화의 요건
② 한국화의 전통성
③ 한국화와 서양화의 차이
④ 한국화의 유형 분류 기준

04 이 글을 읽은 사람의 반응으로 적절하지 않은 것은?

① 훈: 먹으로 전통적 산수를 그린 그림이 한국화가 아닐 수도 있겠군.

② 민: 한국화를 규정하는 묵시적 약속을 모두 충족해야 한국화라고 할 수 있군.

③ 정: 현대 회화에서 한국화와 서양화를 구분할 때는 사용된 재료보다 예술가의 의도가 더 중요하군.

④ 음: 최근 한국화와 서양화를 구분하기 어려워진 이유는 재료와 용구가 다양해졌기 때문이군.

[05~06] 다음 시를 읽고 물음에 답하시오.

가 오늘 이에 산화(散花) 블러
보보술본 고자 너는
고돈 ᄆᆞᅀᆞ민 명(命)ㅅ 브리이악
미륵 좌주(彌勒座主) 모리셔 벌라

오늘 이에 '산화'의 노래를 불러
솟아나게 한 꽃아, 너는
곧은 마음의 명에 부리워져
미륵좌주를 뫼셔 벌여 늘어서라

— 월명사, 〈도솔가〉

나 열치매
나토얀 ᄃᆞ리
힌 구룸 조초 ᄠᅥ가는 안디하.
새파른 나리여히
기랑(耆郞)이 즈싀 이슈라.
일로 나리ㅅ 직벽히
낭(郎)이 디니다샤온
ᄆᆞᅀᆞ민 ᄀᆞᆺ 홀 좃누아져.
아으 잣ㅅ가지 노파
서리 몯누올 화반(花判)이여.

흐느끼며 바라보매
이슬 밝힌 달이
흰 구름 따라 떠 간 언저리에
모래 가른 물가에
기랑의 모습과도 같은 수풀이여.
일오(逸烏)라는 냇가 자갈 벌에서
낭이 지니시던
마음의 끝을 따르고 있노라.
아아, 잣나무 가지가 높아
눈이라도 덮지 못할 화랑의 우두머리여.

— 김완진 해독

— 충담사, 〈찬기파랑가〉

05 〈보기〉를 바탕으로 할 때, 가와 나에 대한 설명으로 적절하지 않은 것은?

／ 보기 ／

가 〈도솔가〉는 신라 경덕왕 19년에 하늘에 해가 두 개 나타나 사회적 혼란이 생기자 이를 해결하기 위한 의식인 '산화공덕(散花功德)'에서 불린 노래이다. 반면 나 〈찬기파랑가〉는 승려인 충담사가 화랑인 '기파랑'을 찬양하고 추모하기 위한 목적에서 부른 노래이다.

① 가는 나와 달리 국가적 의식과 관련된 내용을 담고 있다.
② 나는 가와 달리 감탄사를 사용하여 감정을 응축하고 있다.
③ 가와 나는 모두 명령형 어미를 통해 소망을 제시하고 있다.
④ 가와 나는 모두 비유적 표현을 사용해 주제를 전달하고 있다.

06 나와 시적 화자의 정서 및 태도가 가장 유사한 것은?

① 국화야, 너는 어이 삼월동풍(三月東風) 다 지ᄂ고
  낙목한천(落木寒天)에 네 홀로 퓌엿ᄂ다.
  아마도 오상고절(傲霜孤節)은 너ᄲᆞᆫ인가 ᄒ노라. － 이정보

② 구룸이 무심튼 말이 아마도 허랑(虛浪)ᄒ다.
  중천에 ᄯ 이셔 임의로 ᄃᆞ니면셔
  구ᄐᆡ야 광명 ᄒᆞᆫ 날빗츨 ᄯᆞ라가며 덥ᄂᆞ니. － 이존오

③ 짚방석(方席) 내지 마라, 낙엽(落葉)엔들 못 안즈랴.
  솔불 혀지 마라, 어제 진 ᄃᆞᆯ 도다 온다.
  아ᄒᆡ야, 박주산채(薄酒山菜)ㄹ망정 업다 말고 내여라. － 한호

④ 간밤에 우던 여흘 슬피 우러 지내여다.
  이제야 ᄉᆡᆼ각ᄒᆞ니 님이 우러 보내도다.
  져 물이 거스리 흐르고져 나도 우러 녜리라. － 원호

07 ㉠~㉤에 대한 설명으로 옳은 것은?

> 낮에 만난 친구는 오랫동안 간직한 ㉠ 첫사랑의 편지를 잃어버렸다며 ㉡ 슬픔에 잠겨 있었다. 나는 시무룩한 친구에게 "바다 보러 가자. 기분 전환이 될 거야."라고 말했다. 우리는 바다에 갔다. ㉢ 한여름 바다는 파랗고 시원했다. 친구는 미간을 ㉣ 좁히며, "공부도 시작했는데 요즘 집중이 안 돼. 꼭 ㉤ 선생님이 되고 싶은데."라고 말했다. "꼭 될 거야. 너의 미래는 저 바다처럼 푸르지!" 나는 말했다. 친구는 웃으며 "그래, 고마워."라고 대답했다.

① 훈: ㉠의 '첫사랑'과 ㉡의 '슬픔'은 모두 어근과 접사가 결합한 파생어야.
② 민: ㉡의 '슬픔'과 ㉣의 '좁히며'는 모두 파생어로, 접사가 결합하면서 품사가 바뀌었지.
③ 정: ㉢의 '한여름'은 어근의 앞에 접사가 결합하면서 품사가 바뀐 파생어야.
④ 음: ㉤의 '선생님'은 어근에 접사가 결합했다는 점에서 '늙은이'와 단어 형성 방법이 같아.

보충 자료 | **접사와 파생어**

1. 어근과 접사
① 어근: 단어의 실질적 의미를 나타내는 중심 부분
② 접사: 어근에 붙어 그 의미를 보충·제한하거나 품사를 바꿔 주는 부분

예 • 풋(접사) + 사과(어근)
   • 믿(어근) + 음(접사)

2. 파생어
(1) 접두사에 의한 파생어 예 건어물, 늦더위, 들국화, 막노동
(2) 접미사에 의한 파생어
   ① 어근에 뜻을 더해 주는 한정적 접미사 예 건축가, 비상구, 한국인
   ② 품사를 바꾸는 지배적 접미사 예 믿음, 정답다, 자유롭다

---

08 ㉠과 ㉡을 모두 충족하는 예로 가장 적절한 것은?   2023 법원직 9급

> 파생어는 어근에 파생 접사가 결합하여 만들어진다. 이때 접사가 어근의 앞에 결합하는 경우도 있고, ㉠ 접사가 어근의 뒤에 결합하는 경우도 있다. 또한 어근에 파생 접사가 결합하여 새로운 단어가 형성될 때 ㉡ 어근의 품사가 바뀌는 경우도 있고, 바뀌지 않는 경우도 있다.

① 오늘따라 저녁노을이 유난히 새빨갛다.
② 아군의 사기를 높여야 승산이 있습니다.
③ 무엇보다 그 책은 쉽고 재미있게 읽힌다.
④ 나는 천천히 달리기가 더 어렵다.

09 ㉠~㉣의 한자 표기로 옳지 않은 것은?

> 블로그, 누리 소통망과 같은 인터넷 매체는 누구나 쉽게 ㉠접근하여 자유롭게 소통할 ㉡기회를 제공한다. 인터넷 매체에 어떤 사안에 대한 의견을 담아 글을 올리면, 다른 사람들이 이에 반응하면서 의견을 덧붙여 사회 공동의 의견을 만들어 내기도 한다. 이런 점에서 인터넷 매체는 지식과 경험을 공유하고, 사회·문화적 관심을 ㉢확장해 나가는 데에 도움을 주는 매우 유용한 수단이라고 할 수 있다. 반면에 인터넷 매체의 익명성이 여러 가지 문제점을 낳기도 한다. [중략] 인터넷 매체에 올린 글은 빠르고 광범위하게 퍼져 나갈 수 있는데, 이럴 경우 원래의 상태로 돌려놓기가 매우 어렵다. 그러므로 인터넷 매체에 글을 쓸 때에는 특히 윤리적인 ㉣태도, 책임감 있는 태도를 지녀야 한다.

① ㉠: 接近   ② ㉡: 機會   ③ ㉢: 擴張   ④ ㉣: 熊度

10 다음 글에서 알 수 있는 말뚝이의 태도와 가장 관련이 깊은 한자 성어는?

> 말뚝이: (가운데쯤에 나와서) 쉬이. (음악과 춤 멈춘다.) 양반 나오신다아! 양반이라고 하니까 노론(老論), 소론(少論), 호조(戶曹), 병조(兵曹), 옥당(玉堂)을 다 지내고 삼정승(三政丞), 육판서(六判書)를 다 지낸 퇴로 재상(退老宰相)으로 계신 양반인 줄 아지 마시오, 개잘량이라는 '양' 자에 개다리소반이라는 '반' 자 쓰는 양반이 나오신단 말이오.
> 양반들: 야아, 이놈, 뭐야!
> 말뚝이: 아, 이 양반들, 어찌 듣는지 모르갔소. 노론, 소론, 호조, 병조, 옥당을 다 지내고 삼정승, 육판서 다 지내고 퇴로 재상으로 계신 이 생원네 삼 형제분이 나오신다고 그리하였소.
> ― 작가 미상, 〈봉산 탈춤〉

① 面從腹背   ② 眼高手卑   ③ 近墨者黑   ④ 溫故知新

DAY 05 매일 국어 05회

01 다음 글에서 추론한 내용으로 가장 적절한 것은?

> 운석이 지구상의 생명을 멸종시켰다는 가설이 있다. 한때 지구의 주인이었던 공룡이 갑자기 멸종했는데, 이에 대해 1980년에 알바레즈(W. Alvarez)는 운석 충돌을 그 원인으로 추정했다. 이때 그는 중생대와 신생대 사이의 퇴적층인 K·T층이 세계 여러 곳에서 발견된다는 점에 주목했다. 이 K·T층에는 이리듐이 많이 포함되어 있었기 때문이다. 이리듐은 지구의 표면에 거의 없는 희귀 원소로, 운석에는 상대적으로 많이 포함되어 있다. 이를 바탕으로 그는, 중생대 말에 지름 약 10km 크기의 운석이 지구에 떨어졌고, 그에 따라 엄청나게 많은 먼지가 발생하면서 수십 년 동안 햇빛을 차단한 나머지 기온이 급강하했으며, 이로 말미암아 공룡을 비롯한 대부분의 생명이 멸종되었다고 주장하였다.
>
> 화석 연구를 통하여 과학자들은 지구 역사상 여러 번에 걸쳐 대규모의 멸종이 있었음을 알아내었다. 예컨대 고생대 말에 삼엽충과 푸줄리나가 갑자기 사라졌다. 이러한 대규모 멸종의 원인에 관해서는 여러 가설이 있는데, 운석의 충돌도 그중 하나일 가능성을 배제할 수 없다.

① 이리듐은 지구에서 볼 수 없는 원소이다.
② 알바레즈에 따르면, 공룡은 운석과 충돌하여 멸종했을 것이다.
③ 삼엽충과 푸줄리나의 멸종에 관한 정보는 K·T층에서 확인할 수 있다.
④ 중생대 말에 기온이 하강한 사실을 증명하는 자료가 있다면 알바레즈의 주장은 사실일 가능성이 높아질 것이다.

TIP
선택지 ④는 신유형 추론 문제인 '강화·약화 문제'로 이해할 수도 있어. 특정 자료나 사례 등이 주장을 뒷받침하면 강화하는 것이고, 반박하면 약화하는 것이야. '알바레즈의 주장과 근거가 무엇인지를 파악해 보자.

02 다음 글에 대한 이해 및 추론으로 적절하지 않은 것은?

마케도니아의 왕 알렉산드로스에 대한 고대 저술가들의 평가는 다양하다. ㉠ 아리아노스는 알렉산드로스가 명백하게 잘못한 경우에도 상대방 역시 잘못이 있다고 하여 책임 소재를 분산시킬 만큼 그에 대해 호의적이었다. 하지만 ㉡ 플루타르코스는 알렉산드로스를 영웅으로 그리고 있음에도 불구하고, 비판적인 묘사를 조금씩 삽입하여 반감을 약간씩 내비친다. 한편 ㉢ 쿠르티우스는 알렉산드로스의 천품은 좋으나, 페르시아를 정복하고 나서는 자만과 포악이 겸양을 능가하게 되었다고 비판한다.

아리아노스와 플루타르코스는 당시 로마의 속주였던 그리스 출신이다. 그러나 전자는 로마 제국의 고위직에 올랐던 반면, 후자는 고향에서 신관으로 일했기에 정치와는 무관했다. 그들은 모두 알렉산드로스가 마케도니아·그리스 연합군을 이끌고, 과거 그리스를 침공했던 페르시아를 정복했다는 면을 중시하였다. 그러나 플루타르코스가 태어난 지역이 과거 마케도니아에 반기를 들었다가 진압 당했던 곳이라는 점을 감안하면 그의 평가에 내재하는 반감을 이해할 수 있다. 한편, 쿠르티우스는 로마의 귀족이고 원로원 의원이었다. 쿠르티우스가 활동한 1세기는 로마 제정이 막 시작되었을 때였고, 황제는 '제1 시민'이라는 호칭을 그대로 사용하며 공화정을 가장하고 있었다. 공화정을 주도했던 원로원이 유명무실해져 가는 상황에서 쿠르티우스는 알렉산드로스가 절대 권력을 행사한 데 대해 비판적 입장을 가질 수밖에 없었다. 그러나 한 세기가 더 지나 아리아노스가 활동할 때가 되면 제정은 확립되었고, 그는 속주 출신이라는 한계 때문에라도 지배자에 대해 충성의 자세를 보여야 했다.

① ㉠과 ㉢은 출신은 달랐지만 모두 로마 제정 시대에 활동했다.
② ㉠과 달리 ㉡과 ㉢은 알렉산드로스에 대한 비판적 입장을 드러내었다.
③ ㉠과 ㉢의 알렉산드로스에 대한 평가는 시간의 흐름에 따라 호의적으로 변하였다.
④ 알렉산드로스에 대한 평가가 다양한 것은 ㉠~㉢의 정치적 가치관이 다르기 때문이다.

[03~04] 다음 글을 읽고 물음에 답하시오.

내가 감각하는 사물들이 정말로 존재하는가? 내가 지금 감각하고 있는 이 책상이 내가 보지 않을 때에도 여전히 존재하는지, 혹시 이것들이 상상의 산물은 아닌지, 내가 꿈을 꾸고 있는 것은 아닌지 어떻게 알 수 있는가? 내 감각을 넘어서 물리적 대상들이 독립적으로 존재한다는 것을 증명할 길은 없다. 데카르트가 방법적 회의를 통해서 보여 주었듯이, 인생이 하나의 긴 꿈에 불과하다는 ㉠'꿈의 가설'에서 어떤 논리적 모순도 나오지 않기 때문이다. 그러나 논리적 가능성이 진리를 보장하지는 않으므로, 꿈의 가설을 굳이 진리라고 생각해야 할 이유도 없다.

꿈의 가설보다는, 나의 감각들은 나와 독립적으로 존재하는 대상들이 나에게 작용하여 만들어 낸 것들이라는 ㉡'상식의 가설'이 우리가 경험하는 사실들을 더 잘 설명한다. 개 한 마리가 한 순간 방 한편에서 보였다가 잠시 후 방의 다른 곳에 나타났다고 해 보자. 이 경우에 그것이 처음 위치에서 일련의 중간 지점들을 차례로 통과하여 나중 위치로 연속적인 궤적을 따라서 이동하였다고 생각하는 것이 자연스럽다. 그러나 그 개가 감각들의 집합에 불과하다면 내게 보이지 않는 동안에는 그것은 존재할 수가 없다. 꿈의 가설에 따르면 그 개는 내가 보고 있지 않은 동안에 존재하지 않다가 새로운 위치에서 갑자기 생겨났다고 해야 한다.

그 개가 내게 보일 때나 보이지 않을 때나 마찬가지로 존재한다면, 내 경우에 미루어 그 개가 한 끼를 먹고 나서 다음 끼니때까지 어떻게 차츰 배고픔을 느끼게 되는지 이해할 수 있다. 그러나 그 개가 내가 보고 있지 않을 때에 존재하지 않는다면, 그것이 존재하지 않는 동안에도 점점 더 배고픔을 느끼게 된다는 것은 이상해 보인다. 따라서 나의 변화하는 감각 경험은, 실재하는 개를 표상하는 것으로 간주하면 아주 자연스럽게 이해되지만, 단지 나에게 감각되는 색깔과 형태들의 변화에 지나지 않는다고 간주하면 전혀 설명할 길이 없다.

사람의 경우 문제는 더 분명하다. 사람들이 말하는 것을 들을 때, 내가 듣는 소리가 어떤 생각, 즉 내가 그러한 소리를 낼 때에 갖는 생각과 비슷한 어떤 생각을 표현하는 것이 아니라고 여기기는 어렵다. 그러므로 '(ⓐ) 가설을 택하라.'라는 원칙에 따르면, 나 자신과 나의 감각 경험을 넘어서 나의 지각에 의존하지 않는 대상들이 정말로 존재한다는 상식의 가설을 택하는 것이 합당하다.

03 이 글을 읽고, 〈보기〉에서 적절한 것만을 묶은 것은?

─── 보기 ───
㉮ 이 소파가 내가 볼 때에만 존재한다는 견해는 ㉠을 강화하지 않는다.
㉯ 논리적으로 증명할 수 있는 가설만이 진리가 된다는 견해는 ㉡을 강화한다.
㉰ '나'는 통화 중에 친구에게 어제 1시간밖에 자지 않았다는 말을 듣고 그 친구가 매우 피곤할 것이라고 생각하는 것은 ㉡을 약화하지 않는다.

① ㉮　　② ㉰　　③ ㉮, ㉰　　④ ㉯, ㉰

04 다음 중 ⓐ에 들어갈 말로 가장 적절한 것은?

① 감각해야 대상을 지각할 수 있는
② 논리적으로 모순되지 않는
③ 최선의 설명을 제공하는
④ 나의 존재를 확실히 담보할 수 있는

TIP

역설법은 겉으로 보기에는 이치에 어긋나지만 그 속에 깊은 뜻을 담고 있는 표현법이고, 반어법은 겉으로 드러난 표현과 속에 숨겨져 있는 내용을 반대로 나타내는 표현법이야. 쉽게 말하면 반어법은 표현과 의미가 모순이고, 역설법은 표현 그 자체가 모순이지.

05 〈보기〉의 (   ) 안에 들어갈 표현 기법이 사용되지 않은 것은?

― 보기 ―
'시를 쓰면 이미 시가 아니다.'는 (   )적 기법을 사용하여 시의 작위성을 경계한 표현이다.

① 두 볼에 흐르는 빛이 / 정작으로 고와서 서러워라. ― 조지훈, 〈승무〉
② 한 줄의 시는 커녕 / 단 한 권의 소설도 읽은 바 없이 / 그는 한 평생을 행복하게 살며 / 많은 돈을 벌었고 / 높은 자리에 올라 / 이처럼 훌륭한 비석을 남겼다. ― 김광규, 〈묘비명〉
③ 모란이 피기까지는 / 나는 아직 기다리고 있을 테요, / 찬란한 슬픔의 봄을 ― 김영랑, 〈모란이 피기까지는〉
④ 깊이깊이 새겨지는 네 이름 위에 / 네 이름의 외로운 눈부심 위에 / 살아오는 삶의 아픔 ― 김지하, 〈타는 목마름으로〉

 보충 자료 반어법과 역설법

반어법	겉으로 드러난 표현과 속에 숨겨져 있는 내용을 반대로 나타내는 방법	
	언어적 아이러니	가장 일반적인 의미로 쓰이는 아이러니. 진술되고 있는 표면적 의미와 대립되는 의미를 의도하는 표현 방법 예 오늘도 어제도 아니 잊고 / 먼 훗날 그때에 '잊었노라' ― 김소월, 〈먼 후일〉
	상황적 아이러니	서사 작품에 등장하는 인물의 행동이나 그 상황에 관련된 아이러니. 인물이 실제의 상황에 어울리지 않는 행동을 하거나, 행동이나 사건의 진행과는 정반대의 결과가 초래된다. 이를 통해 우리는 인간의 운명에 깃들어 있는 부조리와 세계 자체의 모순 등을 인식하게 된다. 예 현진건의 소설 〈운수 좋은 날〉
역설법	표면적으로는 이치에 어긋나는 것처럼 보이지만, 그 속에 보다 깊은 뜻을 담고 있는 표현 방법 예 • 이것은 소리 없는 아우성 ― 유치환, 〈깃발〉 • 밤에 홀로 유리창을 닦는 것은 / 외로운 황홀한 심사이어니 ― 정지용, 〈유리창〉	

06 ㉠과 ㉡의 예문으로 바르게 짝지은 것은?

독자의 주의를 환기시켜 인상을 강하게 하는 수사법으로는 ㉠과 ㉡이 있다. ㉠은 원래 초기 그리스 희극의 전형적 인물인 '에이런'의 말이나 행동 양식에 적용되었던 용어이다. '에이런'은 자신의 힘과 지식을 숨기고 천진한 척, 약한 척하면서 점차 '알라존'이라는 상대에게 승리한다. 이처럼 ㉠은 겉으로 드러난 표현과 숨겨진 실제 내용을 반대로 나타내는 방법이다. 반면 ㉡은 겉으로 보기에는 모순되고 부조리하지만, 표면적 진술을 떠나 자세히 생각해 보면 근거가 확실하든지 깊은 진실을 담고 있는 표현을 뜻한다. 일반적으로 ㉡은 서로 반대 개념을 가진, 혹은 적어도 한 문맥 안에서 함께 사용될 수 없는 말들을 결합시키는 모순 어법을 통해 나타나는 경우가 많다.

① ㉠: 밤에 홀로 유리를 닦는 것은 / 외로운 황홀한 심사이어니 - 정지용, 〈유리창 1〉
㉡: 먼 훗날 당신이 찾으시면 / 그때에 내 말이 "잊었노라" - 김소월, 〈먼 후일〉

② ㉠: 삶은 언제나 / 은총의 돌층계의 어디쯤이다. - 김남조, 〈설일〉
㉡: 삶은 계란의 껍질이 / 벗겨지듯 / 묵은 사랑이 / 벗겨질 때 - 김수영, 〈파밭가에서〉

③ ㉠: 몇 가지 사소한 사건도 있었다 / 한밤중에 여직공 하나가 겁탈당했다. - 기형도, 〈안개〉
㉡: 우리들의 사랑을 위하여서는 - 이별이, 이별이 있어야 하네. - 서정주, 〈견우의 노래〉

④ ㉠: 가난하다고 해서 외로움을 모르겠는가 - 신경림, 〈가난한 사랑 노래 – 이웃의 한 젊은이를 위하여〉
㉡: 나는 독을 차고 가리라 / 막음날 내 외로운 혼 건지기 위하여 - 김영랑, 〈독을 차고〉

07 표준어로만 묶인 것은?

① 삵쾡이, 구렛나루, 넝쿨
② 통채, 숫염소, 되려
③ 강낭콩, 사글세, 윗어른
④ 장딴지, 이쁘다, 오뚝이

08 밑줄 친 부분이 어문 규범에 맞는 문장을 〈보기〉에서 모두 고르면?

〈보기〉
㉠ 우리 집 <u>위층</u>에는 신혼부부가 세 들어 살고 있다.
㉡ 대포들의 포성이 마치 <u>우뢰</u>처럼 들렸다.
㉢ 저 멀리 지평선에 <u>아지랭이</u>가 모락모락 피어오른다.
㉣ 그런 말을 서슴없이 하다니 그 사람 참 <u>주책이야</u>.

① ㉠, ㉢
② ㉠, ㉣
③ ㉡, ㉢
④ ㉢, ㉣

09 ㉠~㉣의 뜻풀이로 옳지 않은 것은?

> 민홍은 낮은 신음을 흘리며 황급히 뒤쫓아 나갔지만 허사였다. 녀석의 ㉠<u>굼뜬</u> 동작은 괜히 상대방을 자만하게 만들기 위한 위장술이 틀림없어 보였다. [중략] 민홍이 맨발로 뛰쳐나갔을 때는 골목의 어둠 속으로 유유히 빨려 들어가는 꼬리만 ㉡<u>설핏</u> 눈에 들어왔을 뿐이었다. 민홍은 그 자리에 망부석처럼 ㉢<u>우두망찰</u> 서서 소리 없이 웃고 있는 어둠 속을 노려보았다.
> ─모르지 맹탕 헛것이 눈에 보였는지두.
> 아버지의 늘쩡한 목소리가 귓전에 와 달라붙었다. 민홍은 찬찬히 고개를 가로저었다. 골목 저편에서 비닐봉지와 함께 다가온 바람이 이마 위로 흘러내린 머리칼을 달싹이고 갔다. 민홍은 입을 굳게 다물어 보았다. 그냥 그렇게 서 있고 싶었다. 불끈 쥐어 본 주먹에는 연탄집게가 알맞춤하게 들어 있었다. 왠지 ㉣<u>느꺼운</u> 감정이 밀려오면서 저만치서 채 시작되지도 않은 겨울의 출구가 보이는 듯했다. 그쪽은 맨발이었다.
> ─ 김소진, 〈쥐잡기〉

① ㉠: 동작, 진행 과정 따위가 답답할 만큼 매우 느린
② ㉡: 잠깐 나타나거나 떠오르는 모양
③ ㉢: 지치고 고단하여 몸이 축 늘어질 정도로 힘이 없이
④ ㉣: 어떤 느낌이 마음에 북받쳐서 벅찬

10 한자 성어의 뜻이 옳게 연결되지 않은 것은?

① 氷炭之間: 허물없는 아주 친한 사이
② 明若觀火: 불을 보듯 분명하고 뻔함.
③ 鐵中錚錚: 같은 무리 가운데서도 가장 뛰어남.
④ 乾坤一擲: 운명을 걸고 단판걸이로 승패를 겨룸.

선재국어

공무원 국어의 독보적 기준
선재국어가 제시하는 매일 학습 전략!

WEEK 2

공무원 국어의 독보적 기준
선재국어가 제시하는 매일 학습 전략!

매일 국어 06	DAY 06		
	생략된 단어나 접속어 추리하기 & 제시문과 일치하는 정보 찾기	작가 미상, 〈옥낭자전〉 작가 미상, 〈전우치전〉	언어의 특성

매일 국어 07	DAY 07		
	진술 방식이나 전개 방식 파악하기 & 태도와 관점·의도 추리하기	전상국, 〈우상의 눈물〉 김승옥, 〈무진기행〉	통사론 _사동 표현과 피동 표현

매일 국어 08	DAY 08		
	구조에 맞게 문장이나 문단 배열하기	작가 미상, 〈서경별곡〉 작가 미상, 〈동동〉	음운론 _음운 변동

매일 국어 09	DAY 09		
	말하기 방식	이개, 〈방 안에 혓는 촉불 ~〉 外 이별, 〈장육당육가〉 外	형태론 _관계언

매일 국어 10	DAY 10		
	논증과 추론	법정, 〈설해목〉 조지훈, 〈돌의 미학〉 이청준, 〈아름다운 흉터〉	〈표준 발음법〉

DAY 06 매일 국어 06회

TIP

생략된 단어나 문장 문제가 출제될 수 있는 이유는 생략된 단어나 문장을 찾을 수 있는 힌트가 제시문에 주어지기 때문이야. 특히 생략된 부분의 앞뒤 문장에는 정답을 파악할 수 있는 직접적인 힌트가 나타나는 경우가 많으니 집중해서 살펴볼 것!

01 ㉠~㉣에 들어갈 말이 바르게 나열된 것은?

현대 사진은 그 인식이 (㉠)보다 (㉡)이 우선하면서 시작되었다. 공간 형성의 부수적 요소로서의 시간이 아니라, 사진에서는 시간 자체가 독자적 발언권을 가지고 있음을 발견한 것이다. 현대 사진에서의 공간은 공간 자체의 의미를 가지지 않는다. 마치 근대 사진에서의 시간처럼 독자적 의미는 가지지 못한 채 시간을 형상화시켜 주는 부수적 위치에 선다. 시간이 공간을 대동하지 않고 현실화·시각화할 수 없기 때문에 공간이 사진에서 자취를 감출 수는 없다. 다만 공간이 독자적 의미를 상실하였음을 뜻하는 것뿐인데, 공간이 독자적 의미를 상실하였다는 것은 근대 사진의 주된 관심이었던 '사건'이 사진에서 사라지고 있음을 뜻한다. 사건이 사라진 사진의 (㉢)은 단순한 빛과 그림자의 형성, 곧 (㉣)의 자국에 지나지 않는다.

	㉠	㉡	㉢	㉣		㉠	㉡	㉢	㉣
①	공간	시간	시간	공간	②	시간	공간	시간	공간
③	시간	공간	공간	시간	④	공간	시간	공간	시간

02 ( ) 안에 들어갈 말로 가장 알맞은 것은?

앙리 베르그송에 의하면, 사회가 소속된 인간에게 요구하는 것은 긴장, 유연성, 균형 감각이다. 이것이 둔화되어 있을 때 인간은 고립되거나 위험해질 수 있다. 그런데 우리가 그러한 상황을 자신의 일이 아닌 것으로 거리를 두게 되면 그것은 희극성의 원천이 되며 웃음을 유발한다. 일반적으로 희극성은 집단적으로 모인 사람들이 감성을 침묵시키고 지성만을 행사하는 가운데 그중 한 사람에게 주의를 집중하는 것에서 나온다. 이러한 희극성의 일반적 원리에 동의하고 나면 왜 많은 초기 영화가 코미디적인 특성을 지녔는지 쉽게 이해할 수 있게 된다.

영화는 삶을 기계화시킨 재현 매체이다. 특히 지금의 영화보다 프레임 수가 적은 초기 무성 영화에서 대상화된 삶의 모습은 둔화된 양상으로 나타나기 쉽다. 버스터 키튼이나 찰리 채플린의 영화에서 드러나는 동작들이 그 부자연스러움만으로도 웃음을 자아내는 것은 기계적인 재현과 웃음의 연관성을 잘 보여 준다. 게다가 영화야말로 대상에 거리를 두고 집단적으로 웃을 수 있는 가장 효과적인 매체이기도 하다. 따라서 초기 영화에서 일상의 (   )을 드러내는 반전적(反轉的)인 상황이 가장 구성하기 쉽고 보여 주기 좋은 제재가 되며 관객의 주의를 끈 것은 우연이 아니다. 본질적으로 초기 영화의 서사는 코미디와 긴밀한 연관 관계를 지닐 수밖에 없었던 것이다.

① 모순성(矛盾性) ② 경직성(硬直性)
③ 융통성(融通性) ④ 개연성(蓋然性)

[03~04] 다음 글을 읽고 물음에 답하시오.

《삼국유사》는 신라 전성시대의 경주의 모습을 설명하면서 금입택(金入宅)*의 명칭 39개를 나열하고 있다. 신라의 전성시대란 일반적으로 상대, 중대, 하대 중 삼국 통일 이후 100여 년 간의 중대를 가리키는 것이 보통이나, 경주가 왕도로서 가장 발전했던 시기는 하대 헌강왕 대이다. 39개의 금입택이 있었던 시기도 이때이다. 그런데 경덕왕 13년에 황룡사 종을 만든 장인이 금입택 가운데 하나인 이상택(里上宅)의 하인이었으므로, 중대의 최전성기에 이미 금입택이 존재하고 있었음을 알 수 있다. (㉠) 금입택은 적어도 중대부터 만들어지기 시작하여 하대에 이르면 경주에 대략 40여 택이 들어서 있었다. (㉡)《삼국유사》의 기록이 금입택 가운데 저명한 것만을 기록한 것이므로, 실제는 더 많았을 것이다.

'쇠드리네' 또는 '금드리네'의 직역어인 금입택은 금이나 은 또는 도금으로 서까래나 문틀 주위를 장식한 호화 주택이다. 지붕은 주로 막새기와를 덮었으며, 지붕의 합각 부분에는 물고기나 화초 모양의 장식을 했다. 김유신 가문이라든가 집사부 시중을 역임한 김양종의 가문, 경명왕의 왕비를 배출한 장사택 가문 등 진골 중에서도 왕권에 비견되는 막대한 권력과 재력을 누리던 소수의 유력한 집안만이 이러한 가옥을 가질 수 있었다.

금입택은 평지에는 만들어지지 않았다. 경주에서는 알천이 자주 범람하였으므로 대저택을 만들기에 평지는 부적절했다. (㉢) 귀족들의 금입택은 월성 건너편의 기슭에 주로 조성되었는데, 이 일대는 풍광이 매우 아름다워 주택지로서 최적이었다. (㉣) 남산의 산록 및 북천의 북쪽 기슭에도 많이 만들어졌는데, 이 지역은 하천을 내려다볼 수 있는 높은 지대라서 주택지로 적합하였다.

* 금입택: 통일 신라 시대에, 경주에 있던 부호(富豪) 대가(大家)

03 이 글의 내용과 부합하지 않는 것은?

① 신라 시대 경주에는 40개 이상의 금입택이 존재했을 것으로 추정된다.
② 금입택은 자연재해를 피할 수 있으며 아름다운 경치를 즐길 수 있는 곳에 위치해 있었다.
③ 신라의 상대(上代)에는 삼국 통일이 이루어지지 않았으며 경주에 금입택도 존재하지 않았을 가능성이 크다.
④ 금이나 도금 등 값비싼 재료로 주택을 장식했던 금입택은 진골 중 왕가의 일원을 배출한 집안에서만 소유할 수 있었다.

04 ㉠~㉣에 들어갈 접속어가 알맞게 짝 지어진 것은?

	㉠	㉡	㉢	㉣
①	그러므로	그러나	그래서	그러나
②	그리고	따라서	그러므로	그리고
③	즉	하지만	따라서	또한
④	따라서	물론	그런데	하물며

05 다음 글을 이해한 내용으로 적절한 것은?

[앞부분의 줄거리] 혼인을 약속한 옥랑의 집으로 가던 이시업 일행은 사소한 일로 영흥의 토호 일행과 싸움을 하게 된다. 이 과정에서 토호의 하인 한 명이 죽게 되자 이시업이 살인죄로 옥에 갇힌다. 남장을 하고 시업을 찾아온 옥랑은 시업 대신 벌을 받겠다며 시업을 옥에서 내보낸다.

한편 옥랑은 연약한 여자의 몸으로 홀로 어두운 옥중에 갇혀 있으니 어찌 비참함을 견뎌 내리요. [중략] 이시업이 집으로 돌아오니 춘발 부부가 버선발로 내달으며 붙잡고 울기를
"예로부터 살인자는 죽는다 하였거니와 네 어찌 살아 왔느냐? 네 벌써 죽어서 혼백이 왔느냐? 우리 늙은 두 몸이 너 죽은 후에는 다시 바랄 것이 없는지라. 저의 시신을 수습하고 우리도 너를 따라 한 곳에 죽으려 하였더니 네 어떻게 살아왔느냐?"
하기에 시업이 여쭙기를
"소자도 역시 죽기로 자처하고 있삽더니 의외로 김 낭자가 여차여차하여 소자를 내보내기로 살아 왔나이다."
하며 낭자의 열렬한 언사를 낱낱이 아뢰니 춘발이 그 말을 듣고 눈물을 흘리며 하늘을 우러러 길게 탄식하더라.
옥랑이 옥에 갇힌 지 수삼 일이 지나니 영흥 부사가 좌기를 엄숙히 하고 죄인을 끌어내어 문초할새, 옥랑이 큰칼의 무거움을 이기지 못하여 옥졸에게 부축되어 겨우 들어가는지라 보는 사람들이 모두 불쌍히 여기더라. 부사가 죄인을 살펴보니 전일에 가둔 죄인이 아닌지라 부사가 수상히 여겨 옥졸을 잡아들여 꾸짖어 이르기를
"살인자는 국법이 지엄하거늘 네 감히 죄인을 임의로 바꾸었으니 그 죄는 죽고도 오히려 남음이 있으렷다!"
하여 사령을 호령하여 옥졸을 형틀에 매어 놓고 벌하며 간계를 자세히 아뢰라 하니라. 그러하나 본시 이시업을 가둘 때 압송하던 옥졸은 갑자기 병이 나서 들어오지 못하고 다른 옥졸이 거행하게 되었으니 그 진가(眞假)를 알지 못하였더라. 옥졸들이 천만 뜻밖에 이런 곤경을 당하니 어찌할 바를 모르다가 즉시 원통함을 일컬으며 아뢰기를
"소인들이 어찌 감히 막중하온 명을 받잡고 간사한 죄를 지을 수 있겠나이까? 소인들은 저 죄인을 처음 압송하던 무리가 아니온고로 죄인의 진가를 알지 못하오니 당초에 분부를 받자온 옥리를 잡아들여 문초하옵시면 자초지종이 밝혀지겠나이다."
하니 부사가 그 말을 옳게 여겨 죄인을 처음 압송한 옥리를 잡아들이라 하더라. 옥리가 잡혀 들어왔지만 병세가 위중하여 돌려보냈으나 미처 관문을 나서지 못하고 죽으니 죄인의 진가를 알지 못하겠기로 즉시 옥랑을 형틀에 올려 매고 노한 음성으로 물어 보았다.

– 작가 미상, 〈옥낭자전〉

① 옥랑은 옥에 갇힌 바로 다음 날 부사에게 거짓 투옥이 발각된다.
② 옥랑은 이시업의 간청을 순순히 받아들여 대신 옥에 갇히기로 결심한다.
③ 옥졸은 부사의 형벌을 이기지 못하여 죄인을 바꿔치기 했음을 시인한다.
④ 이시업을 처음에 압송했던 옥리는 자초지종을 말하지도 못하고 사망한다.

06 다음 글에 대한 설명으로 적절하지 않은 것은?

가 우치가 대답했다.
"소신이 황제를 속인 이유는 다름이 아니오라, 우리 조선을 소국이라 하여 매양 업신여기옵기로 소신이 비록 어리고 철이 없사오나 그 일이 통분하여, 대국에 들어가 여차여차한 일로 황제를 속이고 재주를 발휘하여 대국의 위엄을 꺾으려 한 것일 뿐, 다른 일은 없사옵니다. 그러나 소신을 아무리 잡으려 하여도, 대국의 힘으로는 잡을 길이 없은즉 분함을 이기지 못해 본국으로 사신을 보낸 것이옵니다."
임금이 듣고 말했다.
"너의 재주가 그러하면 한번 구경하고자 하니 시험하여 특별히 재주를 보여 주면 네 원대로 하리라."
하신데 우치가 아뢰기를,
"신의 재주를 구경하시려 한다면 시험하려니와 전하께서 놀라실까 하나이다."
임금이 말하기를
"그것은 염려하지 말고 시험하라."

나 우치가 재주를 행하는데, 이윽고 천지가 자욱하며 지척을 분별치 못하게 되었다. 임금이 괴이히 여기다가 주위를 둘러보니, 갑자기 맑은 바람이 일어나며 구름과 안개가 걷히고 날씨가 명랑하였다. 그제야 자세히 보니 명경창파 가운데 자신이 한 조각의 배를 타고 앉았는데, 배 가는 곳을 알 수가 없었다. 임금이 크게 놀라 생각하기를, '이 몸이 어찌하여 이곳에 왔으며, 배에는 사공도 없으니 장차 어디로 갈꼬?' 하고 있는데, 갑자기 큰 바람이 일어나서 천지를 분간치 못하였다. 그런데다 풍랑까지 심하여 배가 물결을 따라 물속으로 거의 잠기게 되었다. 임금은 정신이 혼미하여 넋이 몸에 붙지 아니하니 어찌 살기를 바라리오.
— 작가 미상, 〈전우치전〉

① **가**와 **나**의 사건은 서로 인과적으로 연결되어 있다.
② **가**와 **나**의 공간적 배경이 바뀌어 사건이 비현실적으로 전개되고 있다.
③ **가**와 달리 **나**에서는 서술자가 직접 개입하여 상황의 심각성을 부각하고 있다.
④ **가**에서는 보여 주기 방식으로, **나**에서는 말하기 방식으로 인물의 성격을 드러내고 있다.

TIP

언어의 특성인 자의성, 사회성, 역사성, 추상성 등은 기본적으로 공부를 해야만 하는 내용이지. 그런데 어렵지는 않으니까 한 번만 제대로 학습해 두면 문제 없을 거야. 언어의 특성과 예를 연결하는 문제들이 곧잘 출제되고 있으니까 예들을 잘 익혀 두자.

07 〈보기〉의 사례와 관련된 언어의 특성이 잘못 연결된 것은?

― 보기 ―

가 '집이 크다.'라는 문장을 배운 아이는 '책상이 크다.', '옷이 크다.'처럼 새로운 문장을 만들 수 있다.

나 어느 날 갑자기 누군가가 '꽃'을 '땅'이라고 부르고 싶다고 해도 '꽃'이 '땅'이 될 수는 없다.

다 '어리다'는 15세기에는 '어리석다'의 의미였지만 지금은 '나이가 적다'의 의미로 쓰이고, '온[百], 즈믄[千], 미르[龍]'와 같은 말은 오늘날에는 쓰이지 않는다.

라 동일한 사물을 두고 영국에서는 [triː], 한국에서는 [namu]라고 표현한다.

① 가 - 창조성　　② 나 - 규칙성　　③ 다 - 역사성　　④ 라 - 자의성

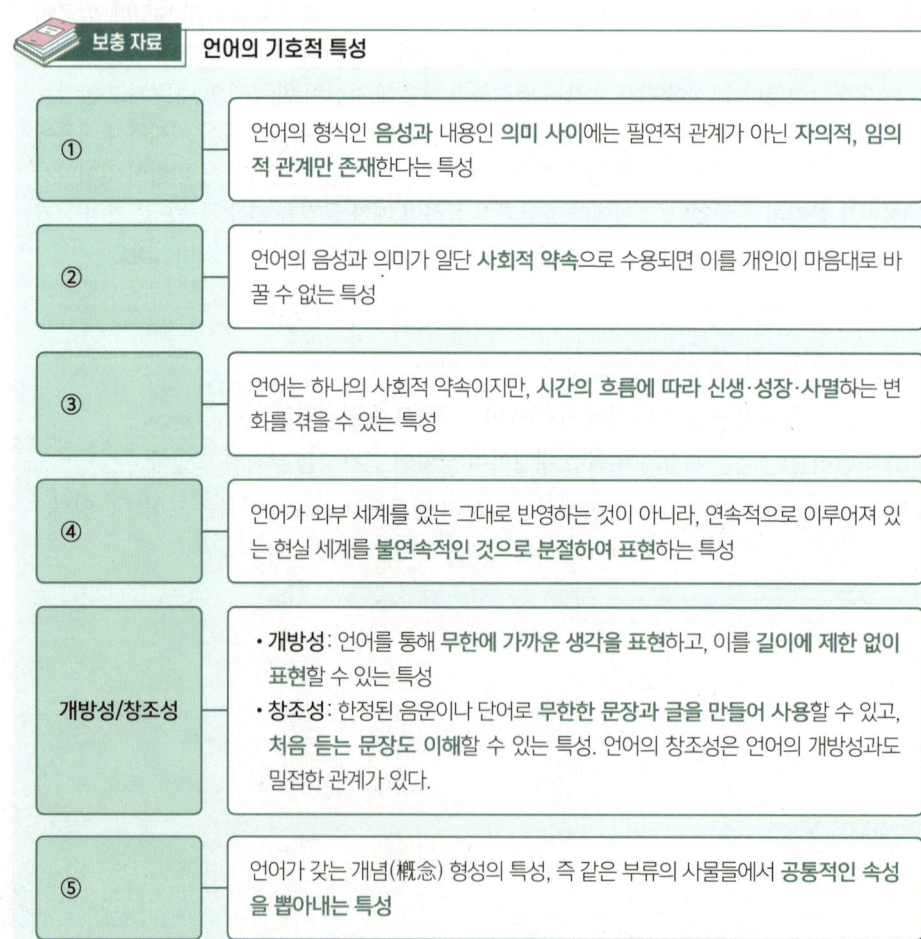

보충 자료 — 언어의 기호적 특성

①	언어의 형식인 **음성**과 내용인 **의미 사이**에는 필연적 관계가 아닌 **자의적, 임의적 관계**만 존재한다는 특성
②	언어의 음성과 의미가 일단 **사회적 약속**으로 수용되면 이를 개인이 마음대로 바꿀 수 없는 특성
③	언어는 하나의 사회적 약속이지만, **시간의 흐름에 따라 신생·성장·사멸**하는 변화를 겪을 수 있는 특성
④	언어가 외부 세계를 있는 그대로 반영하는 것이 아니라, 연속적으로 이루어져 있는 현실 세계를 **불연속적인 것으로 분절**하여 표현하는 특성
개방성/창조성	• **개방성**: 언어를 통해 무한에 가까운 생각을 표현하고, 이를 길이에 제한 없이 표현할 수 있는 특성 • **창조성**: 한정된 음운이나 단어로 **무한한 문장과 글을 만들어 사용**할 수 있고, **처음 듣는 문장도 이해**할 수 있는 특성. 언어의 창조성은 언어의 개방성과도 밀접한 관계가 있다.
⑤	언어가 갖는 개념(概念) 형성의 특성, 즉 같은 부류의 사물들에서 **공통적인 속성을 뽑아내는 특성**

08 ㉠에 들어갈 적절한 말은?

> 언어 기호는 (㉠)을 지니고 있다. 자연 현상은 특별한 경계선이 없이 연속적으로 존재하지만 언어는 이를 구분하여 표현하는데, 이를 언어의 (㉠)이라고 한다. 예를 들어, '무지개'는 본질적으로 명확한 경계선을 가지고 있는 것이 아니라 연속된 스펙트럼으로 존재한다. 그러나 우리는 '무지개'를 일곱 가지 색깔로 나누어 파악한다. 또한 사람의 말소리는 동물의 울음소리와 달리 일정한 수의 단음이나 단어로 분석된다는 점에서 (㉠)을 지닌다.

① 자의성   ② 분절성   ③ 추상성   ④ 사회성

09 다음과 같은 뜻의 속담은?

> 본바탕이 좋지 아니한 것은 어떻게 하여도 그 본질이 좋아지지 아니함.

① 달걀에도 뼈가 있다
② 우물에 가 숭늉 찾는다
③ 개 꼬리 삼년 묵어도 황모 되지 않는다
④ 소금 먹은 놈이 물켠다

10 ㉠에 들어갈 한자 성어로 가장 적절한 것은?

> 1919년 8월 11일 타계한 철강왕 카네기는 전 세계 5천 곳 이상에 도서관을 지어 기부했다. 그는 많은 명언을 창작한 인물로도 유명하다. 물론 변화와 관련되는 명언도 남겼다. "변화를 두려워하지 마세요. 우리에게는 변화에 자신을 적응시키고, 나아가 발전시키는 능력이 있습니다."
> 개인이든 인류든 사람의 시간은 변화의 연속이다. 변화가 정지되면 사람은 소멸한다. 우주의 그러한 이치를 카네기는 짧은 (㉠)에 담아 표현했다. 만약 카네기가 장황하거나 중언부언의 수사법을 썼으면 세계인의 환호를 받지 못했을 것이다.

① 東問西答   ② 寸鐵殺人   ③ 先見之明   ④ 言語道斷

매일 국어 07회

TIP

글의 전개 방식을 묻는 문제는 '글의 전개 방식'을 알고 있다는 전제 하에 출제되기 때문에 이와 관련된 배경지식이 있어야 문제를 풀 수가 있어. 문제를 풀다가 헷갈리는 전개 방식이 있다면 《수비니겨 기본서》로 꼭 정리하자.

01 다음 글에 나타난 전개 방식이 아닌 것은?

> 통화 정책은 중앙은행이 물가 안정과 같은 경제적 목적의 달성을 위해 이자율이나 통화량을 조절하는 것이다. 대표적인 통화 정책 수단인 '공개 시장 운영'은 중앙은행이 민간 금융 기관을 상대로 채권을 매매해 금융 시장의 이자율을 정책적으로 결정한 기준 금리 수준으로 접근시키는 것이다. 중앙은행이 채권을 매수하면 이자율은 하락하고, 채권을 매도하면 이자율은 상승한다. 이자율이 하락하면 소비와 투자가 확대되어 경기가 활성화되고 물가 상승률이 오르며, 이자율이 상승하면 경기가 위축되고 물가 상승률이 떨어진다. 이와 같이 공개 시장 운영의 영향은 경제 전반에 파급된다.

① 공개 시장 운영이 경제 전반에 영향을 미치는 과정을 인과적으로 설명하고 있다.
② 주요 용어의 개념을 정의 내리고 있다.
③ 구체적 사례를 들어 통화 정책의 개념을 이해할 수 있도록 돕고 있다.
④ 공개 시장 운영이 성공하는 경우와 실패하는 경우를 대조하고 있다.

02 다음 글에 대한 설명으로 적절하지 않은 것은?

왜 수백 년 전의 음악이 오늘날까지 사라지지 않고 계속 연주되는 걸까요? 그것은 바로 그 시대에 만들어진 음악의 성격 덕분이 아닐까 생각합니다. 17~19세기, 인류는 역사상 가장 급격한 변화를 겪었습니다. 산업 혁명과 시민 혁명 등과 같은 사회의 급격한 변화는 문화에도 영향을 미쳐 문학, 음악, 미술 등에도 많은 변화가 일어났습니다. 음악의 경우 종교 음악의 시대가 끝나고 인간을 위한 음악의 시대가 열렸고 여기에 악기의 발명, 화성법의 발달이 뒤따랐습니다. 바흐, 모차르트, 베토벤 등 천재 음악가들까지 줄줄이 탄생하여 그 어느 시대보다 음악의 완성도가 높아졌지요.

클래식을 그다지 좋아하지 않는 사람들 중에는 이렇게 말하는 이도 있을 것입니다. "클래식은 200년에서 300년 전 서양에서, 그것도 귀족들이나 부자들만 즐겨 듣던 음악인데, 21세기를 사는 우리들이 꼭 그런 음악을 들어야 하나? 그것이 바로 사대주의 아닌가?" 아주 틀린 말은 아닙니다. 클래식은 우리나라 사람들과는 거리가 먼 서양 사람들의 음악, 그것도 200년에서 300년 전 소수의 사람들이 즐기던 음악이니까요.

그러나 저는 말씀드리고 싶습니다. 그럼에도 불구하고 클래식은 들을 만한 가치가 있다고, 왜냐하면 서양에서 몇몇 사람들이 만들어 내고 즐기기는 했지만, 그 시대의 음악은 역사상 가장 비약적인 발전을 이룬, 가장 위대한 음악 천재들이 만들어 낸 인류의 문화유산이기 때문입니다.

좀 더 쉽게 비유하자면 클래식을 듣는 것은 피라미드나 스핑크스 같은 문화 유적을 탐방하는 것과도 비슷할 것입니다. 피라미드는 21세기 장례 문화에 걸맞지 않은 오래전의 무덤이지만 이집트 사람들의 뛰어난 건축 기술을 보여 주는 유적으로 오랜 세월 동안 그 가치를 인정받아 왔습니다. 마찬가지로 클래식도 비록 21세기 사람들의 정서를 담고 있지는 않지만 인류의 뛰어난 음악적 능력을 보여 주기에 사랑받아 온 것입니다.

① 유추의 방식을 사용하여 주장의 설득력을 높이고 있다.
② 묻고 답하는 방식으로 중심 화제에 대한 흥미를 유발하고 있다.
③ 글쓴이와 다른 견해를 일부 인정하면서 대상에 대한 자신의 태도를 수정하고 있다.
④ 예상되는 반박을 제시한 뒤, 그에 대한 글쓴이의 입장을 밝히고 있다.

[03~04] 다음 글을 읽고 물음에 답하시오.

물리학의 근본 법칙들은 실재 세계의 사실들을 정확하게 기술하는가? 이 질문에 확신을 가지고 그렇다고 대답할 사람은 많지 않을 것이다. 사실 다양한 물리 현상들을 설명하는 데 사용되는 물리학의 근본 법칙들은 모두 이상적인 상황만을 다루고 있는 것 같다.

가령 중력의 법칙을 생각해 보자. 중력의 법칙은 "두 개의 물체가 그들 사이의 거리의 제곱에 반비례하고 그 둘의 질량의 곱에 비례하는 힘으로 서로 당긴다."라는 것이다. 이 법칙은 두 물체의 운동을 정확하게 설명할 수 있는가? 만약 어떤 물체가 질량뿐만이 아니라 전하를 가지고 있다면 그 물체들 사이에 작용하는 힘은 중력의 법칙만으로 계산된 것과 다를 것이다. 즉 위의 중력의 법칙은 전하를 가지고 있는 물체의 운동을 설명하지 못한다.

물론 사실을 정확하게 기술하는 형태로 중력의 법칙을 제시할 수 있다. 가령, 중력의 법칙은 "중력 이외의 다른 어떤 힘도 없다면, 두 개의 물체가 그들 사이의 거리의 제곱에 반비례하고 그 둘의 질량의 곱에 비례하는 힘으로 서로 당긴다."로 수정될 수 있다. 여기서 '중력 이외의 다른 어떤 힘도 없다면'이라는 구절이 추가된 것에 주목하자. 일단, 이렇게 바뀐 중력의 법칙이 참된 사실을 표현한다는 것은 분명해 보인다. 그러나 이렇게 바꾸면 한 가지 중요한 문제가 발생한다.

어떤 물리 법칙이 유용한 것은 물체에 작용하는 힘들을 통해 다양하고 복잡한 현상을 설명할 수 있기 때문이다. 물리 법칙은 어떤 특정한 방식으로 단순한 현상만을 설명하는 것을 목표로 하지 않는다. 중력의 법칙이 우리가 사는 세계를 지배하는 근본적인 법칙이라면 중력이 작용하는 다양한 현상들을 설명할 수 있어야 한다. 하지만 '중력 이외의 다른 어떤 힘도 없다면'이라는 구절이 삽입되면 그것은 오로지 중력만이 작용하는 아주 특수한 상황만을 설명할 수 있을 뿐이다. 결과적으로 참된 사실들을 진술하기 위해 삽입된 구절은 설명력을 현저히 감소시킨다. 이 문제는 거의 모든 물리학의 근본 법칙들이 가지고 있다.

03 이 글의 서술 방식으로 적절하지 않은 것은?

① 반론을 반박하여 논지를 강화하고 있다.
② 사례 분석을 통해 주장을 뒷받침하고 있다.
③ 문제 – 해결 구조를 반복하여 통일성을 부여하고 있다.
④ 대상의 속성을 제시하여 논지를 이끌어 내고 있다.

04 글쓴이가 궁극적으로 말하고자 하는 바로 가장 적절한 것은?

① 물리학의 기본 법칙들은 이상적 상황만을 다루고 있다.
② 물리학의 법칙을 정확하게 기술하는 것은 의미 없는 행위이다.
③ 물리학의 법칙에 작용하는 변수들을 제거하기 위해 노력해야 한다.
④ 중력의 법칙은 그 법칙이 작용하는 현상들을 모두 설명할 수 있어야 한다.

05 다음 글의 서술상 특징으로 가장 적절한 것은?

> "담임 선생님의 말씀처럼 지금 우리 친구 하나가 매우 어려운 처지에 놓여 있다. 좀 늦은 감이 있지만 지금이라도 힘을 합쳐 그 친구를 구원해 주어야 한다고 생각한다."
> 이렇게 서두를 잡은 형우는 언젠가 하굣길에서 내게 들려준 기표네 가정 형편을 반 아이들한테 이야기하기 시작했다. 그런데 놀라운 일은 형우의 혀였다. 나한테 얘기를 들려줄 때의 그런 적대감은 씻은 듯 감추고 오직 우의와 신뢰 가득한 말로써 우리의 친구 기표를 미화하는 일에 열을 올렸던 것이다.
> 기표 아버지가 중풍에 걸려 식물인간처럼 누워 있는 정경이며 기표 어머니의 심장병, 그러한 부모들을 위해서 버스 안내원을 하던 기표 여동생의 눈물겨운 얘기, 라면으로 끼니를 때우는 기표네 식구들의 배고픔이 눈에 보이듯 열거되었다. 그런 가난 속에서도 가난을 결코 겉에 나타내지 않고 묵묵히 학교에 나온 기표의 의지가 또한 높게 치하되었다. 더구나 그런 가난 속에서 유급을 했기 때문에 1년간의 학비를 더 마련해야 했던 그 고통스러운 얘기도 우리들 가슴에 뭉클 뭔가 던져 주었다.
> ― 전상국, 〈우상의 눈물〉

① 요약적 제시를 통해 갈등의 해결 방향을 제시하고 있다.
② 작품 밖의 관찰자가 작중 상황을 객관적으로 서술하고 있다.
③ 작중 인물이 관찰자의 입장에서 특정 인물의 의도를 파악하고 있다.
④ 서술자가 회상을 통해 외부 이야기에서 내부 이야기로 이동하고 있다.

06 다음 글의 시점에 대한 설명으로 적절하지 않은 것은?

> 나는 이모가 나를 흔들어 깨워서 눈을 떴다. 늦은 아침이었다. 이모는 전보 한 통을 내게 건네주었다. 엎드려 누운 채 나는 전보를 펴 보았다. '27일 회의참석필요, 급상경바람 영'. '27일'은 모레였고 '영'은 아내였다. 나는 아프도록 쑤시는 이마를 베개에 대었다. 나는 숨을 거칠게 쉬고 있었다. 나는 내 호흡을 진정시키려고 했다. 아내의 전보가 무진에 와서 내가 한 모든 행동과 사고(思考)를 내게 점점 명료하게 드러내 보여 주었다. 모든 것이 선입관 때문이었다. 결국 아내의 전보는 그렇게 얘기하고 있었다. 나는 아니라고 고개를 저었다. 모든 것이, 흔히 여행자에게 주어지는 그 자유 때문이라고 아내의 전보는 말하고 있었다. 나는 아니라고 고개를 저었다. 모든 것이 세월에 의하여 내 마음속에서 잊혀질 수 있다고 전보는 말하고 있었다.
> ― 김승옥, 〈무진기행〉

① 주인공과 서술자의 거리가 가깝다.
② 독자는 주인공의 심리를 능동적으로 해석할 수 있다.
③ 보조적 인물들의 심리를 파악하는 데는 한계가 있다.
④ 작중 인물의 시각에서 사건을 서술하고 있다.

TIP

'헤매다, 목메다, 설레다' 등에 접사 '-이-'를 함부로 넣지 않도록 주의해야 해. 그리고 '-시키다'나 '-어지다'가 결합한 말도 주의 깊게 살펴봐야 하지. 사·피동의 오류의 예는 《수비니겨 기본서》에 자세히 제시되어 있으니 헷갈리는 수험생들은 다시 한번 확인해 보자!

07 밑줄 친 말의 쓰임이 올바르지 않은 것은?

① 동생은 수학 문제가 너무 어려워 한 시간째 <u>헤매고</u> 있다.
② 입동이 지나자 날씨가 어찌나 추운지 살이 <u>에이는</u> 듯하다.
③ 나는 초등학교에 들어가기 전에 한글을 스스로 <u>깨우쳤다</u>.
④ 농부는 한가할 때는 소에게 풀을 <u>뜯기면서</u> 버들피리를 불었다.

보충 자료 사동문과 피동문의 오류

1. 사동문의 오류
① 의미상 불필요한 경우에 사동 표현을 남발하지 않는다.
예 활짝 개인(개+이+ㄴ) 날씨를 보니, 기분이 좋다.(×) → ＿＿＿＿＿(○)
② '-하다'를 쓸 수 있는 말에 무리하게 '-시키다'를 결합하지 않는다.
예 모든 기계를 하루 종일 가동시켜서 기일을 맞추도록 하자.(×) → ＿＿＿＿＿(○)

2. 피동문의 오류
① '이, 히, 리, 기+어지다'의 표현은 이중 피동이므로 사용하지 않는다.
예 앞으로 경제가 좋아질 것으로 보여집니다(보+이+어지다).(×) → ＿＿＿＿＿(○)
② '-되어지다', '-지게 되다' 등의 표현은 사용하지 않는다.
예 앞으로 이 문제가 잘 풀릴 것이라고 생각되어진다.(×)
③ '불리우다, 잘리우다, 갈리우다, 팔리우다' 등은 잘못된 표기이다.
예 잘리워진 국토의 아픔을 잊지 말자.(×) → ＿＿＿＿＿(○)

TIP '여겨지다, 받아들여지다, 알려지다, 밝혀지다'는 이중 피동이 아니다.

08 다음 대화에서 밑줄 친 말이 적절한 것은?

훈민: 내가 시험에 합격했다니 ㉠<u>믿겨지지</u> 않아.
정음: 축하해. 문제가 잘 ㉡<u>풀려지지</u> 않는다고 걱정하던 게 엊그제 같은데 이렇게 점수도 잘 나오다니!
훈민: 고마워. 어제는 마음이 무척 ㉢<u>설레어서</u> 잠도 오지 않더라.
정음: 그래. 이제 면접만 남았는데 좋은 결과 있었으면 좋겠다.
훈민: 혹시 그런 거 잘 아는 친구 있으면 ㉣<u>소개시켜</u> 줄래?
정음: 그래. 알아볼게.

① ㉠　　② ㉡　　③ ㉢　　④ ㉣

09 밑줄 친 한자 표기가 옳지 않은 것은?

① 수해로 큰 피해가 나자, 모금함에 온정의 물결이 답지(遝至)하였다.
② 그는 교황을 알현(謁賢)한 뒤 다시 고향으로 돌아왔다.
③ 나는 그의 성실한 자세를 작가의 귀감(龜鑑)으로 여기고 있다.
④ 원문 발췌(拔萃)가 끝나는 대로 번역에 들어갈 예정이다.

10 다음 시와 가장 관련이 깊은 한자 성어는?

> 보리밥 픗ᄂ물을 알마초 머근 후(後)에
> 바횟긋 믉ᄀ의 슬ᄏ지 노니노라.
> 그나믄 녀나믄 일이야 부룰 줄이 이시랴.
>
> — 윤선도, 〈만흥〉

① 簞食瓢飮 ② 艱難辛苦 ③ 如履薄氷 ④ 坐井觀天

DAY 08 매일 국어 08회

TIP

배열 문제를 풀 때 '지시어, 접속어, 반복되는 표현' 등이 힌트가 된다는 사실은 이제 잘 알고 있겠지? 1번 문제에는 이 모든 힌트가 나오고 있어. 힌트를 통해 배열 순서를 파악하는 훈련을 지속하면, 배열 문제 풀이 시간을 줄일 수 있을 거야.

01 ㉠~㉤을 순서대로 바르게 배열한 것은?

㉠ 과학은 분석적이며 이성적이고 예술은 감성적이므로 "그림을 그리는 데 과학은 아무 소용도 없다."라고 치부되어 왔다.
㉡ 예를 들어, 미끈하고 날렵한 형태를 자랑하는 스포츠카는 공기의 저항을 줄이고자 하는 과학 기술과 유선형의 아름다움이 한 접점에서 만남으로써 탄생된 결과라고 할 수 있다.
㉢ 그러나 이런 생각은 편견에 불과하다.
㉣ 흔히 과학과 예술은 서로 무관한 영역이라 여겨 왔다.
㉤ 현대의 명작(名作)은 기술과 미학이 결합되는 접점에서 탄생하고 있다는 것을 최근 예술들이 증명하고 있다.

① ㉠-㉢-㉤-㉣-㉡
② ㉠-㉣-㉡-㉢-㉤
③ ㉣-㉠-㉢-㉤-㉡
④ ㉤-㉡-㉢-㉣-㉠

02 가~라를 가장 논리적으로 배열한 것은?

가 자원을 효율적으로 배분하려면 어떻게 해야 할까? 좋은 외부 효과*를 발생시키는 행위를 사회적인 최적 수준으로 조장하기 위해서는 보조금의 지급 등 사회적인 장려가 필요하고, 나쁜 외부 효과를 발생시키는 행위를 사회적 최적 수준으로 감소시키기 위해서는 사회적인 규제가 필요하다.

나 그러므로 어떤 상품을 생산하는 데 나쁜 외부 효과가 있다면, 그 상품의 실제 생산량은 완전 경쟁하에서의 사회적 최적 생산량보다 많아질 것이다. 이처럼, 외부 효과가 존재하면 자원을 효율적으로 배분하는 데 실패하게 된다.

■다 좋은 외부 효과를 발생시키는 경제 활동의 경우, 그 경제 행위가 사회의 후생 증대에 기여를 하되, 그 경제 행위를 하는 기업에 대한 아무런 보상이 없다면 그 기업은 그러한 행위를 사회적으로 필요한 최적 수준 이하로 하게 될 것이다.

■라 마찬가지로 어떤 기업의 경제 행위가 다른 사람들에게 손실을 끼치되 그 기업이 그 손해를 부담하지 않아도 된다면, 이윤 극대화를 위해 생산량을 사회의 필요량 이상으로 늘릴 것이다.

* 외부 효과(外部效果): 어떤 개인이나 기업이 재화나 용역을 생산·소비·분배하는 과정에서, 대가를 주고받지 않은 채로 그 과정에 참여하지 않은 다른 개인이나 기업의 경제 활동이나 생활에 이익을 주거나 손해를 끼치는 것. 이때 이익을 주는 긍정적 효과를 외부 경제, 손해를 끼치는 부정적 효과를 외부 불경제라고 한다.

① 가 - 다 - 나 - 라
② 가 - 라 - 다 - 나
③ 다 - 가 - 라 - 나
④ 다 - 라 - 나 - 가

03 다음 글의 논리적 전개 순서로 가장 자연스러운 것은?

㉠ 산불 현장에서 드론은 산불 탐지를 넘어 인공 지능, 빅 데이터 기술을 접목해 주야간 실시간으로 산불 지역 현황도를 작성하는 등 그 활용 폭이 넓어지고 있다.
㉡ 세계적 컨설팅 회사인 맥켄지의 보고서에 따르면, 무인 항공기, 레이저 스캐닝, IoT 센서 등이 널리 활용되면서 이른바 '정밀 임업'이 가능해지고 생산성 증대로 이어질 것이라고 한다.
㉢ 가상 현실 산불 현장을 만들어 진화에 필요한 프로세스와 지식 등을 익히게 하는데, 실제 재연과 체험이 어려운 재난 대응 교육의 한계를 극복하고 교육생의 흥미와 몰입도를 높여 좋은 반응을 얻고 있다.
㉣ 산림 교육원도 이런 변화를 교육 행정에 적용하기 위해 드론, 가상 현실, 공간 정보 활용 등의 과정 증설과 함께 디지털 기술을 적용한 교육을 시도하고 있다.
㉤ 단순한 신기술 도입이 아니라, 수작업과 매뉴얼 중심이 있던 기존 산림 관리 패러다임이 디지털화된 데이터 수집을 바탕으로 입지와 요구에 특화된 형태로 변할 것임을 의미한다.

① ㉠-㉣-㉢-㉤-㉡
② ㉠-㉤-㉣-㉠-㉢
③ ㉡-㉣-㉤-㉢-㉠
④ ㉡-㉤-㉠-㉣-㉢

04 가~마의 연결 순서로 가장 자연스러운 것은?

가 이후 천은 인간의 도덕성과 규범의 근거로 받아들여졌다. 천명(天命) 의식의 변화와 확장된 천 개념의 결합에 따라 천은 초월성과 내재성을 가진 존재로서 받아들여졌고, 인간 행위의 자율성과 타율성을 이끌어 내는 기반이 되어 인간 삶의 중요한 근거로서 그 위상이 강화되었다.

나 이러한 천 개념 하에서 인간은 도덕적 자각이 없었을 뿐만 아니라 자연 변화의 원인과 의지도 알 수 없었다. 이에 따라 천은 신성한 대상으로 숭배되었고, 여러 자연신 가운데 하나로 생각되었다. 특히 상제와 결부됨으로써 모든 것을 주재하는 절대적인 권능을 가진 상제천(上帝天) 개념이 자리 잡았다. 길흉화복을 주재하고 생사여탈권까지 관장하는 종교적인 의미로 그 성격이 변화한 것이다.

다 가치 중립적이었던 천이 의지를 가진 절대적 권능의 존재로 수용되면서 정치적인 개념으로 천명이 등장하였다. 그리고 통치자들은 천의 명령을 통해 통치권을 부여받았고, 천의 의지인 천명은 제사 등을 통해 통치자만 알 수 있는 것으로 규정되었다. 그리하여 천명은 통치자가 권력을 행사하고, 정권의 정통성을 보장하는 근거가 되었다.

라 동양에서 천은 자연 현상 가운데 인간에게 가장 크게 영향을 미치는 것이자 가장 크고 뚜렷하게 파악되는 현상으로 여겨졌다. 농경을 주로 하는 문화적 특성상 자연 현상과 기후의 변화를 파악하는 것이 중시된 만큼 천의 표면적인 모습 외에 작용 면에서 천을 파악하려는 경향이 짙었다. 그래서 천은 자연적 현상과 작용 등을 포괄하는 자연천(自然天) 개념으로 자리를 잡았다.

마 그러나 독점적이고 배타적인 천명에 근거한 권력 행사는 부작용을 가져왔다. 통치의 부작용이 심화됨에 따라 천에 대한 반성이 제기되었고, 도덕적 반성을 통해 천명 의식은 수정되었다. 천명은 계속 수용되었지만, 그것의 불변성, 독점성, 편파성 등은 수정되었고, 그 기저에는 도덕적 의미로서 '의리천(義理天)' 개념이 자리하였다.

① 다 - 나 - 마 - 가 - 라
② 다 - 마 - 라 - 가 - 나
③ 라 - 나 - 다 - 마 - 가
④ 라 - 다 - 마 - 나 - 가

05 다음 시에 대한 설명으로 가장 옳은 것은?

> **가** 서경(西京)이 아즐가 서경이 셔울히마르는
> 위 두어렁셩 두어렁셩 다링디리
> 닷곤딕 아즐가 닷곤딕 쇼셩경 고외마른
> 위 두어렁셩 두어렁셩 다링디리
> 여히므론 아즐가 여히므론 질삼뵈 브리시고
> 위 두어렁셩 두어렁셩 다링디리
> 괴시란딕 아즐가 괴시란딕 우러곰 좃니노이다.
> 위 두어렁셩 두어렁셩 다링디리
>
> **나** 대동강(大同江) 아즐가 대동강 너븐디 몰라셔
> 위 두어렁셩 두어렁셩 다링디리
> 빅 내여 아즐가 빅 내여 노흔다 샤공아
> 위 두어렁셩 두어렁셩 다링디리
> 네 가시 아즐가 네 가시 럼난디 몰라셔
> 위 두어렁셩 두어렁셩 다링디리
> 널 빅예 아즐가 녈 빅예 연즌다 샤공아
> 위 두어렁셩 두어렁셩 다링디리
> 대동강 아즐가 대동강 건넌편 고즐여
> 위 두어렁셩 두어렁셩 다링디리
> 빅 타들면 아즐가 빅 타들면 것고리이다 나는
> 위 두어렁셩 두어렁셩 다링디리
>
> - 작가 미상, 〈서경별곡〉

① **가**와 달리 **나**에서는 구체적 지명을 활용하여 이별의 상황을 나타내고 있다.
② **가**에서는 불가능한 상황 설정으로, **나**에서는 대조의 수법으로 화자의 정서를 부각하고 있다.
③ **가**에는 이별을 적극적으로 거부하는 화자의 모습이, **나**에는 자신을 떠나려는 임을 원망하는 화자의 모습이 나타난다.
④ **가**에서는 구체적 사물을 활용해 임에 대한 사랑을 강조하고, **나**에서는 상징적 사물을 통해 임에 대한 변치 않은 믿음을 강조하고 있다.

06 다음 시에 대한 설명으로 적절하지 않은 것은?

> 정월(正月)ㅅ ㉠나릿므른 아으 어져 녹져 ᄒᆞ논ᄃᆡ
> 누릿 가온ᄃᆡ 나곤 몸하 ᄒᆞ올로 녈셔
> 아으 동동(動動)다리
>
> 이월(二月)ㅅ 보로매 아으 노피 현 ㉡등(燈)ㅅ블 다호라
> 만인(萬人) 비취실 즈ᅀᅵ샷다
> 아으 동동(動動)다리
>
> 삼월(三月) 나며 개(開)ᄒᆞᆫ 아으 만춘(滿春) ㉢ᄃᆞᆯ욋고지여
> ᄂᆞ미 브롤 즈슬 디녀 나샷다
> 아으 동동(動動)다리
>
> 사월(四月) 아니 니저 아으 오실셔 ㉣곳고리 새여
> 므슴다 녹사(綠事)니ᄆᆞᆫ 녯 나ᄅᆞᆯ 닛고신뎌
> 아으 동동(動動)다리
>
> 오월(五月) 오일(五日)애 아으 수릿날 ㉤아ᄎᆞᆷ 약(藥)은
> 즈믄 힐 장존(長存)ᄒᆞ샬 약(藥)이라 받ᄌᆞᆸ노이다
> 아으 동동(動動)다리
>
> 유월(六月)ㅅ 보로매, 아으 별해 ㉥ᄇᆞ룐 빗 다호라
> 도라보실 니믈 젹곰 좃니노이다
> 아으 동동(動動)다리
>
> — 작가 미상, 〈동동〉

① ㉠, ㉣은 화자와 대조되어 화자의 외로움을 더욱 깊게 하고 있다.
② ㉡, ㉢은 임의 인품과 모습을 빗댄 표현이다.
③ ㉤은 임에 대한 화자의 사랑과 정성을 나타내는 소재이다.
④ ㉥은 임에게 버림받은 화자의 처지를 빗댄 표현이다.

07 ㉠~㉣의 음운 변동에 대한 설명으로 옳은 것은?

㉠ 넓죽하다[넙쭈카다] ㉡ 가을일[가을릴]
㉢ 밭도[받또] ㉣ 닭만[당만]

① ㉠에는 음운의 탈락은 나타나지만 축약은 나타나지 않는다.
② ㉡에는 음운의 첨가만 나타나며 음운 변동의 결과 음운의 수가 늘어난다.
③ ㉢에는 음운의 교체와 첨가가 나타나며 음운 변동의 결과 음운의 수는 늘어난다.
④ ㉣에는 음운의 탈락과 교체가 나타나며 음운 변동의 결과 음운의 수는 줄어든다.

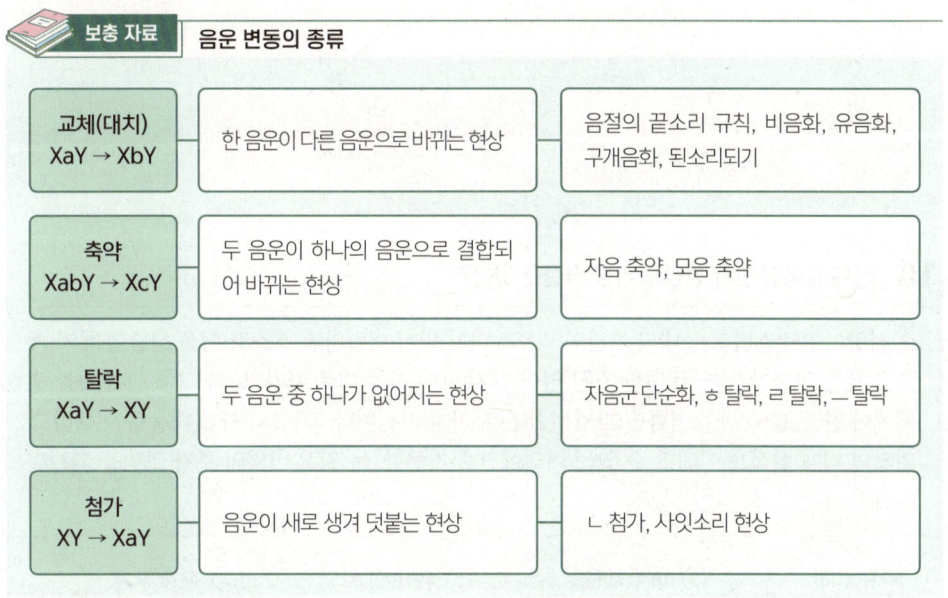

08 ㉠과 ㉡의 음운 변동에 대한 설명으로 옳은 것은?   2022 국회직 9급

한 단어 내의 음운 변동은 여러 유형이 함께 나타날 수도 있다. ㉠ 따뜻하다[따뜨타다]와 ㉡ 샅일[상닐]에 일어나는 음운 변동에는 공통점과 차이점이 존재한다.

① ㉠과 ㉡ 중 ㉠에만 음운의 탈락 현상이 일어난다.
② ㉠과 ㉡ 중 ㉠에만 음운의 첨가 현상이 일어난다.
③ ㉠과 ㉡ 모두 음운의 축약 현상이 일어난다.
④ ㉠과 ㉡ 모두 음운의 대치 현상이 일어난다.
⑤ ㉠과 ㉡ 모두 음운 변동을 거치며 음운의 개수가 줄어든다.

09 밑줄 친 단어의 뜻풀이가 적절하지 않은 것은?

① 일이 꺼림칙하게 되어 가더니만 결국 사달이 났다.
  - 사달: 사고나 탈
② 아들이 떠난 지 달포가량 지났다.
  - 달포: 한 달에 조금 못 미치는 기간
③ 나는 해거리로 열리는 대회에 학교 대표로 참가했다.
  - 해거리: 한 해를 거른 간격
④ 장식장의 문짝이 아귀가 잘 맞질 않는지 여닫을 때마다 덜컹거린다.
  - 아귀: 사물의 갈라진 부분

10 ㉠에 들어갈 한자 성어로 가장 적절한 것은?

> 시장이 혼란스럽고 국내외 기관의 리포트마저 믿기 어렵다면 스스로 더욱 신중한 투자 계획을 세울 필요가 있다. 뚜렷한 소신 없이 그저 남이 하는 대로 따라가는 (㉠) 투자를 경계해야 한다. 결국 내 수익률을 지키는 것은 투자자 자신이다. "기업의 사업 내용을 이해하고, 기업의 미래 실적을 이해할 수 있는 기업에만 투자하라."는 워런 버핏의 투자 조언을 되새길 때다.

① 附和雷同 ② 事半功倍 ③ 我田引水 ④ 晝夜不息

DAY 09 매일 국어 09회

01 다음 대화에 대한 설명으로 잘못된 것은?

> 아버지: 우리 아들 여행가고 싶다고 했지?
> 아들: (활짝 웃으며) 기억하고 계셨네요?
> 아버지: 아버지도 좀 쉬고 싶었단다. 어디가 좋을까?
> 아들: 과제 연구가 2주 남아서 멀리 가는 건 힘들 것 같고요. 음……, 저는 놀이공원에 가고 싶어요. 가서 신나게 놀이 기구 타면 스트레스도 풀릴 것 같아요.
> 아버지: 에이, 여행인데 놀이공원보다는 음……, 등산은 어떠니?
> 아들: (깜짝 놀라며) 등산이요?
> 아버지: 정상에 올라가면 기분도 상쾌하고, 해냈다는 성취감도 생기고 좋지.
> 아들: (실망한 듯한 목소리로) 등산도 좋겠네요.
> 아버지: 너에게도 적절한 휴식이 될 거야.
> 아들: 등산 가는 것이 어떻게 쉬는 것이에요?
> 아버지: 얼마 전 신문을 보니 등산은 근력 강화, 심폐 기능 향상에 도움이 되고, 정신적 만족감을 준다더라. 그리고 오래 앉아 일을 하는 사람들의 만성 피로도 풀 수 있고, 오랫동안 책상에만 앉아 있는 너에게 꼭 필요한 거야.
> 아들: 등산이 좋다고 해서 모든 사람한테 다 효과가 있는 건 아닐 거예요. 저는 등산이 맘에 들지 않아요.
> 아버지: 힘들어 하는 너를 위해서 등산을 하자고 하는 아버지의 마음을 그렇게 이해 못하겠니?
> 어머니: 그러다 두 사람 모두 맘 상하겠네요.

① 아들은 주어진 상황을 고려한 뒤 구체적 이유를 덧붙여 자신의 생각을 말하고 있다.
② 아버지는 상대의 말을 상기시킨 뒤 그와 관련된 견해를 제시하고 있다.
③ 아들은 대상에 대한 호불호를 직접적으로 제시하지 않아 대화에 혼선을 초래하고 있다.
④ 아버지는 자신뿐 아니라 상대에게 가져올 이점을 들어 자신의 생각을 관철시키려 하고 있다.

TIP
제시문에 담화가 주어졌을 때는 참여자의 말하기 방식 혹은 담화의 내용을 묻는 문제가 나올 수 있어. 따라서 문제를 풀기 전에 선택지를 빨리 훑어보면, 제시문에서 말하기 방식과 담화의 내용 중 무엇을 중점적으로 봐야 하는지를 파악할 수 있겠지?

02 다음 글에서 기자와 교수의 말하기 방식에 대한 이해로 적절하지 않은 것은?

> **기자**: 안녕하세요? 저는 ○○신문 기자입니다. 이번에 교수님께서 쓰신 책을 읽고 관련 기사를 써 보려고 찾아뵙게 되었습니다. 혹시 바쁘신데 방해가 된 건 아닐까요?
> **교수**: (웃으며) 아닙니다. 오히려 제 책을 읽고 관심을 가져 주니 고마울 따름입니다.
> **기자**: 고맙습니다. 우선 책을 쓰게 된 취지에 대해 말씀해 주시겠습니까?
> **교수**: 저는 '왜 오늘날의 인간이 있게 되었는가?'라는 질문에 대한 답을 연구하고 있습니다. 이 책을 통해서 그 연구 결과를 정리하였습니다.
> **기자**: 오! 저도 평소 궁금하게 여기던 질문입니다. '우리가 어디서 어떻게 왔을까?'라는 질문은 인간만이 가질 수 있고 오랜 세월 인간의 화두가 된 질문이지요. 이번 책에 담긴, 질문에 대한 답도 퍽 궁금해집니다. 참, 책을 보니 공동 저자가 있던데 소개 부탁드립니다.
> **교수**: 네. 저는 인류와 영장류 행위 전문가이고, 다른 분들은 선사 시대에 대한 사회 고고학 이론가와 인류의 원초적인 인지를 탐구해 온 아프리카 고고학자입니다. 저희는 인류 진화를 다루는 고고학이나 고인류학뿐 아니라 인문학과 사회 과학 그리고 생물 과학의 모든 분야의 자료들을 활용해 종합적인 관찰로서 인간에 대한 새로운 관점을 제시하고자 했습니다.
> **기자**: 인문·사회·생물 과학의 총합이라는 거대 담론이 책에 담겨 있겠네요. 이렇게 각 분야의 연구가 내놓은 퍼즐을 다학문적 방식으로 접근함으로써 '인간다움'의 기준을 훨씬 높은 차원에서 해석할 수 있게 되었을 것 같습니다. 아직 책을 읽지 않은 독자들을 위해 책의 핵심 내용을 간단히 정리해 주실 수 있으신지요?
> **교수**: 저희는 우리가 인류가 될 수 있었던 이유를 인간이 사회성을 받아들였기 때문으로 보고 있습니다. 우리의 대뇌는 사회성을 유지하려고 성장했다는 강력한 증거가 있습니다. 똑똑해졌기 때문에 인간이 된 것이 아니라, 사회라는 무기를 획득하려고 생존 전략으로써 대뇌를 키웠고, 부가적인 산물로 똑똑해진 것이지요.

① '교수'는 상대방이 요구한 정보 이외에 추가적인 정보를 제공하고 있다.
② '기자'는 상대방의 설명에 긍정적으로 반응하여, 공감하며 듣는 태도를 드러내고 있다.
③ '교수'는 상대방이 가질 부담을 완화하기 위해 언어적·비언어적 표현을 함께 사용하고 있다.
④ '기자'는 앞에서 언급된 내용과 관련하여 궁금한 점에 대해 추가 설명을 요청하고 있다.

03 토론자들의 주장을 바르게 분석한 것은?

> **사회자**: 잊힐 권리란 인터넷에 기록된 자신과 관련된 각종 정보의 삭제를 개인이 요구할 수 있는 권리를 뜻합니다. 잊힐 권리의 법제화를 두고 찬반 의견이 분분한데, 이에 대해 어떻게 생각하십니까?
> **철수**: 타의에 의해 자신의 개인 정보가 유출되어 피해를 보았다면 모르겠지만, 경고 및 보안 절차 등의 안전장치 없이 스스로 개인 정보를 인터넷에 노출했을 때는 개인 정보 유출에 대해 스스로 책임져야 한다고 생각합니다. 안전장치 없이 올린 개인 정보라도 이를 무단으로 도용하거나 수집하거나 폭로한 사람들이 죄가 없다는 것은 아니지만요.
> **영희**: 하지만 인터넷상에 공개된 개인 정보의 종합으로 신원 파악을 하는 '구글링'이 가능해지면서 개개인의 개인 정보 통제권이 보호받지 못하고 있는 상황입니다. 개인 혼자의 힘만으로는 공개되기를 원치 않는 개인 정보를 삭제하는 것이 불가능하다는 점에서 잊힐 권리에 대한 현실적인 입법이 시급하다고 생각합니다.
> **철수**: 개인이 잊힐 권리를 주장하며 인터넷이나 언론 매체 등에 기록된 개인 정보를 합법적으로 지울 수 있게 된다면 기록의 삭제를 통해 결국 과거의 역사가 훼손되는 결과를 초래하게 됩니다. 또한 기록과 폭로를 통해 사회를 감시하는 언론 본연의 역할이 침해될 수밖에 없습니다.

① 영희는 인터넷상의 개인 정보 유출에 대한 일차적 책임이 당사자에게 있다고 생각한다.
② 철수는 타의에 의해 노출된 개인 정보만 삭제할 수 있는 권리를 법적으로 보장해야 한다고 생각한다.
③ 철수는 안전장치를 하고 개인 정보를 인터넷에 올리면 개인의 사적 정보를 보호할 수 있다고 생각한다.
④ 철수는 잊힐 권리를 법적으로 보장하면 공공의 이익을 위한 사실이나 기록이 훼손될 수 있다고 생각한다.

[04~05] 다음 글을 읽고 물음에 답하시오.

> **가** 방(房) 안에 혓는 촉(燭)불 눌과 이별(離別)ᄒᆞ엿관ᄃᆡ,
> 것츠로 눈믈 디고 속 타는 줄 모로는고.
> 뎌 촉(燭)불 날과 갓트여 속 타는 줄 모로도다.
>   – 이개
>
> **나** 창(窓) 내고쟈 창(窓)을 내고쟈 이 내 가슴에 창(窓) 내고쟈
> 고모장지 세살장지 들장지 열장지 암돌져귀 수돌져귀 비목걸새 크나큰 쟝도리로 쏭닥 바가 이 내 가슴에 창(窓) 내고쟈
> 잇다감 하 답답ᄒᆞᆯ 제면 여다져 볼가 ᄒᆞ노라
>   – 작가 미상
>
> **다** 청천(靑天)에 떠서 울고 가는 외기러기 날지 말고 닉 말 들어
> 한양성 내에 잠간 들러 부듸 닉 말 잊지 말고 웨웨텨 불러 이르기를 월황혼 계워 갈 제 적막 공규(空閨)*에 던져진 듯 홀로 안져 님 그려 ᄎᆞ마 못 살네라 ᄒᆞ고 부듸 한 말을 전ᄒᆞ여 쥬렴.
> 우리도 님 보러 밧비 가옵는 길이오매 전ᄒᆞᆯ동 말동 ᄒᆞ여라.
>   – 작가 미상
>
> * 공규: 오랫동안 남편이 없이 아내 혼자서 사는 방

04 가~다에 대한 설명으로 가장 적절한 것은?

① 가, 나는 비유와 감정 이입을 사용하여 화자의 심정을 강조하고 있다.
② 가와 달리 다는 의인화된 대상을 통해 화자의 처지를 드러내고 있다.
③ 나는 반복과 열거를 통해, 다는 대화 형식을 통해 화자의 심정을 부각하고 있다.
④ 가~다는 모두 임에 대한 간절한 그리움이 주된 정서이다.

05 가와 나의 형식적 특징에 대한 설명으로 적절하지 않은 것은?   2023 법원직 9급 변형

① 가는 각 장이 4음보의 전통적인 율격으로 되어 있다.
② 나는 중장이 다른 장에 비해 현저히 길어진 구성을 취하고 있다.
③ 가와 나는 모두 초장, 중장, 종장의 3장 구성으로 되어 있다.
④ 나는 가와 달리 종장의 첫 음보 음절 수가 지켜지지 않고 있다.

06 가~라에 대한 설명으로 적절하지 않은 것은?

> 가 내 귀가 시끄러움 네 바가지 버리려믄
> 네 귀를 씻은 샘에 내 소는 못 먹이리
> 공명은 해진 신이니 벗어나서 즐겨보세
> 제3수
> — 이별, 〈장육당육가〉
>
> 나 선인교(仙人橋) 나린 물이 자하동(紫霞洞)에 흘너 드러,
> 반천 년(半千年) 왕업(王業)이 물소릐뿐이로다.
> 아희야, 고국 흥망(故國興亡)을 무러 무엇 ᄒ리오
> — 정도전
>
> 다 봄이 왓다 ᄒ되 소식(消息)을 모로더니,
> 냇ᄀ에 프른 버들 네 몬져 아도괴야.
> 어즈버 인간 이별(人間離別)을 ᄯᅩ 엇지 ᄒᄂ다.
> — 신흠
>
> 라 ᄆᆞ음아 너는 어이 미양에 져멋ᄂ다.
> 내 늘글 적이면 넌들 아니 늘글소냐.
> 아마도 너 좃녀 ᄃᆞ니다가 늠 우일가 ᄒ노라.
> — 서경덕

① 가: 고사를 인용하여 속세에 대한 부정적 인식을 드러내고 있다.
② 나: 청각적 이미지를 활용하여 인간사의 무상함을 형상화하고 있다.
③ 다: 자연물과 화자의 공통점을 들어 이별의 안타까움을 부각하고 있다.
④ 라: 비유적, 설의적 표현으로 늙음에 대한 한탄을 표현하고 있다.

07 ㉠~㉣의 밑줄 친 조사에 대한 설명으로 옳은 것은?

> ㉠ 국장은 외교 문제를 일본에 항의하였다.
> ㉡ 친구는 "낙엽 밟는 소리가 좋다"고 말했다.
> ㉢ 대화로써 그들의 갈등을 해결할 수 있을까?
> ㉣ 붓하고 먹을 가져오너라.

① 훈: ㉠의 '에'는 유정 명사 다음에 쓰이는 '에게'로 고쳐야 해.
② 민: ㉡의 '고'는 직접 인용문 다음에 쓰이고 있으므로 '라고'로 고쳐야 해.
③ 정: ㉢의 '로써'는 지위나 신분을 나타내는 '로서'로 고쳐야 해.
④ 음: ㉣의 '하고'나 '내 모자는 그것하고 다르다'의 '하고'는 모두 접속 조사로 쓰였어.

 보충 자료 | 조사

1. 조사의 종류

격 조사	앞에 오는 체언이 일정한 자격을 갖추도록 만드는 조사 • **주격 조사**: 이/가, 께서, 인원수+서, 단체+에서 • **서술격 조사**: 이다 • **목적격 조사**: 을/를 • **보격 조사**: 이/가+되다, 아니다 • **부사격 조사**: 에(에게, 한테, 에게서 등), 로(로서, 로써), 와/과, 비교(보다, 처럼, 만큼) • **관형격 조사**: 의 • **호격 조사**: 야, 여, 이여, 이시여
보조사	앞말에 특별한 뜻을 더하여 주는 조사 예 은/는, 도, 만/뿐, 부터, 까지, 조차, 요 등
접속 조사	두 단어를 같은 자격으로 이어 주는 조사 예 와/과, 에(다), (이)며, (이)랑, 하고 등

2. 주의해야 하는 조사의 쓰임

- 선생님<u>이</u> 멋있다고 말하던 철수는 선생님<u>이</u> 되었다.
        주격 조사   보격 조사
- 우리 학교<u>에서</u> 열린 이번 대회는 우리 학교<u>에서</u> 우승을 차지했다.
        부사격 조사   주격 조사
- 사과<u>와</u> 배는 맛있는 과일이고, 참외<u>와</u> 닮았다.
     접속 조사   부사격 조사
- 철수<u>에게</u> 선물을 주었다. vs 나무<u>에</u> 물을 주었다.
    유정 명사 + 에게   무정 명사 + 에
- 그것은 교사<u>로서</u> 할 일이 아니다. / 이 문제는 너<u>로서</u> 시작되었다.
         자격 + (으)로서   동작이 일어나는 곳 + (으)로서
- vs 콩<u>으로써</u> 메주를 쑤다. / 고향을 떠난 지 올해<u>로써</u> 20년이 된다.
      수단 · 재료 + (으)로써   시간을 셈할 때 + (으)로써
- "많이 먹어."<u>라고</u> 말했다. vs 철수는 많이 먹으라<u>고</u> 말했다.
     직접 인용 + 라고   간접 인용 + 고

---

08 밑줄 친 부분의 의미가 ㉠의 '에'와 가장 가까운 것은?   2021 지역인재 9급

> 우리는 더운 여름날이면 시냇가에서 미역을 감고 젖은 옷을 ㉠햇볕<u>에</u> 말리고는 했다.

① 매일 화분<u>에</u> 물을 주는 일은 동생의 몫이었다.
② 나는 요란한 소리<u>에</u> 잠을 깨서 한동안 뒤척였다.
③ 예전에는 등잔불<u>에</u> 책을 읽는 일이 흔했다고 한다.
④ 어머니께서 끓여 주신 차는 특히 감기<u>에</u> 잘 듣는다.

09 밑줄 친 관용어의 쓰임이 옳지 않은 것은?

① 남의 일이라고 그렇게 함부로 떠들며 <u>파방을 치고</u> 다니면 안 되지.
② 일이 진행되면서 그들은 차츰 흉악한 <u>마각을 드러내기</u> 시작했다.
③ 탐사 1년 만에 <u>개가를 올리고</u> 돌아온 대원들을 환영하는 행사가 열렸다.
④ 이제야 하는 말이지만 나는 학창 시절에 수학이라면 거의 <u>학을 뗐다</u>.

10 ㉠에 들어갈 한자 성어로 가장 적절한 것은?

> 현대인은 너무 약다. 전체를 위하여 약은 것이 아니라 자기중심, 자기 본위로만 약다. 백년대계(百年大計)를 위하여 영리한 것이 아니라, 당장 눈앞의 일, 코앞의 일에만 아름아름하는 (㉠)에 현명하다. 염결(廉潔)*에 밝은 것이 아니라, 극단의 이기주의에 밝다. 이것은 실상은 현명한 것이 아니요, 우매(愚昧)하기 짝이 없는 일이다. 제 꾀에 제가 빠져서 속아 넘어갈 현명이라고나 할까.
>
> — 이희승, 〈딸깍발이〉
>
> * 염결: 청렴하고 결백함.

① 肝膽相照　　② 姑息之計　　③ 蓋棺事定　　④ 宿虎衝鼻

매일 국어 10회

01 다음 글에 나타난 논증 방식과 가장 가까운 것은?

> 한 지역에 살고 있는 생물의 종(種)이 얼마나 다양한가를 표현하는 말인 생물 다양성[biodiversity]은 오늘날에는 종의 다양성은 물론이고, 각 종이 가지고 있는 유전적 다양성과 생물이 살아가는 생태계의 다양성까지를 포함하는 개념으로 확장해서 사용한다.
> 자연계에 존재하는 수많은 식물 중에서 인류는 약 20,000여 종의 식물을 약재로 사용해 왔다. 그 가운데 특정 약효 성분을 추출하여 상용화한 것이 이제 겨우 100여 종에 불과하다는 사실을 고려하면, 전체 식물이 가지고 있는 잠재적 가치는 상상을 뛰어넘는다. 그리고 부전나비의 날개와 사슴벌레의 다리 등에서 항암 물질을 추출한 경우나 야생의 미생물에서 페니실린, 마이신 등 약 3,000여 가지의 항생제를 추출한 경우에서도 알 수 있듯이, 동물과 미생물 역시 막대한 경제적 이익을 가져다준다. 의약품 개발 외에도 다양한 생물이 화장품과 같은 상품 개발에 이용되고 있으며, 생태 관광을 통한 부가 가치 창출에도 기여한다. 따라서 생물 다양성은 경제적으로 커다란 가치가 있다.

① 지난주에 코로나에 걸린 철수도 발열과 인후통이 있었고, 이번 주에 코로나에 걸린 영희에게도 동일한 증상이 나타났다. 따라서 코로나 바이러스의 대표적 증상은 발열과 인후통이다.

② A 앱에서는 지난달 이 앱에서 물건을 구매한 횟수가 100회 이상인 회원에게 70% 할인 쿠폰을 제공하기로 했다. 민주는 지난달 A 앱에서 물건을 130회 구매했으므로 70% 할인 쿠폰을 받을 수 있었다.

③ 운전면허증이 없는 철수는 고속 열차 아니면 비행기를 타야 부산에 갈 수 있다. 내일은 태풍으로 인해 비행기가 결항될 예정이다. 따라서 철수는 내일 부산에 가려면 고속 열차를 예매해야 한다.

④ 일주일 동안 매일 운동을 하면 관절에 문제가 발생할 수 있다. 하지만 하루도 운동하지 않으면 체력이 떨어질 수 있다. 그래서 영희는 관절 건강을 지키면서 체력을 향상시킬 수 있도록 일주일에 3일을 운동하기로 결정했다.

보충 자료 1 | 추론의 개념과 종류

1. **개념**: 어떤 사실을 바탕으로 하여 다른 문제에 대하여 논리적으로 결론을 도출하는 과정

2. **종류**
   ① **연역법**: 일반적인 전제에서 구체적인 결론을 이끌어 내는 추론
   ② **귀납법**: 구체적인 사실들로부터 일반적 진술을 이끌어 내는 추론
   ③ **변증법**: 대립되는 두 가지 명제를 통해 제3의 새로운 결론을 이끌어 내는 추론

지양

[02~03] 다음 글을 읽고 물음에 답하시오.

합리적인 지식을 얻거나 그것을 검증하는 방법에는 두 가지가 있다. 하나는 귀납이고 다른 하나는 연역이다. 귀납은 실험, 관찰, 통계와 같은 방법으로 개별적 사실로부터 일반 원리를 발견해 가는 과정이다. 반면에 연역은 진리로 인정되는 전제로부터 논리적 추론에 의해 결론을 이끌어 내는 방법이다. 그러나 이 두 가지 방법 모두 맹점이 있다.

사물에 대한 인간의 인식 과정은 먼저 관찰에서 시작된다. 사물을 관찰하면 그 특성을 추측하게 되고 그 추측이 쌓이면 신념이 되고, 그 신념을 우리의 의식이 가공해 개념을 구성하는 것이다. 이것이 일반적인 귀납 추론이다. 하지만 여기에는 맹점이 있다. 어떤 사람이 공원의 꽃밭에 붉은 장미가 핀 것을 보고, 어제 거리에서 본 붉은 장미와 일주일 전 다른 공원에서 보았던 붉은 장미를 떠올리며 "아, 장미는 붉은색이구나!"하고 결론을 내린다면 그것은 잘못이다. 장미에는 그가 보지 못한 흰색도 있기 때문이다. 그렇다고 해서 이 세상의 모든 장미를 다 관찰할 수는 없는 노릇이다. 이처럼 귀납 추론은 근본적으로 오류의 가능성을 내재하고 있다는 점에서 한계를 갖고 있다.

그러면 연역적 추론은 어떨까? 잘 알려진 연역 추론은 아리스토텔레스가 가장 완벽한 논증이라고 말한 삼단 논법이다. ⑦ '대전제: 모든 사람은 죽는다. → 소전제: 소크라테스는 사람이다. → 결론: 따라서 소크라테스는 죽는다.' 앞의 예처럼 삼단 논법에서는 대전제와 소전제가 참이면 결론은 당연히 참이 된다. 그러나 연역법에도 역시 문제가 있다. 전제가 자명하다면 그 추론은 무조건 옳지만 전제의 자명함은 대체 어떻게 증명할 것인가? 모든 것은 늘 다른 것에 의해 증명되어야 하는데, 연역에서 사용되는 전제가 참이라는 것을 증명하는 과정은 쉽지 않다. 전제가 완전한 진리라고 인정되는 경우가 아니라면 전제를 증명하는 과정에서 ⓐ 순환 논증의 오류에 빠지기 쉽기 때문이다. 순환 논증은 전제가 참이라는 것을 증명할 만한 근거를 찾지 못하는 경우 전제에서 주장하는 바를 다시 그 전제를 이끌어 낸 근거로 사용하면서 발생하는 오류이다.

TIP

삼단 논법에 대한 이론은 《2023 매일 국어 시즌 1》에서 자세하게 다루었어. 물론 《2024 수비니겨 기본서》 1권에서도 다루었지. 내용이 정확하게 기억나지 않는 수험생들은 《매일 국어》나 《수비니겨 기본서》 강의를 다시 찾아보고 확실하게 익혀 두자!

02 다음 중 ⊙의 추론 방법이 나타난 것은?

① 도로 교통법에 따라 운전자의 혈중 알코올 농도가 0.03% 이상이라면 면허는 정지된다. 어젯밤 훈민은 도로에서 음주 측정을 하고 면허가 정지되지 않았다. 따라서 훈민의 어젯밤 혈중 알코올 농도는 0.03% 미만이었을 것이다.

② 지역 불균형 상태는 인구 이동, 자원의 불균형 등을 야기한다. 충청북도는 충북 경제의 대부분을 청주시가 점유하고 있다. 따라서 충북 지자체는 도민들의 이동으로 인한 시군별 인구 격차 문제와 자원의 불균형 문제에 대한 대비책을 마련해야 한다.

③ 작년에 200건 이상의 절도 사건이 발생한 A 도시에서 올해 상반기에만 150건 이상의 폭행 사건도 발생하였다. 그런데 이 중 80% 이상은 여행객을 대상으로 한 범죄이다. 따라서 외교통상부는 이 자료를 근거로 하여 A 도시를 여행객이 주의해야 하는 황색 경보지역으로 분류하기로 했다.

④ 지난달 행정 안전부는 공기업에 공공요금을 동결하거나 인상을 최소화하는 방안을 마련해 달라고 당부했다. 그러나 공기업은 오랜 적자 누적을 근거로 공공요금 동결은 사실상 어렵다고 주장하고 있다. 따라서 공기업은 내달 공공요금 인상 최소화 방안을 제시할 예정이다.

03 다음 중 ⓐ에 해당하는 사례는?

① 메이저리그 타격왕인 A가 이 피자를 즐겨먹는다고 하니, 이 피자는 분명히 맛있고 영양가가 높을 것이다.

② 민희는 등록금 인상 반대 시위에 동참하지 않을 게 뻔해. 민희는 4년 전액 장학금을 받는 학생이잖아.

③ 철수를 너무 믿으면 안 돼. 왜냐면 철수는 애초부터 신뢰할 만한 사람이 못 되거든.

④ 종교를 가진 사람은 세계 인구의 80%가 종교를 가지고 있다. 그러니 신은 분명 존재할 것이다.

04 다음 글에 대한 설명으로 적절하지 않은 것은?

산에서 살아 보면 누구나 다 아는 일이지만, 겨울철이면 나무들이 많이 꺾인다. 모진 비바람에도 끄떡 않던 아름드리나무들이, 꿋꿋하게 고집스럽기만 하던 그 소나무들이 눈이 내려 덮이면 꺾이게 된다. 가지 끝에 사뿐사뿐 내려 쌓이는 그 하얀 눈에 꺾이고 마는 것이다.

깊은 밤, 이 골짝 저 골짝에서 나무들이 꺾이는 메아리가 울려올 때, 우리들은 잠을 이룰 수 없다. 정정한 나무들이 부드러운 것 앞에서 넘어지는 그 의미 때문일까. 산은 한겨울이 지나면 앓고 난 얼굴처럼 수척하다.

사밧티의 온 시민들을 공포에 떨게 하던 살인귀(殺人鬼) 앙굴리말라를 귀의(歸依)시킨 것은 부처님의 불가사의한 신통력이 아니었다. 위엄도 권위도 아니었다. 그것은 오로지 자비였다. 아무리 흉악무도한 살인귀라 할지라도 차별 없는 훈훈한 사랑 앞에서는 돌아오지 않을 수 없었던 것이다.

바닷가의 조약돌을 그토록 둥글고 예쁘게 만든 것은 무쇠로 된 정이 아니라, 부드럽게 쓰다듬는 물결이다.

– 법정, 〈설해목〉

① 대조적 소재를 사용해 의미를 부각하고 있다.
② 글쓴이의 체험을 통해 얻은 깨달음이 나타나 있다.
③ 인간사와 자연 현상을 대비해 주제를 강조하고 있다.
④ 부드러운 것이 강한 것을 이긴다는 깨달음을 전하고 있다.

05 다음 글에 나타난 글쓴이의 예술관과 가장 가까운 것은?

> 석굴암의 중앙에 진좌(鎭座)한 석가상은 내가 발견한 두 번째의 돌이다. 선사(禪寺)의 돌에서 나는 동양적 예지(叡智)를 발견하였다. 그것은 지혜의 돌이었다. 그러나 석굴암의 돌은 나에게 한국적 정감(情感)의 계시를 주었다. 그것은 예술의 돌이었다. 선사의 돌은 자연 그대로의 돌이었으나 석굴암의 돌은 인공이 자연을 정련(精練)하여 깎고 다듬어서 오히려 자연을 연장 확대한 돌이었다.
> 나는 거기서 예술미와 자연미의 혼융(渾融)의 극치를 보았고, 인공으로 정련된 자연, 자연에 환원된 인공이 아니면 위대한 예술이 될 수 없다는 것을 배웠다. 예술은 기술을 기초로 한다. 바탕에 있어서는 예술이나 기술이 다 'art'다. 그러나 기술이 예술로 승화(昇華)하려면 자연을 얻어야 한다. 다시 말하면, 인공(人工)을 디디고서 인공을 뛰어넘어야 한다. 몸에 밴 기술을 망각하고 일거수일투족이 무비법(無非法)이 될 때 예도(藝道)가 성립되고, 조화(造化)와 신공(神功)이 체득된다는 말이다.
> 나는 석굴암에서 그것을 보았던 것이다. 돌에도 피가 돈다는 것을 말이다. 나는 그 앞에서 찬탄과 황홀이 아니라 감읍(感泣)하였다.
> — 조지훈, 〈돌의 미학〉

① 예술이란 인공미를 배제하고 자연미를 극대화한 것이다.
② 예술은 탁월한 기술을 바탕으로 하여 자연미를 첨가한 경지이다.
③ 예술이란 감각적 또는 지적 소재를 미적 목적을 위하여 인간이 다루는 일이다.
④ 예술은 인공을 기초로 이를 초월해 자연에 환원될 때 참된 예술이 된다.

06 다음 글에 드러난 글쓴이의 삶에 대한 인식과 가장 가까운 태도가 나타나는 것은?

2023 서울시 기술직

> 그렇다. 그 흉터와, 흉터 많은 손꼴은 내 어려웠던 어린 시절의 모습이요, 그것을 힘들게 참고 이겨 낸 떳떳하고 자랑스런 내 삶의 한 기록일 수 있었다. 그 나이 든 선배님의 경우처럼, 우리 누구나가 눈에 보이게든 안 보이게든 삶의 쓰라린 상처들을 겪어 가며 그 흉터를 지니고 살아가게 마련이요, 어떤 뜻에선 그 상처의 흔적이야말로 우리 삶의 매우 단단한 마디요, 숨은 값이라 할 수도 있을 것이기 때문이다.
> — 이청준, 〈아름다운 흉터〉

① 흔들리지 않고 피는 꽃이 어디 있으랴 / 이 세상 그 어떤 아름다운 꽃들도 다 흔들리면서 피었나니 — 도종환, 〈흔들리며 피는 꽃〉
② 연탄재 함부로 차지 마라 / 너는 / 누구에게 한번이라도 뜨거운 사람이었느냐 — 안도현, 〈너에게 묻는다〉
③ 죽는 날까지 하늘을 우러러 / 한 점 부끄럼이 없기를 / 잎새에 이는 바람에도 / 나는 괴로워했다. — 윤동주, 〈서시〉
④ 나는 이제 너에게도 슬픔을 주겠다. / 사랑보다 소중한 슬픔을 주겠다. — 정호승, 〈슬픔이 기쁨에게〉

07 ㉠~㉣의 예를 들어 보았을 때 옳지 않은 것은?

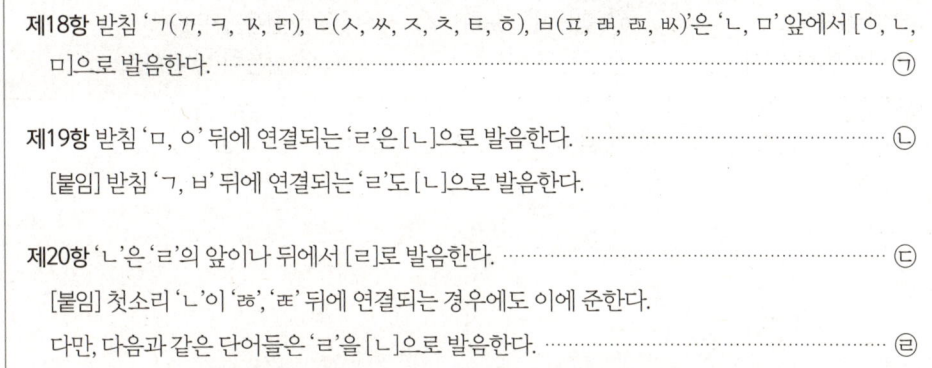

제18항 받침 'ㄱ(ㄲ, ㅋ, ㄳ, ㄺ), ㄷ(ㅅ, ㅆ, ㅈ, ㅊ, ㅌ, ㅎ), ㅂ(ㅍ, ㄼ, ㄿ, ㅄ)'은 'ㄴ, ㅁ' 앞에서 [ㅇ, ㄴ, ㅁ]으로 발음한다. ················· ㉠

제19항 받침 'ㅁ, ㅇ' 뒤에 연결되는 'ㄹ'은 [ㄴ]으로 발음한다. ················· ㉡
　[붙임] 받침 'ㄱ, ㅂ' 뒤에 연결되는 'ㄹ'도 [ㄴ]으로 발음한다.

제20항 'ㄴ'은 'ㄹ'의 앞이나 뒤에서 [ㄹ]로 발음한다. ················· ㉢
　[붙임] 첫소리 'ㄴ'이 'ㅀ', 'ㄾ' 뒤에 연결되는 경우에도 이에 준한다.
　다만, 다음과 같은 단어들은 'ㄹ'을 [ㄴ]으로 발음한다. ················· ㉣

① ㉠에 따라 '깎는'은 [깡는]으로, '읊는'은 [음는]으로 발음한다.
② ㉡에 따라 '침략'은 [침:냑]으로, '강릉'은 [강능]으로 발음한다.
③ ㉢에 따라 '대관령'은 [대:괄령]으로, '이원론'은 [이:월론]으로 발음한다.
④ ㉣에 따라 '공권력'은 [공꿘녁]으로, '동원령'은 [동:원녕]으로 발음한다.

TIP
한자어에서 'ㄴ'과 'ㄹ'이 결합하면서도 [ㄹㄹ]로 발음되지 않고 [ㄴㄴ]으로 발음되는 예는 시험에 자주 출제되니까 반드시 기억해 둘 것!

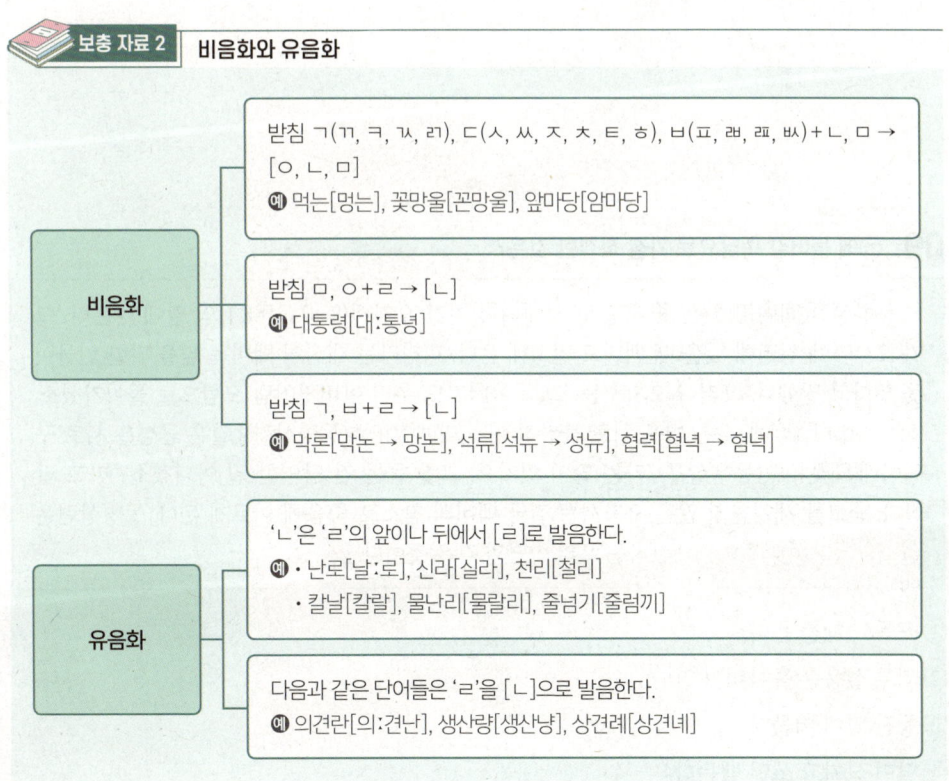

보충 자료 2 　비음화와 유음화

비음화
- 받침 ㄱ(ㄲ, ㅋ, ㄳ, ㄺ), ㄷ(ㅅ, ㅆ, ㅈ, ㅊ, ㅌ, ㅎ), ㅂ(ㅍ, ㄼ, ㄿ, ㅄ)+ㄴ, ㅁ → [ㅇ, ㄴ, ㅁ]
　예) 먹는[멍는], 꽃망울[꼰망울], 앞마당[암마당]
- 받침 ㅁ, ㅇ+ㄹ → [ㄴ]
　예) 대통령[대:통녕]
- 받침 ㄱ, ㅂ+ㄹ → [ㄴ]
　예) 막론[막논 → 망논], 석류[석뉴 → 성뉴], 협력[협녁 → 혐녁]

유음화
- 'ㄴ'은 'ㄹ'의 앞이나 뒤에서 [ㄹ]로 발음한다.
　예) • 난로[날:로], 신라[실라], 천리[철리]
　　　• 칼날[칼랄], 물난리[물랄리], 줄넘기[줄럼끼]
- 다음과 같은 단어들은 'ㄹ'을 [ㄴ]으로 발음한다.
　예) 의견란[의:견난], 생산량[생산냥], 상견례[상견녜]

08 ㉠~㉥중 표준 발음이 옳지 않은 것으로 짝 지어진 것은?

| ㉠ 담력[담:력] | ㉡ 윷놀이[윤노리] | ㉢ 신문[심문] |
| ㉣ 마천루[마철루] | ㉤ 흙만[흥만] | ㉥ 밟는다[발:른다] |

① ㉠, ㉢, ㉥ ② ㉠, ㉣, ㉥ ③ ㉡, ㉣, ㉤ ④ ㉢, ㉤, ㉥

09 ㉠에 들어갈 속담으로 가장 적절한 것은?

동병상련(同病相憐)은 중국 춘추 시대의 정치가 오자서(?~B.C. 484)의 말에 나온다. 그가 오나라에 망명해 있을 때 백비도 망명해 온다. 피리라는 대신이 백비는 믿을 만한 인물이 못 된다고 말했다. 그러나 오자서는 "그의 아버지도 우리 아버지처럼 모함으로 돌아가셨소. '하상가(河上歌)'에 '같은 병은 서로 불쌍히 여기고[同病相憐(동병상련)] 같은 근심은 서로 구원하네[同憂相救(동우상구)]'라는 말이 있지요. 그를 돕는 건 당연한 일 아니겠소?"라고 답한다. 충고를 새겨듣지 않은 오자서는 결국 백비의 참소로 죽음에 이르게 된다. 동병상련은 '(㉠   )'라는 우리 속담과 같은 뜻이다.

① 도둑이 매를 든다
② 과부 설움은 홀아비가 안다.
③ 등잔 밑이 어둡다
④ 달면 삼키고 쓰면 뱉는다.

10 한자 성어의 뜻이 옳게 연결되지 않은 것은?

① 勿失好機: 좋은 기회를 놓치지 아니함.
② 一騎當千: 싸우는 능력이 아주 뛰어남.
③ 四顧無託: 의탁할 만한 사람이 아무도 없음.
④ 自中之亂: 질서가 정연하여 조금도 흐트러지지 아니함.

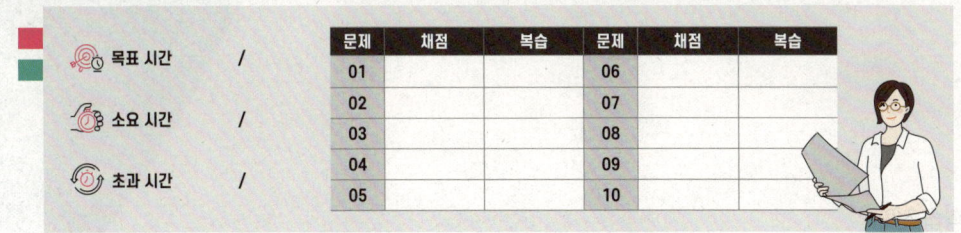

WEEK 3

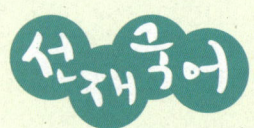

공무원 국어의 독보적 기준
선재국어가 제시하는 매일 학습 전략!

매일 국어 11	DAY 11 제재와 구성	박완서, 〈아저씨의 훈장〉 이문구, 〈유자소전〉	통사론 _높임 표현
매일 국어 12	DAY 12 논증과 오류 & 말하기 방식	정철, 〈속미인곡〉 정철, 〈관동별곡〉	〈한글 맞춤법〉 _준말
매일 국어 13	DAY 13 태도와 관점·의도 추리하기 & 생략된 단어 추리하기	함세덕, 〈고목〉 유치진, 〈토막〉	통사론 _서술어의 자릿수
매일 국어 14	DAY 14 제시문과 일치하는 정보 찾기	박지원, 〈소단적치인〉 허균, 〈통곡헌 기〉	〈한글 맞춤법〉 _띄어쓰기
매일 국어 15	DAY 15 조건에 맞게 쓰기	문순태, 〈징 소리〉	〈한글 맞춤법〉

DAY 11 매일 국어 11회

TIP

개요의 수정 및 보완 문제 유형에서는 '원인 – 문제 – 해결 방안'이 나오는 경우가 많아. 일반적으로 원인, 문제, 해결 방안은 순서대로 대응돼. 예를 들어 본론 1이 문제이고, 본론 2가 해결 방안일 경우, '본론 1-(1)' 문제의 해결 방안은 '본론 2-(1)'에 나온다는 거지. 문제를 풀면서 이 TIP을 적용해 보자.

01 다음은 '고령화 사회에 대한 준비'를 제재로 한 글쓰기 계획이다. ㉠~㉣ 중 수정 방안으로 적절하지 않은 것은?

- 내용 전개 순서: '문제 상황 파악 → 대처 방향 제시와 노력 강조' 순
- 예상 독자 설정: ㉠ <u>노후 대비가 부족한 노년층</u>
- 문제 상황 인식
  - 노인 복지 정책의 부실
  - ㉡ <u>고령화를 가속화하는 의료 기술 발달</u>
- 자료 조사
  - ㉢ <u>연령별 인구수 비교 자료</u>
  - 향후 일하는 노년층의 추이 분석 자료
- 해결 방안 제시
  - 외국의 우수한 노인 복지 시스템을 분석하여 정책 수립
  - ㉣ <u>대화를 통한 가족 간의 협력 증진</u>
- 주제: 고령화 사회에 대비하기 위한 정부와 기업의 노력 강조

① ㉠: 사회 복지 정책 입안자 및 기업 경영자
② ㉡: 노동자 고령화에 대비한 경영 전략 부실
③ ㉢: 선진국과 우리나라의 노인 복지 정책 비교 자료
④ ㉣: 복지 프로그램 참여를 통한 자아실현의 성취

02 다음 개요를 수정 및 보완하기 위한 의견으로 적절하지 않은 것은?

Ⅰ. 도입: 국산 게임의 문제점과 규제의 필요성

Ⅱ. 전개
  1. (㉠)
    가. 국내 게임사의 영업 실적 감소
    나. 게임 업계의 성장 둔화로 인한 고용 감소
  2. (㉡)
    가. 대형 게임사가 아니면 플랫폼 시장에 유통하기 힘든 구조
    나. 팬데믹 장기화로 인한 한국 게임사들의 신작 게임 개발 기간의 장기화
    다. 게임 업계의 경쟁 과열로 인한 영업 비용 증가
    라. '등급 분류 세부 기준'에 따른 게임 연령 등급 선정의 모호함
  3. (㉢)
    가. 게임 마케팅을 위한 유망 중소 게임사의 다양한 플랫폼 시장 개척
    나. 독특한 스토리텔링을 바탕으로 한 신작 게임의 개발 및 출시
    다. 기업 간 제휴를 통한 경쟁력 제고 및 사업 방식의 전환

Ⅲ. 마무리: (㉣)

① 'Ⅰ. 도입'은 전체 내용을 고려하여 '국산 게임의 위기와 육성 방안'으로 수정한다.
② 'Ⅱ'의 하위 항목인 ㉠~㉢에는 각각 '현황', '원인', '해결 방안'을 삽입한다.
③ 'Ⅱ-2-라'는 하위 항목들 간의 연관성이 떨어지므로 삭제한다.
④ ㉣에는 전체 내용을 포괄해 '국산 게임 회복을 위한 기업·정부·소비자의 노력 촉구'를 넣는다.

03 다음은 '음식물 쓰레기를 줄이자'라는 주제로 글을 쓰기 위한 개요이다. 수정·보완하기 위한 방안으로 적절하지 않은 것은?

> Ⅰ. **서론**: 우리나라의 음식물 쓰레기 발생 현황
>
> Ⅱ. **본론**
>   1. 음식물 쓰레기 증가의 원인
>   가. 인구수와 국민 소득 증가
>   나. 식생활 패턴 변화
>   다. 푸짐한 상차림 문화
>   2. 음식물 쓰레기 증가로 인한 문제점
>   가. 환경적 문제 ·· ㉠
>   - 음식물 쓰레기 배출 시 발생하는 온실가스로 인해 지구 온난화 가속
>   - 온실가스로 인한 지구 온난화 해결을 위한 국가 간 갈등 심화 ··········· ㉡
>   나. 경제적 문제: 음식물 쓰레기 배출로 인한 경제적 낭비 및 처리 비용 증가
>   다. 사회적 문제
>   - 현 우리나라의 음식물 쓰레기는 전체 쓰레기 발생량의 1/4 이상을 차지하여 심각한 상황임.
>   - 음식물 쓰레기의 70%가 가정 또는 소형 음식점에서 발생하여 음식물 쓰레기가 점점 증가하는 상황임. ········· ㉢
>   3. 음식물 쓰레기를 줄이는 실천 방안
>   가. 가정에서 음식을 조리할 때 ·· ㉣
>   나. 외식할 때 ·· ㉤
>
> Ⅲ. **결론**: 자원을 절약하고 환경을 보호하기 위해 음식물 쓰레기를 줄일 것을 촉구

① ㉠의 하위 항목으로 '음식물 쓰레기가 토양, 물, 생물에 미치는 악영향'을 추가하고, ㉡은 삭제한다.

② ㉢은 'Ⅱ-2'의 내용과 어울리지 않으므로, 'Ⅰ'의 하위 항목으로 옮기고 'Ⅱ-2-다'는 삭제한다.

③ ㉣은 '식품의 구매, 보관 - 음식의 조리, 섭취 - 쓰레기 배출'로 나눠 음식물 쓰레기를 줄이는 구체적 방법을 제시한다.

④ ㉤의 하위 항목으로 '외식할 때 미리 집에 알려 주기', '자신의 식사량에 맞게 주문하기', '외식 물가를 고려한 외식 메뉴 선택' 등을 넣는다.

04 다음 글에 대한 설명으로 가장 적절한 것은?

> "아저씨, 너우네 아저씨, 저를 알아보시겠어요? 네, 너우네 아저씨, 뭐라고 말씀 좀 해 보세요."
> 이윽고 아저씨의 손에 힘이 쥐어지는 듯하더니 입놀림이 확실해졌다. 나는 그의 멍청하던 눈에 그윽한 환희가 어리는 걸 똑똑히 보았고 그의 입이 말하는 소리를 분명히 들었다.
> "은표야, 아아, 은표야."
> 아저씨는 그렇게 말하고 있었다. 나는 아저씨가 그의 아들을 뿌리치고 대신 조카를 데리고 피란 내려온 뒤 한 번도 아들의 이름을 입에 올리는 걸 들은 적이 없었다. 은표의 단짝이었던 나를 보면 은표도 어느 하늘 밑에 죽지 않고 살았으면 저만할 텐데 하고 비감하는 눈치라도 보일 법한데 한 번도 그런 적조차 없었다. 그는 아들을 뿌리침과 동시에 아들의 이름까지 잊어버렸을 뿐더러 아예 기억에서 지우고 사는 사람 같았다. 아들 대신 장조카 데리고 피란 나왔다고 자랑할 때의 아들도 보통 명사로서의 아들이지 은표라는 고유 명사로서의 아들이 아니었다.
> 그가 처음으로 입에 올린 은표 소리는 나만 겨우 알아들을 만큼 희미했다. 그러나 내 귀엔 억장이 무너지는 소리로 들렸다. 그는 사력을 다해 억장이 무너지는 소리를 내고 있었다. 아아, 삼십여 년 전 은표 어머니의 억장이 무너지는 소리는 이제야 앙갚음을 완수한 것이다.
> 나는 그렇게 되길 오랫동안 바라고 기다려 왔을 터인데도 쾌감보다는 허망감에 소스라쳤다.
> – 박완서, 〈아저씨의 훈장〉

① 주인공이 주변 인물의 행동을 평가하고 있다.
② 작품 내부의 서술자가 인물의 성격을 직접 제시하고 있다.
③ 회상의 방식으로 서술자 자신의 과거 삶을 이야기하고 있다.
④ 인물에 대한 서술자의 심리가 변화하는 과정이 나타나 있다.

[05~06] 다음 글을 읽고 물음에 답하시오.

  총수의 자택에 연못이 생긴 것은 그 며칠 전의 일이었다. 뜰 안에다 벽이고 바닥이고 시멘트를 들어부어 만들었으니 연못이라기보다는 수족관이라고 하는 편이 알맞은 시설이었다. 시멘트가 굳어지자 물을 채우고 울긋불긋한 비단잉어들을 풀어놓았다.
  비단잉어들은 화려하고 귀티 나는 맵시로 보는 사람마다 탄성을 자아내게 하였으나, 그는 처음부터 흘기눈을 떴다. 비행기를 타고 온 수입 고기라서가 아니었다. 그 회사 직원 몇 사람치 월급을 합쳐도 못 미치는 상식 밖의 몸값 때문이었다.
  "대관절 월매짜리 고기간디그려?"
  내가 물어보았다.
  "마리당 팔십만 원쓱 주구 가져왔댜."
  그 회사 직원들의 봉급 수준을 모르기에 나의 월급으로 계산을 해 보니, 자그마치 3년 4개월 동안이나 봉투째로 쌓아야 겨우 한 마리 만져 볼까 말까 한 값이었다.
  "웬 늠으 잉어가 사람버덤 비싸다냐?"
  내가 기가 막혀 두런거렸더니,
  "보통 것은 아닐러먼그려. 뱉어낸밴또(베토벤)라나 뭬라나를 틀어 주면 그 가락대루 따라서 허구, 차에코풀구싶어(차이콥스키)라나 뭬라나를 틀어 주면 또 그 가락대루 따라서 허구, 좌우간 곡을 틀어 주는 대루 못 추는 춤이 읎는 순전 딴따라 고기닝께. 물고기두 꼬랑지 흔들어서 먹구사는 물고기가 있다는 건 이번에 그 집에서 츰 봤구먼."
  그런데 이 비단잉어들이 어제 새벽에 떼죽음을 한 거였다. 자고 일어나 보니 죄다 허옇게 뒤집어진 채로 떠 있는 것이었다.
  총수가 실내화를 꿴 발로 뛰어나왔지만 아무 소용없는 일이었다.
  "어떻게 된 거야?"
  한동안 넋 나간 듯이 서 있던 총수가 하고많은 사람 중에 하필이면 유자를 겨냥하며 물은 말이었다.
  "글쎄유, 아마 밤새에 고뿔이 들었던 개비네유."
  유자는 부러 딴청을 하였다.
  "뭐야? 물고기가 물에서 감기 들어 죽는 물고기두 봤어?"
  총수는 그가 마치 혐의자나 되는 것처럼 화풀이를 하려 드는 것이었다.
  그는 비위가 상해서,
  "그야 팔자가 사나서 이런 후진국에 시집와 살라니께 여러 가지루다 객고가 쌓여서 조시* 두 안 좋았을 테구……. 그런디다가 부룻쓰구 지루박이구 가락을 트는 대루 디립다 춰 댔으니께 과로해서 몸살끼두 다소 있었을 테구……. 본래 받들어서 키우는 새끼덜일수록이 다 탈이 많은 법이니께……."
  그는 시멘트의 독성을 충분히 우려내지 않고 고기를 넣은 것이 탈이었으려니 하면서도 부러 배참*으로 의뭉을 떨었다.
  "하는 말마다 저 말 같잖은 소리…… 시끄러 이 사람아."
  총수는 말 가운데 어디가 어떻게 듣기 싫었는지 자기 성질을 못 이기며 돌아섰다.

                    - 이문구, 〈유자소전〉

* 조시: 몸의 상태 또는 건강 상태를 의미하는 일본어
* 배참: 꾸지람을 듣고 그 화풀이를 다른 데다 함.

05 이 글에 대한 설명으로 적절하지 않은 것은?

① 서술자가 자기 경험을 직접 서술하여 사건의 전모를 드러내고 있다.
② 사투리를 사용하여 토속적 정감과 친근감을 불러일으키고 있다.
③ 희극적 상황 설정과 풍자의 수법으로 골계미를 구현하고 있다.
④ 인물 간의 갈등을 통해 당시 세태를 비판하고 있다.

06 이 글에서 알 수 있는 내용으로 가장 적절한 것은?

① 총수의 회사 직원들의 3년 4개월 치 월급은 80만 원이 채 안 된다.
② 총수는 유자가 관리를 소홀히 한 탓에 비단잉어들이 죽었다며 유자를 질책했다.
③ 유자는 비단잉어들이 죽은 이유를 짐작했지만 이를 총수에게 말하지는 않았다.
④ 비단잉어들은 원산지에서 클래식을 듣고 자라며 길러져 비싼 값으로 팔리게 되었다.

07 〈보기 1〉를 참고할 때, 〈보기 2〉의 ㉠~㉣에 대한 설명으로 가장 적절하지 않은 것은?

―― 보기 1 ――
우리말의 높임법은 화자가 서술의 주체에 대하여 높임의 태도를 나타내는 주체 높임법, 문장의 목적어나 부사어가 지시하는 대상을 높이는 객체 높임법, 청자인 상대방을 높여 말하는 상대 높임법 등이 있다.

―― 보기 2 ――
㉠ 아버지께서 어제 교수님을 직접 뵙고 오셨습니다.
㉡ 삼촌, 할아버지께서는 요즘 귀가 좀 어두우세요.
㉢ 아버지께서 할아버지께 안경을 드리셨다.
㉣ 어머니께서 할머니를 모시고 시장에 가셨습니까?

① ㉠과 ㉡에는 객체 높임법과 상대 높임법이 사용되었다.
② ㉠과 ㉣에는 주체, 객체, 상대 높임법이 모두 사용되었다.
③ ㉡과 ㉢에는 주체 높임법이 사용되었다.
④ ㉢과 ㉣에는 객체 높임법이 사용되었다.

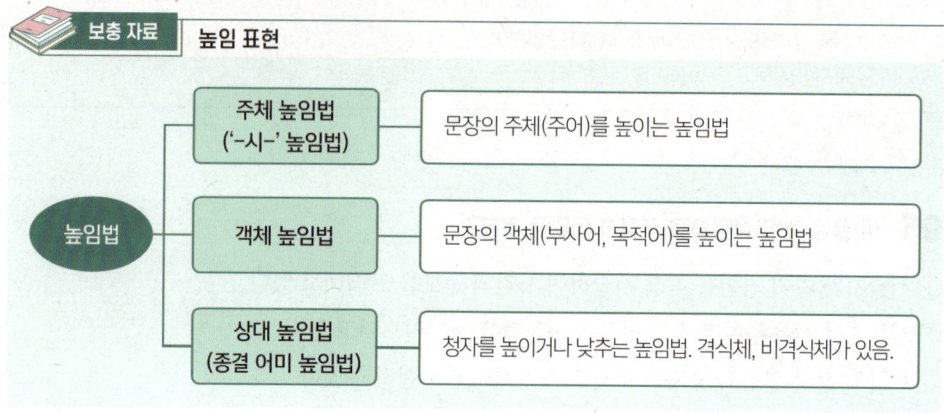

08 ㉠~㉢ 중 〈보기〉의 밑줄 친 부분에 해당하지 않는 것은? 2023 법원직 9급

〉 보기 〈

 높임 표현은 높임의 대상에 따라 주체 높임, 객체 높임, 상대 높임으로 나눌 수 있다. 이 중 객체 높임은 목적어나 부사어가 나타내는 대상, 즉 서술의 객체를 높이는 방법으로 주로 특수 어휘나 부사격 조사 '께'에 의해 실현된다.

지우: 민주야, 너 내일 뭐 할 거니?
민주: 응, 내일 할머니 생신이라서 할머니 ㉠모시고 영화관에 가기로 했어.
지우: 와, 오랜만에 할머니도 뵙고 좋겠다.
민주: 응, 그렇지. 오늘은 할머니께 편지도 써야 할 것 같아.
지우: ㉡할머니께 드릴 선물은 샀어?
민주: 응, 안 그래도 할머니가 허리가 아프셔서 엄마가 안마 의자를 사서 ㉢드린대. 나는 용돈을 조금 보태기로 했어.
지우: 아, 할머니께서 ㉣편찮으셨구나.

① ㉠   ② ㉡   ③ ㉢   ④ ㉣

09 ㉠~㉣의 독음이 바르지 못한 것은?

이익 공유제 도입을 둘러싼 대기업과 중소기업의 ㉠葛藤이 계속되고 있다. 동반 성장 위원회 전체 회의는 대기업 측 대표들이 참석하지 않은 채 반쪽짜리 회의로 진행됐다. 동반위는 이후 대기업과 중소기업 대표, 공익 위원 등으로 구성된 소위원회를 구성해 합의를 ㉡導出하려 했으나 대기업 측에서 대표자를 ㉢推薦하지 않으면서 이마저도 ㉣霧散됐다.

① ㉠: 갈등   ② ㉡: 창출   ③ ㉢: 추천   ④ ㉣: 무산

TIP

한자 문제는 대개 올바른 한자의 표기를 묻는 문제가 출제되지만, 오늘의 문제처럼 독음을 묻는 문제가 출제되기도 해. 정확하게 쓰지는 못하더라도 정확하게 읽을 수는 있어야 하겠지? 특히 비슷하게 생긴 한자들은 혼동하기 쉬우니까 《수비니겨 기본서》 책 속의 책에 있는 〈혼동하기 쉬운 유사 한자〉로 눈에 익히는 연습을 해 보자!

10 밑줄 친 부분에 가장 잘 어울리는 한자 성어는?

수업이 끝난 뒤 우리는 각자 밥을 꽉 눌러 채운 도시락을 하나씩 들고 분식집에 모였다. 그러면 주인은 미리 껍질을 벗겨 놓은 라면을, 역시 미리 스프를 끓여 놓은 냄비 속에 빠뜨렸다. 그러고는 시큼하고 커다란 단무지 세 쪽 아니면 네 쪽을 접시에 담아 냄비와 함께 가져다주었다. 식탁에 있는 고춧가루를 살짝 풀어 라면과 함께 밥을 말아 먹으면 도서관에서의 한밤까지도 든든했다. 그때 그 라면이 얼마나 맛있었으면 <u>도서관에 남아 공부를 하려고 라면을 먹는지, 라면을 먹으려고 도서관에 남아 있는지 잘 모를 지경</u>이었다.

— 성석제, 〈소년 시절의 맛〉

① 泥田鬪狗   ② 首鼠兩端   ③ 主客顚倒   ④ 變化無雙

DAY 12 매일 국어 12회

TIP

추론의 오류 문제는 용어와 개념을 알아야 풀 수 있어. 개념을 이해하는 가장 좋은 방법은 예시를 활용하는 거지. 《수비니겨 기본서》에 나와 있는 추론의 오류를 기본으로 하면서, 기출문제나 《매일 국어》에 나온 오류의 유형별 예시를 정리해 두면 도움이 될 거야!

01 다음 중 〈보기〉와 같은 오류를 범하고 있는 것은?

― 보기 ―
길동이의 아버지는 경제학 박사래. 그러니까 길동이도 경제에 대해 잘 알 거야.

① 담배가 폐암을 유발시킨다는 사실을 증명할 수 없다. 그러므로 담배가 폐암을 유발시킨다고 말할 수 없다.
② 현대의 종교란 일종의 주술에 지나지 않는다. 왜냐하면 원시 종교는 주술적 요소를 가지고 있기 때문이다.
③ 그 사람은 살인을 하려고 마음을 먹은 것임에 틀림없다. 그렇지 않고서야 어떻게 술을 마시고 운전을 할 수 있단 말인가?
④ 어느 수준 이상의 1인당 GNP는 한 사회가 정의를 실현하기 위한 필수적 요소이다. 왜냐하면 정의로운 사회는 그 구성원들이 어느 수준 이상의 경제생활을 누릴 수 있어야만 달성될 수 있기 때문이다.

02 〈보기〉와 같은 종류의 오류가 나타나는 것은?

― 보기 ―
폭음하는 것보다 술을 매일 마시는 게 더 건강에 안 좋다고 의사가 조언했다. 그러니 이틀에 한 번씩 폭음을 하는 건 건강에 지장이 없다.

① 컴퓨터와 사람은 비슷한 점이 많다. 그러므로 컴퓨터도 인간처럼 감정을 지녔음에 틀림없다.
② 쟨 낯이 너무 두꺼워서 수치심이 없으니 얼굴 살이 빠지면 수치심을 알려나?
③ 타인 소유의 건물을 파손한 죄는 엄벌에 처해야 한다. 그러니 화재가 난 교실에서 탈출하기 위해 창문을 부순 교사를 엄벌에 처해야 한다.
④ 친구의 부모님을 나쁘게 말하는 건 안 된다고 했으니, 친구의 오빠를 욕하는 건 괜찮은 거죠?

[03~04] 다음 글을 읽고 물음에 답하시오.

> **사회자**: '아침 식사는 하루 중 가장 중요한 식사'라는 말을 들어 보셨을 겁니다. 그러나 최근에는 아침을 절대 먹어서는 안 된다는 내용의 책도 출간되었습니다. 먼저 최 교수님은 어떤 입장이십니까?
>
> **최 교수**: 바쁜 현대인들이 세끼 중 가장 쉽게 거르는 것이 아침입니다. 그러나 적절한 영양소로 구성된 아침 식사를 꼭 챙기는 일은 중요합니다. 흔히들 아침 식사를 거르면 살이 빠진다고 생각하죠. 그러나 ○○ 대학의 분석 결과에 따르면, 아침 식사를 거르는 사람이 그렇지 않은 사람보다 비만율은 13%, 복부 비만율은 20%가 높다고 합니다. 또한 당뇨병과 관상 동맥성 질환 발생 위험도 각각 20%, 27% 더 증가한다는 연구 결과도 있습니다.
>
> **사회자**: 아침 식사를 거르면 비만과 당뇨병 등에 걸릴 확률이 높아진다는 의견인데요. 이에 대해 박 교수님은 어떻게 생각하십니까? 최근 기고하신 칼럼에서 건강을 위해 오히려 아침을 거른 지 10년이 넘었다는 내용을 읽은 적이 있습니다.
>
> **박 교수**: 네 맞습니다. 아침을 거른 남성들이 챙겨 먹은 사람들에 비해 관상 동맥성 질환의 위험이 높다는 연구 결과는 저도 들은 바가 있습니다. 그러나 이것은 원인이 아니라 연관성을 밝힌 것일 뿐입니다. 2014년에는 오히려 아침 식사 여부가 체중에 아무런 영향을 미치지 못한다는 △△ 대학의 연구 결과도 있었습니다. 또한 ㉠11년 동안 아침을 걸렀지만 비만해지지도, 당뇨병에 걸리지도 않은 제 경험으로 볼 때, 당뇨병이나 비만은 아침 식사와 아무런 관련이 없는 것 같습니다. 그러나 굳이 해야 한다면, 아침으로 무엇을 먹느냐는 중요하다고 생각합니다. 포만감을 높여 식욕은 감소시키고 혈당량을 급격히 높이지 않는 고단백 위주의 식단이 좋겠지요.

03 이 글에 대한 설명으로 적절하지 않은 것은?

① 사회자는 토론자들의 발언 순서를 통제하고 있다.
② 박 교수는 최 교수와 달리 체험을 주장의 근거로 내세우고 있다.
③ 최 교수는 박 교수와 달리 주장에 대한 과학적 근거를 들고 있다.
④ 박 교수는 최 교수의 의견을 일부 수용하고 있다.

04 ㉠과 같은 종류의 오류를 범하고 있는 것은?

① 검은 고양이가 내 앞을 가로질러 간 뒤 한 시간 후에 나는 교통사고를 당했다. 따라서 내가 교통사고를 당한 것은 그 고양이 때문이다.
② 역사상 모든 시대, 모든 문화에서 인간은 항상 어떤 초자연적인 존재가 실제로 있다고 믿어 왔다. 그러므로 초자연적인 존재, 즉 신은 실제로 존재한다.
③ 보증금 비율이 상승하면, 집값은 하락할 것이다. 그 동네 집들의 보증금 비율은 상승하지 않았으므로 집값은 하락하지 않을 것이다.
④ 초등학교 학생들을 대상으로 실시한 설문 조사 결과, 가장 싫어하는 음식에 '김치'가 뽑혔다. 이로 미루어 보건대 우리의 음식 문화의 전통이 단절되었음을 알 수 있다.

05 다음 시에 대한 설명으로 옳지 않은 것은?

> 잡거니 밀거니 놉픈 뫼히 올라가니
> **구롬**은ᄏ니와 **안개**는 므ᄉ 일고.
> 산쳔(山川)이 어둡거니 **일월(日月)**을 엇디 보며
> 지쳑(咫尺)을 모ᄅ거든 쳔 리(千里)를 ᄇ라보랴.
> 출하리 믈ᄀ의 가 빅 길히나 보쟈 ᄒ니
> ᄇ람이야 믈결이야 어둥졍 된뎌이고.
> 샤공은 어디 가고 븬 ᄇㅣ만 걸렷ᄂ니.
> 강텬(江天)의 혼쟈 셔셔 디는 히ᄅ 구버보니
> 님다히 쇼식이 더옥 아득ᄒ뎌이고. [중략]
> 어와, 허ᄉ(虛事)로다. 이 님이 어디 간고.
> 결의 니러 안자 창(窓)을 열고 ᄇ라보니
> 어엿븐 그림재 날 조ᄎᆯ ᄲᅮᆫ이로다.
> 출하리 싀여디여 낙월(落月)이나 되야이셔
> 님 겨신 창 안히 번드시 비최리라.
>
> — 정철, 〈속미인곡〉

① 자연물의 속성을 통해서 주제를 강화하고 있다.
② 객관적 상관물을 통해 화자의 외로운 처지를 강조하고 있다.
③ '구롬', '안개', '일월'은 임과 화자의 사랑을 방해하는 장애물을 의미한다.
④ 임과의 만남을 위해 죽음도 불사하려는 화자의 태도를 확인할 수 있다.

06 다음 시에 대한 설명으로 적절하지 않은 것은?

원통골 ᄀ는 길로 ᄉᄌ봉(獅子峰)을 ᄎ자가니,
그 알픽 너러바회 화룡쇠 되여셰라.
쳔년(千年) 노룡(老龍)이 구비구비 서려 이셔,
듀야(晝夜)의 흘녀 내여 창히(滄海)예 니어시니,
풍운(風雲)을 언제 어더 삼일우(三日雨)를 디련ᄂ다.
음애(陰崖)예 이온 플을 다 살와 내여ᄉ라. [중략]
왕뎡(王程)이 유한(有限)ᄒ고 풍경(風景)이 못 슬믜니,
유회(幽懷)도 하도 할샤, **킥수(客愁)**도 둘 디 업다.
션ᄉ(仙槎)ᄅᆞᆯ 씌워 내여 두우(斗牛)로 향(向)ᄒ살가,
션인(仙人)을 ᄎᄌ려 단혈(丹穴)의 머므살가.
텬근(天根)을 못내 보와 망양뎡(望洋亭)의 올은말이,
㉠ 바다 밧근 하ᄂᆞᆯ이니 하ᄂᆞᆯ 밧근 므서신고.
ᄀᆞᆺ득 노흔 **고래** 뉘라셔 놀내관ᄃᆡ,
블거니 쁨거니 어즈러이 구는디고.
은산을 것거 내여 뉵합(六合)의 ᄂᆞ리는 둣,
오월 댱텬(五月長天)의 **빅셜(白雪)**은 므스일고.

— 정철, 〈관동별곡〉

① '쳔년 노룡'은 화자를, '풍운'은 선정(善政)을, '플'은 백성을 비유하고 있다.
② '왕뎡'과 '킥수'는 대조적 관계의 시어로 화자의 내면적 갈등을 보여 준다.
③ ㉠은 연쇄법, 점층법을 사용하여 일망무제(一望無際)의 바다를 표현한 구절이다.
④ '고래, 은산, 빅셜'의 원관념은 모두 '파도'이다.

07 밑줄 친 용언의 활용형의 표기가 옳은 것은?

① 그동안 친구에게 <u>적잖은</u> 신세를 져서 이번 기회에 갚기로 했다.
② <u>생각컨대</u>, 그는 비밀을 지킬 마음이 없었던 것 같다.
③ 그날 어떤 일이 있었는지 <u>서슴치</u> 말고 말해라.
④ 아무래도 이런 황송한 대접은 내게는 <u>익숙지</u> 않다.

TIP
〈한글 맞춤법〉 제39항과 제40항은 시험에 자주 출제되는 내용이야. 크게 어렵지는 않지만 문제를 빨리 풀 수 있도록 반드시 원칙과 그 예들을 모두 기억해 둘 것!

보충 자료 | 주요 준말의 표기

제39항 어미 '-지' 뒤에 '않-'이 어울려 '-잖-'이 될 적과 '-하지' 뒤에 '않-'이 어울려 '-찮-'이 될 적에는 준 대로 적는다.
예) 그렇지 않은 → 그렇잖은   변변하지 않다 → 변변찮다

[해설] -지 않- → -잖- / -하지 않- → -찮-
제39항은 제36항(ㅣ + 아/어 → ㅑ/ㅕ)과 비교해야 한다. 이 규칙을 적용하면 '-지 않-, -치 않-'이 줄어지면 '-쟎-, -챦-'으로 표기해야 한다. 그러나 우리말에서 '쟈, 져, 챠, 쳐'로 적히는 음절은 현실 발음으로 [자, 저, 차, 처]로 소리 나는 경향이 강하므로 '-잖-, -찮-'으로 적게 된 것이다.

제40항 어간의 끝음절 '하'의 'ㅏ'가 줄고 'ㅎ'이 다음 음절의 첫소리와 어울려 거센소리로 될 적에는 거센소리로 적는다.
예) 간편하게 → 간편케   다정하다 → 다정타

[붙임 2] 어간의 끝음절 '하'가 아주 줄 적에는 준 대로 적는다.
예) 거북하지 → 거북지   넉넉하지 않다 → 넉넉지 않다
생각하다 못해 → 생각다 못해   깨끗하지 않다 → 깨끗지 않다

[해설] [붙임 2]와 함께 보자. 핵심은 어간의 끝음절 '하'의 앞을 보는 것이다.
① 앞에 울림소리가 있으면: 어간의 끝음절 '하'의 'ㅏ'가 줄고, 'ㅎ'이 다음 음절의 첫소리와 어울려 거센소리로 된다.
② 앞에 안울림소리가 있으면: '하'가 탈락된다.

08 다음 〈한글 맞춤법〉의 규정에 근거할 때 본말과 준말의 짝이 옳지 않은 것은?

제32항 단어의 끝모음이 줄어지고 자음만 남은 것은 그 앞의 음절에 받침으로 적는다.

제39항 어미 '-지' 뒤에 '않 -'이 어울려 '-잖-'이 될 적과 '-하지' 뒤에 '않 -'이 어울려 '-찮-'이 될 적에는 준 대로 적는다.

제40항 어간의 끝음절 '하'의 'ㅏ'가 줄고 'ㅎ'이 다음 음절의 첫소리와 어울려 거센소리로 될 적에는 거센소리로 적는다.

① 어제그저께 - 엊그저께
② 그렇지 않은 - 그렇잖은
③ 만만하지 않다 - 만만잖다
④ 연구하도록 - 연구토록

09 밑줄 친 부분의 뜻풀이가 잘못된 것은?

① 그는 잠시 뜸을 들였다가 자신의 과거를 풀어놓기 시작했다.
→ 몸을 시원하게 하여 땀을 없애다가

② 차라리 안 된다고 설득을 할 것이지 그렇게 자빡을 대나.
→ 아주 딱 잘라 거절하나.

③ 그는 상대편을 보고는 속으로 코웃음을 쳤다.
→ 깔보고 비웃었다.

④ 그는 하루 종일 기다리다가 저녁 무렵에서 겨우 마수걸이하였다.
→ 맨 처음으로 물건을 팔았다.

10 ㉠에 들어갈 한자 성어로 가장 적절한 것은?

> 동서양의 많은 저술을 섭렵하고 기억력이 뛰어나 '걸어다니는 사전'이라는 별명을 듣는 것이야말로 모든 지식인들의 공통적인 희망 사항일 터이다. 하물며 인간의 삶과 사회 현상을 다루는 인문학 전공자에 있어서랴.
> 하지만 장자(莊子)식으로 말하자면, 삶은 유한한데 지식은 무한하다. 개인에게 주어진 시간은 제한적인데 인류의 총체적 지식은 하루가 다르게 진보하고 날마다 저술이 산더미처럼 쏟아져 나온다. 그러니 촌음(寸陰)을 아끼고 온 생애를 바쳐 책들을 섭렵한들, 개인이 집적할 수 있는 지식이란 그야말로 창해일속(滄海一粟)이요 (㉠)일 터이다.

① 滄桑之變   ② 鳥足之血   ③ 前虎後狼   ④ 命在頃刻

DAY 13 매일 국어 13회

TIP

'글쓴이의 의도'는 글쓴이가 글을 쓴 목적을 의미하고, 글의 목적은 글 전체의 주제에 잘 드러나지. 따라서 글쓴이의 의도를 파악하는 문제는 중심 내용·주제 찾기 문제와 유사하다고 볼 수 있어.

01 다음 중 아래 글에 나타난 저자의 의도를 가장 적절하게 설명한 것은?   2023 군무원 9급

> 인공 지능은 컴퓨터 프로그램을 활용해 인간과 비슷한 인지적 능력을 구현한 기술을 말한다. 인공 지능은 기본적으로 보고 듣고 읽고 말하는 능력을 갖춤으로써 인간과 대화할 수 있을 뿐만 아니라 지적 판단이 필요한 상황에서 합리적 결정을 내릴 수 있다. 인공 지능이 인간의 말을 알아듣고 명령을 실행하는 똑똑한 기계가 되는 것은 반길 일인가, 아니면 주인과 노예의 관계를 역전시키는 재앙이라고 경계해야 할 일인가?

① 쟁점 제기 ② 정서적 공감
③ 논리적 설득 ④ 배경 설명

[02~04] 다음 글을 읽고 물음에 답하시오.

> 대의 민주주의에서 정당의 역할에 대한 대표적인 설명은 책임 정당 정부 이론이다. 이 이론에 따르면 정치에 참여하는 각각의 정당은 자신의 지지 계급과 계층을 대표하고, 정부 내에서 정책 결정 및 집행 과정을 주도하며, 다음 선거에서 유권자들에게 그 결과에 대해 책임을 진다. 유럽에서 정당은 산업화 시기 생성된 노동과 자본 간의 갈등을 중심으로 다양한 사회경제적 균열을 이용하여 유권자들을 조직하고 동원하였다. 이 과정에서 정당은 당원 중심의 운영 구조를 지향하는 대중 정당의 모습을 띠었다. 당의 정책과 후보를 당원 중심으로 결정하고, 당내 교육 과정을 통해 정치 엘리트를 충원하며, 정치인들이 정부 내에서 강한 기율을 지니는 대중 정당은 책임 정당 정부 이론을 뒷받침하는 대표적인 정당 모형이었다. 그러나 20세기 중반 이후 발생한 여러 원인으로 인해 정당은 이러한 기능에서 변화를 겪게 되었다.
> 산업 구조와 계층 구조가 다변화됨에 따라 정당들은 특정 계층이나 집단의 지지만으로는 집권이 불가능해졌고 이에 따라 보다 광범위한 유권자 집단으로부터 지지를 획득하고자 했다. 그 결과 정당 체계는 특정 계층을 뛰어넘어 전체 유권자 집단에 호소하여 표를 구하는 포괄 정당 체계의 모습을 띠게 되었다. 선거 승리라는 목표가 더욱 강조될 경우 일부 정당은 외부 선거 전문가로 당료들을 구성하는 선거 전문가 정당 체계로 전환되기도 했다. 이 과정에서 계층과 직능을 대표하던 기존의 조직 라인은 당 조직의 외곽으로 밀려나기도 했다.

(㉠) 탈산업 사회의 도래와 함께 환경, 인권, 교육 등에서 좀 더 나은 삶의 질을 추구하는 탈물질주의가 등장함에 따라 새로운 정당의 출현에 대한 압박이 생겨났다. 이는 기득권을 유지해 온 기성 정당들을 위협했다. 이에 정당들은 자신의 기득권을 유지하기 위해 공적인 정치 자원의 과점을 통해 신생 혹은 소수 정당의 원내 진입이나 정치 활동을 어렵게 하는 카르텔 정당 체계를 구성하기도 했다. 다양한 정치 관계법은 이런 체계를 유지하는 대표적인 수단으로 활용되었다. 정치 관계법과 관련된 선거 제도의 예를 들면, 비례 대표제에 비해 다수 대표제는 득표 대비 의석 비율을 거대 정당에 유리하도록 만들어 정당의 카르텔화를 촉진하는 데 활용되기도 한다.

이러한 정당의 변화 과정에서 정치 엘리트들의 자율성은 증대되었고, 정당 지도부의 권력이 강화되어 정부 내 자당 소속의 정치인들에 대한 통제력이 증가되었다. 하지만 반대로 평당원의 권력은 약화되고 당원 수는 감소하여 정당은 지지 계층 및 집단과의 유대를 잃어 가기 시작했다.

뉴미디어가 발달하면서 정치에 관심은 높지만 정당과는 거리를 두는 '인지적' 시민이 증가함에 따라 정당 체계는 또 다른 도전에 직면하게 되었다. 정당 조직과 당원들이 수행했던 기존의 정치적 동원은 소셜 네트워크 내 시민들의 자기 조직적 참여로 대체되었다. (㉡) 정당을 우회하는 직접 민주주의의 현상도 나타났다. 이에 일부 정당은 카르텔 구조를 유지하면서도 공직 후보 선출권을 일반 국민에게 개방하는 포스트 카르텔 정당 전략이나, 비록 당원으로 유입시키지 못할지라도 온라인 공간에서 인지적 시민과의 유대를 강화하려는 네트워크 정당 전략으로 위기에 대응하고자 했다. 그러나 이러한 제반의 개혁 조치가 대중 정당으로의 복귀를 의미하지는 않았다. (㉢) 당원이 감소되는 상황에서 선출권자나 후보들을 정당 밖에서 충원함으로써 고전적 의미의 정당 기능은 약화되었다.

02 이 글을 쓴 글쓴이의 의도로 가장 적절한 것은?

① 다양한 정당 모형의 장단점을 분석하여 제시하려 한다.
② 사회적 변화에 대응하는 정당의 변모 양상과 결과를 고찰하려 한다.
③ 오늘날 정당에 대한 비판적 인식을 바탕으로 정당의 전통적 기능 복원을 주장하려 한다.
④ 대의 민주주의 체제에서 정당이 갖추어야 할 기능을 사회 구조의 변화와 연관하여 설명하려 한다.

03 ㉠~㉢에 들어갈 단어로 알맞게 짝 지어진 것은?

	㉠	㉡	㉢		㉠	㉡	㉢
①	또한	하지만	물론	②	그런데	게다가	그러나
③	하지만	하물며	더구나	④	한편	심지어	오히려

04 이 글에 제시된 정당의 유형이 아닌 것은?

① 지난 선거에서 승리하여 집권한 A당은 지지율이 급락해 차기 선거의 전망이 불투명해지자 공직 후보 선출권을 일반 국민에게 개방하는 전략을 사용하였다.
② B당은 중도 노선의 표방 아래 모든 계층의 지지를 추구함으로써 결과적으로 어떤 계층이나 집단의 이해도 반영하지 못하는 정책을 내놓았다는 비판을 받게 되었다.
③ 당료와 당내 조직이 선거 시에만 집중적으로 움직이는 C당은 이념이나 정책보다 집권을 목적으로 하여 사익을 추구한다는 비판을 받게 되었다.
④ 원내 의석을 과점하며 집권한 D당은 득표 대비 의석 비율을 거대 정당에 유리하게 만들어 소수 정당의 원내 진입을 어렵게 만들었다.

05 다음 글에 대한 이해로 적절하지 않은 것은?

> **거복**: 이번 수해는 그 사람들에게 좋은 시련이었다구 생각하오. 그렇게 산에 나무를 이발하듯 벼다 땠으니, 수해가 안 날래야 안 날 수가 있겠소? 이번에 뼈아픈 경험을 해야만 또다시 나무를 비지 않을 거요. 그러니 반성할 기회를 주기 위해서라두 당분간 구조는 안하는 게 좋을 듯 싶소.
> **동정**: 나무를 많이 빈 것이 이번 재해의 크나큰 원인의 하나이긴 하지만, 나무를 우리가 안 빌래야 안 빌 수가 있었습니까? 일 년에 우리 군에 할당된 송탄유 공출량이 몇 석이었습니까? 가뜩 없는 산에서 대동아 전쟁 기간 중 사 년을 두구 그 군용재와 송탄유재를 비어 냈으니, 탓을 하신다면 공출을 강압한 일제와 그의 앞잽이 군수, 서기놈들을 하셔야지. 무고한 이재민들한테 하실 건 아니라구 생각합니다.
> **거복**: 거지는 나라두 못 구한다구 했소.
> **동정**: 그야 전적으루 구할 수는 없겠지요. 허지만 당장의 연명을 하는 동안 앞이 또 트일 게 아닙니까? 그리구 이번 수해 동포들이란 거지와는 전연 성능이 다를 것입니다. 이 고경(苦境)만 넘겨 주면 그 다음부터는 자력으로 생계를 이어 나갈 거예요.
> – 함세덕, 〈고목〉

① 수해의 원인에 대해 거복과 동정의 의견이 일치하는 부분이 있다.
② 거복과 동정은 수재민 구제 협조와 관련해 의견을 달리 하고 있다.
③ 동정의 말을 통해 시대적 상황에 대한 동정의 태도가 드러나고 있다.
④ 거복과 동정은 계급 차이로 인한 이념적 갈등을 보여 주고 있다.

06 다음 글에 대한 설명으로 가장 적절한 것은?

[앞부분의 줄거리] 가난한 농부인 명서네 가족은 일본에 간 아들 명수만 믿으며 하루하루를 살아간다. 그러던 중 명수가 사상 관계로 체포되었다는 신문 기사를 보게 되고, 불안한 가운데 명수가 무사히 돌아오리라고 기대한다.

가 명서 처: 아이구 금녀야! 우린 이런 형상으로 어떻게 우리 명수를 만나니? 이렇게 찌들어진 형상으루! 네 오빠를 맞이하기엔 이 집은 너무 누추하구나. 금녀야, 우리는 집 안을 치우고 몸을 단속하자. 이런 꼬락서니로 우리 명수를 만나서는 안 된다. 얘야, 이리 와서 머리를 빗어라. 기름두 남았지? 사립문에는 불을 켜구……. 귀한 사람이 들어올 때 집 안이 컴컴해선 못쓰느니라.
금녀: (어머니의 미친 듯이 서두는 양을 바라보고 있는 금녀의 눈에는 일종의 공포의 빛이 감돈다.)

㉠ 바람 소리!

나 명서 처: 그럼, 신문에 난 게 역시! 아아, 이 일이 웬일이냐? 명수야! 네가 왜 이 모양으로 돌아왔느냐? (백골 상자를 꽉 안는다.)
금녀: 오빠!
명서: 나는 여태 개돼지같이 살아오문서, 한마디 불평두 입 밖에 내지 않구 꾸벅꾸벅 일만 해 준 사람이여. 무엇 때문에 무엇 때문에 내 자식을 이 지경을 맨들어 보내느냐? 응, 이 육실헐 놈들! (일어서려고 애쓴다.)
금녀: (눈물을 씻으며) 아버지! (하고 붙든다.)
명서: 놓아라, 명수는 어디루 갔니? 다 기울어진 이 집을 뉘게 맽겨 두구 이놈은 어딜?
금녀: 아버지! 아버지!
명서: (궤짝을 들고 비틀거리며) 이놈들아, 왜 뼉다구만 내게 갖다 맽기느냐? 내 자식을 죽인 놈이 이걸 마저 처치해라! (기진하여 쓰러진다. 궤짝에서 백골이 쏟아진다. 밭은기침! 한동안.)
명서 처: (흩어진 백골을 주우며) 명수야, 내 자식아! 이 토막에서 자란 너는 백골이나마 우리를 찾아왔다. 인제는 나는 너를 기다려서 애태울 것두 없구, 동지섣달 기나긴 밤을 울어 새우지 않아두 좋다! 명수야, 이제 너는 내 품 안에 돌아왔다.
명서: …… 아아, 보기 싫다! 도루 가져가래라!
금녀: 아버지, 서러 마세유. 서러워 마시구 이대루 꾹 참구 살아가세유. 네, 아버지! 결코 오빠는 우릴 저버리진 않을 거예유. 죽은 혼이라두 살아 있어, 우릴 꼭 돌봐 줄 거예유. 그때까지 우린 꾹 참구 살아가유. 예, 아버지!
명서: …… 아아, 보기 싫다! 도루 가지고 가래라!

금녀의 어머니는 백골을 안치하여 놓고, 열심히 무어라고 중얼거리며 합장한다.
㉡ 바람 소리 적막을 찢는다.

—막—

— 유치진, 〈토막〉

TIP

'토막(土幕)'은 움막집을 의미해. 이 작품의 제목인 〈토막〉은 일제 강점기의 궁핍함 속에서 생활을 영위하는 농민들의 비참한 실상을 상징하는 거지. 이 극에서 유일하게 예지와 의지를 보여 주는 인물인 금녀는 작가 의식을 대변하는 인물이기도 한데, 〈토막〉은 일제 강점기에 우리 민족이 당한 고통을 사실적으로 반영하고 있는 동시에, 의지적 자세로 이를 극복해야 한다는 메시지를 전하고 있어.

① 사실주의적 기법으로 민족의 비참한 현실을 고발하고 있다.
② 사건이 전개될수록 등장인물들 간의 갈등이 심화되고 있다.
③ 반어적 표현을 통해 인물의 현실 극복의 의지를 강조하고 있다.
④ ㉠은 인물의 부정적 심리를 이완하고, ㉡은 참담한 심정을 부각한다.

07 밑줄 친 서술어가 요구하는 필수 성분의 개수와 종류가 〈보기〉의 문장과 같은 것은?

2022학년도 대학수학능력시험

〈보기〉
이곳의 지형은 외적의 침입을 막기에 유리하다.

① 그 광물이 원래는 귀금속에 속했다.
② 그는 바람이 불기에 옷깃을 여몄다.
③ 우리는 원두막을 하루 만에 지었다.
④ 나는 시간이 남았기에 그와 걸었다.
⑤ 나는 구호품을 수해 지역에 보냈다.

 보충 자료 서술어의 자릿수

구분	필요한 성분	서술어의 종류	예시
한 자리 서술어	주어	자동사	• 꽃이 (예쁘게) 피었다.
두 자리 서술어	주어, 목적어	타동사	• 철수는 (지금) 책을 (열심히) 읽는다.
	주어, 보어	되다, 아니다	• 나는 공무원이 되었다.
	주어, (필수) 부사어	대칭 서술어*	• (이곳의) 기후는 농사에 적합하다. • 이 책은 저 책과 다르다. • 재욱이는 (우연히) 순이와 마주쳤다.
세 자리 서술어	주어, 목적어, 부사어	주다, 바치다, 가르치다, 얹다, 삼다, 여기다 등	• 할아버지께서 나에게 용돈을 주셨다. • 그는 나를 제자로 삼았다. • 김 노인은 철수를 자식으로 여겼다.

* **대칭 서술어**: 주어나 목적어로 나타나는 대상이 반드시 여럿이어야 하는 서술어를 말한다. 대칭 서술어는 필수 부사어가 필요하기 때문에 두 자리 서술어이다.
  예 같다, 다르다, 만나다, 마주치다, 닮다, 비슷하다, 이별하다 등

08 ㉠~㉣의 밑줄 친 서술어에 대한 설명으로 적절하지 않은 것은?

> ㉠ 팽이가 뱅글뱅글 잘도 돈다.
> ㉡ 아이가 공원에서 친구들과 놀았다.
> ㉢ 큰아버지가 할아버지와 많이 닮았다.
> ㉣ 내가 아이에게 운전을 가르쳤다.

① ㉠: '…가 돌다'의 형식으로 쓰이므로 한 자리 서술어이다.
② ㉡: '…가 …과 놀다'의 형식으로 쓰이므로 두 자리 서술어이다.
③ ㉢: '…가 …와 닮다'의 형식으로 쓰이므로 두 자리 서술어이다.
④ ㉣: '…가 …에게 …을 가르치다'의 형식으로 쓰이므로 세 자리 서술어이다.

09 밑줄 친 단어의 쓰임이 적절하지 않은 것은?

① 조기 한 두름을 사서 옆집과 노나 먹었다.
② 이 북어는 한 축에 얼마예요?
③ 모레 장날에는 고등어라도 한 손 사려고요.
④ 배추를 한 접이나 사서 김치를 담갔다.

10 ㉠이 의미하는 바를 나타낸 한자 성어로 가장 적절한 것은?

> 사람들이 우리 벌을 독한 사람에게 비유하여 말하기를, 입에 꿀이 있고 배에 칼이 있다 하나 우리 입의 꿀은 남을 꾀이려 하는 것이 아니라 우리 양식을 만드는 것이요, 우리 배의 칼은 남을 공연히 쏘거나 찌르는 것이 아니라 남이 나를 해치려 하는 때에 정당방위로 쓰는 칼이요, 사람같이 ㉠입으로는 꿀같이 말을 달게 하고 배에는 칼 같은 마음을 품은 우리가 아니오.
> – 안국선, 〈금수회의록〉

① 兎死狗烹   ② 人之常情   ③ 笑裏藏刀   ④ 護疾忌醫

DAY 14 매일 국어 14회

TIP

정확성을 높이는 것도 중요하지만, 시간 내에 문제를 푸는 것도 시험에서 매우 중요하지. 그러니까 집중해서 문제를 푼 뒤에 '내가 어디에서 시간을 많이 썼는가'를 생각해 보는 것도 필요해. 제시문 분석을 잘 못했다면 제시문 분석 훈련을 더 하고, 선택지 이해가 어려웠다면 선택지 구성 원리를 다시 익혀 보는 거지. 읽은 부분을 계속 봤다면 집중력이 부족한 거니 집중하자! 집중력도 실력이다!

01 다음 글에 대한 이해로 적절하지 않은 것은?

　한국, 중국 등 동아시아 사회에서 오랫동안 유지되었던 과거제는 세습적 권리와 무관하게 능력주의적인 시험을 통해 관료를 선발하는 제도라는 점에서 합리성을 갖추고 있었다. 정부의 관직을 두고 정기적으로 시행되는 공개 시험인 과거제가 도입되어, 높은 지위를 얻기 위해서는 신분이나 추천보다 시험 성적이 더욱 중요해졌다.
　명확하고 합리적인 기준에 따른 관료 선발 제도라는 공정성을 바탕으로 과거제는 보다 많은 사람들에게 사회적 지위 획득의 기회를 줌으로써 개방성을 제고하여 사회적 유동성 역시 증대시켰다. 응시 자격에 일부 제한이 있었다 하더라도, 비교적 공정한 제도였음은 부정하기 어렵다.
　과거제는 여러 가지 사회적 효과를 가져왔는데, 특히 학습에 강력한 동기를 제공함으로써 교육의 확대와 지식의 보급에 크게 기여했다. 또한 최종 단계까지 통과하지 못한 사람들에게도 국가가 여러 특권을 부여하고 그들이 지방 사회에 기여하도록 하여 경쟁적 선발 제도가 가져올 수 있는 부작용을 완화하고자 노력했다.
　동아시아에서 과거제가 천 년이 넘게 시행된 것은 과거제의 합리성이 사회적 안정에 기여했음을 보여 준다. 과거제는 왕조의 교체와 같은 변화에도 불구하고 동질적인 엘리트층의 연속성을 가져왔다. 그리고 이러한 연속성은 관료 선발 과정뿐 아니라 관료제에 기초한 통치의 안정성에도 기여했다.
　과거제를 장기간 유지한 것은 세계적으로 드문 현상이었다. 과거제에 대한 정보는 선교사들을 통해 유럽에 전해져 많은 관심을 불러일으켰다. 일군의 유럽 계몽사상가들은 학자의 지식이 귀족의 세습적 지위보다 우위에 있는 체제를 정치적인 합리성을 갖춘 것으로 보았다. 이러한 관심은 사상적 동향뿐 아니라 실질적인 사회 제도에까지 영향을 미쳐서, 관료 선발에 시험을 통한 경쟁이 도입되기도 했다.

① 유럽에서는 동아시아 과거제의 영향을 받아 시험을 통한 관료 선발 제도를 도입하였다.
② 과거제는 명확하고 합리적인 기준에 따른 관료 선발 제도로서 신분이 아니라 능력을 평가의 기준으로 삼았다.
③ 동아시아에서 과거제는 사회적 안정, 동질적인 엘리트층의 연속성, 관료제에 기초한 통치의 안정성에 기여했다.
④ 과거에서 최종 단계까지 통과하지 못한 사람들과 달리 최종 단계를 통과한 사람들은 통치에 참여할 능력을 갖춘 지식인 집단이 되었다.

02 다음 글의 내용과 부합하는 것은?

과학자와 심리학자는 남자와 여자의 발달에는 차이가 있고, 여자의 언어 능력 발달이, 특히 읽기와 쓰기에서는 일반적으로 1년에서 1년 반 정도 남자보다 앞선다는 것을 오래전부터 알고 있었다. 10대 자녀를 둔 부모라면 이 말에 고개를 끄덕일지도 모르겠다. 하지만 이런 차이가 발달 속도의 차이만으로 결정되진 않는다는 사실은 아마 잘 모를 것이다. 여자 청소년의 뇌와 남자 청소년의 뇌에는 실제로 해부학적, 생리적 차이가 있기 때문이다.

남자와 여자의 뇌 구조 차이는 대부분 아주 작고, 남성과 여성의 평균 신체 크기 차이와 상관이 있을 뿐이다. 다른 차이들은 특정한 장점이나 단점과 관련되어 있지 않다. 예를 들어 성인 남성의 뇌는 여성의 뇌보다 평균 6~10% 정도 크지만, 하버드 대학교 연구자들의 자료에 따르면 여성의 뇌가 양쪽 반구 사이의 연결성이 더 높다고 한다. 이런 차이가 아동기에는 훨씬 더 과장될 수 있다. 이때는 같은 연령의 남자아이와 여자아이라고 해도 성장 곡선의 기울기가 가파른 영역에서는 뇌 부피의 차이가 무려 50%나 날 수 있다. 따라서 적어도 남성과 여성에 대해 얘기할 때만큼은 해부학적 차이만을 가지고 뇌 기능에 대한 어떤 결론을 내리는 것은 불가능하고, 사실 어리석은 일이다.

① 뇌의 크기보다 양쪽 반구 사이의 연결성이 신체 크기 차이에 더 큰 영향을 미친다.
② 여자의 언어 능력 발달이 남자보다 앞서는 현상은 뇌의 해부학적 차이 때문에 발생한다.
③ 아동기와 청소년기를 지나 성인이 될수록 여자 뇌와 남자 뇌의 해부학적 차이의 격차는 더 커진다.
④ 남자와 여자의 발달 차이를 이해하기 위해서는 발달 속도의 차이와 뇌의 해부학적 차이 외의 요소를 고려해야 한다.

03 다음 글을 통해 알 수 있는 내용으로 가장 적절한 것은?

> 보험은 조건의 실현 여부에 따라 받을 수 있는 재화나 서비스가 달라지는 조건부 상품이다. 위험 공동체의 구성원이 납부하는 보험료와 지급받는 보험금은 그 위험 공동체의 사고 발생 확률을 근거로 산정된다. 특정 사고가 발생할 확률은 정확히 알 수 없지만 그동안 발생된 사고를 바탕으로 그 확률을 예측한다면 관찰 대상이 많아짐에 따라 실제 사고 발생 확률에 근접하게 된다. 본래 보험 가입의 목적은 금전적 이득을 취하는 데 있는 것이 아니라 장래의 경제적 손실을 보상받는 데 있으므로 위험 공동체의 구성원은 자신이 속한 위험 공동체의 위험에 상응하는 보험료를 납부하는 것이 공정할 것이다.
>
> 따라서 공정한 보험에서는 구성원 각자가 납부하는 보험료와 그가 지급받을 보험금에 대한 기댓값이 일치해야 하며 구성원 전체의 보험료 총액과 보험금 총액이 일치해야 한다. 이때 보험금에 대한 기댓값은 사고가 발생할 확률에 사고 발생 시 수령할 보험금을 곱한 값이다. 보험금에 대한 보험료의 비율(보험료/보험금)을 보험료율이라 하는데, 보험료율이 사고 발생 확률보다 높으면 구성원 전체의 보험료 총액이 보험금 총액보다 더 많고, 그 반대의 경우에는 구성원 전체의 보험료 총액이 보험금 총액보다 더 적게 된다. 따라서 공정한 보험에서는 보험료율과 사고 발생 확률이 같아야 한다.
>
> 그런데 보험 가입자들이 자신이 가진 위험의 정도에 대해 진실한 정보를 알려 주지 않는 한, 보험사는 보험 가입자 개개인이 가진 위험의 정도를 정확히 파악하여 거기에 상응하는 보험료를 책정하기 어렵다. 이러한 문제는 정보의 비대칭성에서 비롯되는데 보험 가입자의 위험 정도에 대한 정보는 보험 가입자가 보험사보다 더 많이 갖고 있기 때문이다. 이를 해결하기 위해 보험사는 보험 가입자의 감춰진 특성을 파악할 수 있는 수단이 필요하다.

① 보험금은 조건의 실현 여부와 관계없이 그 위험 공동체의 사고 발생 확률을 근거로 산정된다.
② 공정한 보험에서는, 구성원이 납부하는 보험료와 지급받을 보험금에 대한 기댓값은 다르더라도 구성원의 보험료율과 사고 발생 확률은 같아야 한다.
③ 보험료율보다 사고 발생 확률이 높으면 구성원 전체의 보험료 총액보다 보험금 총액이 더 적게 된다.
④ 보험사가 보험 가입자의 위험 정도에 맞는 보험료를 책정하기 어려운 이유는 보험사와 가입자가 가진 정보량의 불균형에서 비롯된다.

04 다음 글에 대한 이해로 적절하지 않은 것은?

> 인터넷에 연결된 컴퓨터들이 서로를 식별하고 통신하기 위해서 각 컴퓨터들은 IP(인터넷 프로토콜)에 따라 만들어지는 고유 IP 주소를 가져야 한다. 프로토콜은 컴퓨터들이 연결되어 서로 데이터를 주고받기 위해 사용하는 통신 규약으로 소프트웨어나 하드웨어로 구현된다. 현재 주로 사용하는 IP 주소는 '***.126.63.1'처럼 점으로 구분된 4개의 필드에 숫자를 사용하여 나타낸다. 이 주소를 중복 지정하거나 임의로 지정해서는 안 되고 공인 IP 주소를 부여받아야 한다.
>
> 공인 IP 주소에는 동일한 번호를 지속적으로 사용하는 고정 IP 주소와 번호가 변경되기도 하는 유동 IP 주소가 있다. 유동 IP 주소는 DHCP라는 프로토콜에 의해 부여된다. DHCP는 IP 주소가 필요한 컴퓨터의 요청을 받아 주소를 할당해 주고, 컴퓨터가 IP 주소를 사용하지 않으면 주소를 반환받아 다른 컴퓨터가 그 주소를 사용할 수 있도록 해 준다.
>
> 인터넷은 공인 IP 주소를 기반으로 동작하지만 우리가 인터넷을 사용할 때는 IP 주소 대신 사용하기 쉽게 'www.***.***' 등과 같이 문자로 이루어진 도메인 네임을 이용한다. 따라서 도메인 네임을 IP 주소로 변환해 주는 DNS(도메인 네임 시스템)가 필요하며 DNS를 운영하는 장치를 네임 서버라고 한다. 컴퓨터에는 네임 서버의 IP 주소가 기록되어 있어야 하는데, 유동 IP 주소를 할당받는 컴퓨터에는 IP 주소를 받을 때 네임 서버의 IP 주소가 자동으로 기록되지만, 고정 IP 주소를 사용하는 컴퓨터에는 사용자가 네임 서버의 IP 주소를 직접 기록해 놓아야 한다.

① 공인 IP 주소에는 고정 IP 주소와 유동 IP 주소가 있으며, 이 둘은 중복 지정될 수 없다.
② DHCP를 이용하는 컴퓨터에는 네임 서버의 IP 주소를 사용자가 직접 기록해야 한다.
③ DNS는 문자로 구성된 도메인 네임을 숫자로 구성된 IP 주소로 변환시키는 기능을 한다.
④ DHCP를 이용하는 컴퓨터는 IP 주소를 요청해야 IP 주소를 부여받을 수 있다.

05 다음 글에 대한 반응으로 적절하지 못한 것은?

> 　그런 까닭에 글 짓는 자는 그 근심이 항상 스스로 갈 길을 잃고 요령을 얻지 못하는 데 있다. 무릇 갈 길이 분명치 않으면 한 글자도 내려쓰기가 어려울 뿐 아니라 항상 더디고 껄끄러움을 고민하게 되고, 요령을 얻지 못하면 두루 얽어매기를 아무리 튼튼히 해도 오히려 허술함을 근심하게 된다. 비유하자면 음릉(陰陵)에서 길을 잃자 명마인 오추마(烏騅馬)도 달리지 못하고, 강거(剛車)가 겹겹이 포위했지만 육라(六騾)가 도망가 버린 것과 같다. 진실로 한마디 말로 정곡을 찌르기를 눈 오는 밤에 채주(蔡州)에 쳐들어가듯이, 한마디 말로 핵심을 뽑아내기를 세 번 북을 울려 관문을 빼앗듯이 할 수 있어야 하니, 글을 짓는 방도가 이 정도는 되어야 지극하다 할 것이다.
>
> 　　　　　　　　　　　　　　　　　　　- 박지원, 〈소단적치인〉

① 글을 잘 짓는 것을 전쟁에서 이기는 것에 비유하고 있군.
② 글쓴이는 정곡을 찔러 쓴 간결하고 명료한 글을 높이 평가하겠군.
③ 글을 쓸 때의 잘못된 태도를 풍자하고 그 해결 방안을 암시하고 있군.
④ 중국 고사를 인용해 글쓰기의 방향을 놓쳐 글을 쓰지 못하는 상태를 비유하고 있군.

06 다음 글에 대한 설명으로 옳지 않은 것은?

내 조카 **허친**이 집을 짓고서는 통곡헌(慟哭軒)이란 이름의 편액을 내다 걸었다. [중략] 그 사연을 듣고서 나는 조카를 비웃은 많은 사람들을 준엄하게 꾸짖었다.

"곡하는 것에도 도(道)가 있다. 인간의 일곱 가지 정[七情] 가운데 슬픔보다 감동을 일으키기 쉬운 것은 없다. 슬픔에 이르면 반드시 곡을 하기 마련인데, 그 슬픔을 자아내는 사연도 복잡다단하다. 그렇기 때문에 시사(時事)가 어떻게 해 볼 도리가 없이 진행되는 것을 가슴 아프게 생각하여 통곡한 가의(賈誼)*가 있었고, [중략] 좋은 시대와 좋은 운명을 만나지 못해 스스로 인간 세상 밖에 버려진 신세가 되어, 통곡하는 행위로써 자신의 뜻을 드러내 보인 당구(唐衢)*가 있었다. 저 여러 군자들은 모두가 깊은 생각이 있어서 통곡했을 뿐, 이별에 마음이 상해서나 남에게 굴욕을 느껴 가슴을 부여안은 채, 아녀자가 하는 통곡을 좀스럽게 흉내 내지 않았다.

저 여러 군자들이 처한 시대와 비교할 때, 오늘날은 훨씬 더 말세에 가깝다. 국가의 일은 날이 갈수록 그릇되어 가고, 선비의 행실은 날이 갈수록 허위에 젖어 들며, 친구들끼리 등을 돌리고 저만의 이익을 추구하는 배신행위는 길이 갈라져 분리됨보다 훨씬 심하다. 또 현명한 선비들이 곤액(困厄)을 당하는 상황이 막다른 길에 봉착한 처지보다 심하다. 그러므로 모두들 인간 세상 밖으로 숨어 버리려는 계획을 짜낸다. 만약 저 여러 군자들이 이 시대를 직접 본다면 어떠한 생각을 품을지 모르겠다. 아무래도 통곡할 겨를도 없이, 모두들 팽함(彭咸)*이나 굴원(屈原)*이 그랬듯 바위를 가슴에 안고 물에 몸을 던지려 하지나 않을까?

허친이, 통곡한다는 이름의 편액을 내건 까닭이 여기에 있을 것이다. 그러니 너희들은 통곡이란 편액을 비웃지 않는 게 좋을 것이다."

— 허균, 〈통곡헌 기〉

* 가의, 당구, 팽함, 굴원: 중국 고사 속 인물들

① '나'는 통곡하는 행위가 사람의 마음을 움직일 수 있다고 보았다.
② 불의한 현실을 바로잡을 해법으로 통곡을 제시하려는 '나'의 의지를 엿볼 수 있다.
③ '저 여러 군자들'의 통곡에는 우국지정(憂國之情)의 뜻이 내포되어 있다.
④ '허친'의 행위를 옹호하는 말에서 당시 시대 상황에 대한 '나'의 비판적 인식이 드러난다.

07 띄어쓰기가 바른 문장은?

① 그∨사람은∨고마워하기는커녕∨알은체도∨않더라.
② 지난∨주에∨본∨시험은∨문제가∨조금∨쉬운듯했다.
③ 오늘따라∨방∨안이∨굴∨속같이∨답답하게∨느껴졌다.
④ 오늘부터∨얼마∨간은∨그가∨집에∨빨리∨오면∨좋을텐데.

보충 자료 주요 기출 한 단어

한 단어	비고
그중, 그동안, 그만큼	그∨밖
굴속, 꿈속, 마음속, 물속, 산속, 숲속	동굴∨속
창밖, 문밖	집∨밖, 대문∨밖
이것, 그것, 저것, 아무것, 보잘것없다	
알은체/알은척, 알은체하다/알은척하다	아는∨체하다
부부간, 동기간, 형제간, 얼마간, 다년간	부모∨자식∨간
한밤중, 은연중, 무의식중, 부재중, 무심중	공사∨중
갖은것, 갖은양념	갖은∨고생
외딴길, 외딴섬, 외딴집	외딴∨마을
동녘, 들녘, 새벽녘, 저물녘	해∨질∨녘, 동틀∨녘, 황혼∨녘
지난주, 지난밤, 지난봄	지난∨계절
가나다순, 우리나라, 난생처음, 볼일, 별일	
쓸데없다(쓸데없이), 관계없다(관계없이), 속절없다(속절없이), 어이없다, 하잘것없다	이유∨없다, 정처∨없다
알아보다, 알아주다, 도와주다(도와드리다), 놀아나다	
찾아보다, 찾아오다, 걸어오다	
한잔하다, 재조정하다, 도외시하다, 함께하다	
잘되다, 잃어버리다, 이루어지다, 오래되다, 그만두다	
안절부절못하다, 마지못하다	
너나없이, 보아하니, 쏜살같이	정처∨없이
맞은편, 한쪽, 얽히고설키다	여러∨가지

08 밑줄 친 부분의 띄어쓰기가 모두 옳지 않은 것은?

① 그녀는 제 할 일도 제대로 못ˇ하면서 늘 큰소리만 쳤다.
② 이말ˇ저말 할 것 없이 길고 짧은 것은 한ˇ번 대보면 알 수 있겠지.
③ 이제 너와 나는 기쁨ˇ뿐만 아니라 고통까지도 함께ˇ해야만 한다.
④ 그냥 모르는 척 살ˇ만도한데 안색이 안돼 보여서 보약을 지어 보냈다.

09 속담의 뜻풀이가 잘못된 것은?

① 말은 해야 맛이고 고기는 씹어야 맛이다: 마땅히 할 말은 해야 함.
② 가난한 집 제사 돌아오듯: 하기 싫은 일을 마지못하여 기운 없이 함.
③ 칠팔월 수숫잎: 성품이 약하여 마음을 잡지 못하고 번복하기를 잘하는 사람
④ 노루 때린 막대기 세 번이나 국 끓여 먹는다: 보잘것없는 것을 두고두고 되풀이하여 이용함.

10 같은 의미의 '문' 자가 사용된 한자 성어가 아닌 것은?

① 우<u>문</u>현답 ② 전대미<u>문</u> ③ <u>문</u>일지십 ④ 조<u>문</u>석사

DAY 15 매일 국어 15회

TIP

조건에 맞게 쓰기는 조건을 잘 살펴보고, 모든 조건을 빠짐없이 충족한 선택지를 골라야 하는 문제 유형이야. 크게 어렵지 않아서 정답률이 높은 편이지. 여러 개의 조건이 한 문장으로 주어지는 경우도 있으니, 주의하자.

01 다음 〈조건〉을 모두 만족시키는 표어로 가장 적절한 것은?

― 조건 ―
- 일회용품 사용이 환경에 미치는 영향을 나타낸다.
- 비유와 대구의 표현 방식을 활용한다.

① 쌓여 있는 종이컵이 줄어드는 만큼
   산의 숲은 풍성해지고 있습니다.
② 휴지를 뽑는 데는 1초가 걸리지만,
   나무가 자라는 데는 30년이 걸립니다.
③ 나무는 종이컵 사용으로 죽어 가고 있습니다.
   자연은 나무가 없어 죽어 가고 있습니다.
④ 우리의 무분별한 일회용품 사용으로
   생태계가 신음하고 있습니다.

02 〈조건〉에 맞게 '사투리'에 대한 짧은 글을 쓸 때 가장 적절한 것은?

― 조건 ―
- 사투리의 특성과 사용 효과를 모두 제시할 것
- 은유법과 의인법을 사용할 것

① 사투리는 지역 토질에서 피어난 뿌리 깊은 풀들이다. 사투리에는 그 지역만이 가진 독특한 맛이 풍성하게 녹아 있다.
② 사투리는 산, 들판, 강이 키운 말의 표정이다. 그 표정 속에는 자연의 모습과 사람들의 마음이 그대로 담겨 있다.
③ 사투리는 문화 동질성에서 생겨난 공감 언어이다. 사투리로 몇 마디만 나눠도 서로의 마음까지 다 알아 버린다. 굳이 설명이 필요 없는 말의 눈짓이요 말의 고갯짓이다.
④ 사투리는 교양이나 체면 따위를 생각하지 않고 손을 맞잡으며 환히 웃는 고향 친구처럼 다정스럽다. 어릴 적 사투리로 대화하며 정서적 공감을 느끼고 의기투합할 수 있다.

03 다음을 고려한 보고서 작성 방안으로 적절하지 않은 것은?   2019 지방직 7급

- 주제: 주거지의 관광 명소화에 따른 문제점과 개선 방안
- 목적: 북촌 한옥 마을, 이화 마을 등의 주거 지역에 관광객이 몰리면서 기존 거주민의 쾌적한 주거 환경이 위협받는 문제에 대한 개선 방안을 마련하고자 한다.

① 외국의 유사한 정책 사례를 조사하고 시사점을 도출한다.
② 대상 지역에 주소지를 둔 관광 업체의 경영 실태 및 매출 실적을 분석한다.
③ 전문가 자문 회의와 주민 토론회를 열어 개선 방안에 대한 다양한 의견을 수렴한다.
④ 대상 지역 주민들과의 면담을 통해 피해 사례를 조사하고 일정한 기준에 따라 유형화한다.

[04~06] 다음 글을 읽고 물음에 답하시오.

[앞부분의 줄거리] 방울재 사람들은 장성댐 축조로 고향이 수몰되자 뿔뿔이 흩어진다.

봉구는 푸우 한숨 섞인 담배 연기를 길게 내뿜으며, 멀고 회환에 가득한 눈으로 산자락 모퉁이 옛날 창평 고씨 제각이 있던 편편한 곳에 즐비하게 늘어선 매운탕집 주막들을 바라보았다. 지난봄까지만 해도 선산을 버리고는 죽어도 방울재를 떠나지 않겠다면서 처음부터 집을 뜯어 옮기고 그대로 눌러앉은 박팔만이네를 제하고, 다섯 집밖에 안 되었는데 벌써 열한 집으로 늘어났다.

새로 생긴 방울재 매운탕집들 앞으로는 아카시아 숲이 휘움하게 울타리처럼 둘러쳐져 있고 아카시아 숲 너머로는 호남 고속 도로와 연결되는 좁장한 신작로가 뻗쳐 들어오고, 그 길을 따라 낚시꾼들이 타고 온 자가용 차들이 집 둘레 여기저기에 번쩍번쩍 햇빛을 쪼개어 날렸다. 봉구의 눈에는 모든 것이 슬프고 어쭙잖게만 보였다.

말이 보상금이지, 보상 가격을 책정해 놓고도 일이 년 뒤에야 지불을 받고 보니, 이미 인근 농토 값은 몇 배로 뛰어올라 대토(代土) 잡기에 어려웠고, 도회지로 나가서 살자 해도 전세방을 얻고 나면 자전거 하나 사기도 힘든지라, 아무 짓도 못 하고 솔래솔래 곶감 꼬치 빼먹듯 하다가는 두 손바닥 탈탈 털고 영락없이 알거지가 되고만 집이 어디 한두 사람인가.

봉구 그 자신도 보상금 받아 가지고 읍에 나가서 버스 정류장 옆에 가게를 얻어 쌀집을 냈으나 어찌 된 셈인지 남는 것은 없고 옴니암니 본전만 까먹게 되어 전셋돈이나마 가까스로 건져 다시 방울재로 돌아오지 않았는가.

— 문순태, 〈징 소리〉

04 이 글에 나타난 서술상의 특징이 아닌 것은?

① 배경 묘사를 통해 두 공간을 대조하고 있다.
② 과거에 일어난 사건을 요약하여 전달하고 있다.
③ 행동을 통해 인물의 내면 심리를 드러내고 있다.
④ 상황에 대한 특정 인물의 시각을 통해 이야기를 전개하고 있다.

05 이 글에 대한 이해로 적절하지 않은 것은?

① 방울재 사람들은 마을 수몰로 인한 보상금을 받았다.
② 댐 건설 후에도 방울재를 벗어나지 않은 마을 사람이 존재한다.
③ 방울재를 떠난 사람들은 도시 생활에 적응하는 데 어려움을 겪었다.
④ 방울재에 사는 사람들의 수는 댐 축조로 줄었다가 다시 원래의 수를 회복했다.

06 이 글과 〈보기〉를 비교한 것으로 적절하지 않은 것은?

> 〈보기〉
>
> 고향에 고향에 돌아와도
> 그리던 고향은 아니러뇨.
>
> 산꿩이 알을 품고
> 뻐꾸기 제철에 울건만,
>
> 마음은 제 고향 지니지 않고
> 머언 항구로 떠도는 구름.
>
> 오늘도 뫼 끝에 홀로 오르니
> 흰 점 꽃이 인정스레 웃고,
>
> 어린 시절에 불던 풀피리 소리 아니 나고
> 메마른 입술에 쓰디쓰다.
>
> 고향에 고향에 돌아와도
> 그리던 하늘만이 높푸르구나.
>
> ― 정지용, 〈고향〉

① 이 글과 〈보기〉는 모두 고향 상실의 아픔을 주제 의식으로 한다.
② 이 글의 '봉구'와 〈보기〉의 화자는 모두 고향을 떠난 경험이 있다.
③ 이 글의 '방울재'와 달리 〈보기〉의 '고향'은 변함없는 정경을 간직한 곳이다.
④ 이 글의 '봉구'와 〈보기〉의 화자는 모두 고향에 가지 못하는 안타까운 심정을 표현하고 있다.

07 밑줄 친 부분의 표기가 어법에 모두 맞는 것은?

① 그는 자신의 행동이 멋적은지 뒷머리를 긁적이며 웃어 보였다.
② 오늘 정말 즐거웠어요. 다음 달 나흗날에 또 봬요.
③ 명중율이 가장 높은 사격수에게는 포상이 있다고 하니 내가 한번 도전해 볼께.
④ 그 사람은 마당에 돗자리를 펴 놓고 아이들과 함께 법썩을 피우며 놀고 있다.

 보충 자료 | 주의해야 할 표기 법칙

1. 'ㄱ, ㅂ' 받침 뒤에는 된소리 표기를 쓰지 않는다. 단, 같은 음절이나 비슷한 음절이 겹쳐 나는 경우는 예외이다.
    예 • 깍두기, 싹둑싹둑, 법석, 욱신거리다 등
        • 똑딱똑딱, 딱따구리, 짭짤하다, 씁쓸하다 등

2. 받침 'ㄹ' 소리가 'ㄷ' 소리로 나는 것은 'ㄷ'으로 적는다.
    예 반짇고리(바느질~), 사흗날(사흘~), 삼짇날(삼질~)

3. 의문을 나타내는 다음 어미들은 된소리로 적고, 의문을 나타내지 않으면 예사소리로 적는다.
    예 • 할까?, 할꼬?, 합니까?, 하리까?, 할쏘냐?
        • 할게, 할걸, 할지라도

4. '적다[少]'의 뜻이 유지되고 있는 합성어는 '적다'로 적고, 그 뜻이 없으면 '쩍다'로 적는다.
    예 맛적다 / 맥쩍다, 멋쩍다, 겸연쩍다, 객쩍다

08 다음 〈한글 맞춤법〉 규정에 근거할 때 옳지 않은 것은?

> 제5항 한 단어 안에서 뚜렷한 까닭 없이 나는 된소리는 다음 음절의 첫소리를 된소리로 적는다.
> 　1. 두 모음 사이에서 나는 된소리 ··· ㉠
> 　2. 'ㄴ, ㄹ, ㅁ, ㅇ' 받침 뒤에서 나는 된소리 ····························· ㉡
> 다만, 'ㄱ, ㅂ' 받침 뒤에서 나는 된소리는, 같은 음절이나 비슷한 음절이 겹쳐 나는 경우가 아니면 된소리로 적지 아니한다. ·· ㉢
>
> 제13항 한 단어 안에서 같은 음절이나 비슷한 음절이 겹쳐 나는 부분은 같은 글자로 적는다. ··· ㉣

① ㉠에 따라 '눈곱'은 '눈꼽'으로 적는다.
② ㉡에 따라 '훨신'은 '훨씬'으로 적는다.
③ ㉢에 따라 '싹뚝'은 '싹둑'으로 적는다.
④ ㉣에 따라 '짭잘하다'는 '짭짤하다'로 적는다.

TIP

한자가 없는데 왜 한자 문제인지 의아하지? 최근 들어 이런 식으로 한자어를 우리말로 바꾸거나 우리말을 적절한 한자어로 바꾸는 문제가 출제되고 있어. 문제에 한자는 없더라도 한자어의 뜻을 알아야 문제를 풀 수 있으니까 한자 어휘 학습량을 조금씩 늘려가 보자.

09 ㉠~㉣과 바꾸어 쓸 수 있는 유사한 표현으로 적절하지 않은 것은?

- 그래 다른 건 ㉠차치하고 이 문제부터 해결하는 건 어떨까?
- 그는 언제나 이론을 현실과 ㉡결부하여 검토한다.
- 나라마다 경쟁력을 높이는 데 국력을 ㉢경주하고 있다.
- 그 문제는 한 번 더 ㉣재고하기로 합시다.

① ㉠: 내버려 두고
② ㉡: 연관시켜
③ ㉢: 서로 겨루고
④ ㉣: 다시 생각하기로

10 밑줄 친 한자성어의 쓰임이 적절하지 않은 것은?

① 신임 장관은 자신보다 국민을 먼저 생각하는 <u>先憂後樂</u>의 자세로 공직을 임하겠다고 했다.
② 그는 피나는 노력의 결과 기타 연주 실력이 <u>刮目相對</u>하였다.
③ 그와 나는 생사를 같이할 만큼 가까운 <u>刎頸之交</u>를 맺은 사이이다.
④ <u>黍離之歎</u>이라고 아무런 준비가 없다가 상황이 닥치고서야 서두르는 건 소용이 없어.

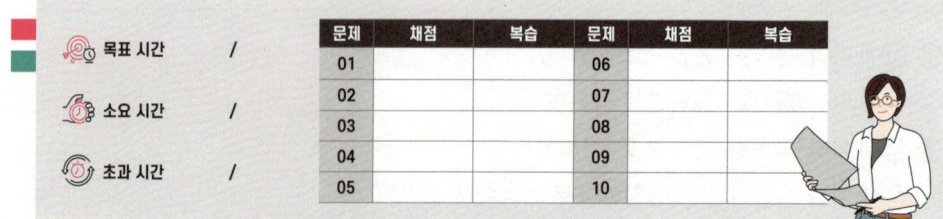

선재국어

공무원 국어의 독보적 기준
선재국어가 제시하는 매일 학습 전략!

WEEK 4

공무원 국어의 독보적 기준
선재국어가 제시하는 매일 학습 전략!

| 매일 국어 16 | DAY 16 | 진술 방식이나 전개 방식 파악하기 & 독자의 반응 추리하기 | 한림 제유, 〈한림별곡〉 | 고전 문법 |

| 매일 국어 17 | DAY 17 | 말하기의 종류와 원리 & 말하기 방식 | 작가 미상, 〈봉산 탈춤〉 | 〈로마자 표기법〉 |

| 매일 국어 18 | DAY 18 | 복합 문제의 이해 | 김기택, 〈멸치〉
안도현, 〈간격〉
황지우, 〈새들도 세상을 뜨는구나〉 | 〈문장 부호론〉 |

| 매일 국어 19~20 | DAY 19~20 | 매일 국어 실력 확인 모의고사 |

DAY 16 매일 국어 16회

01 다음 글에 나타난 전개 방식이 아닌 것은?

> 서울의 동숭동 대학로에는 차분한 벽돌 건물들이 복잡하고 삭막한 도심 속에서 외따로 떨어진 중세 어느 마을 같은 분위기를 형성하고 있다. 벽돌과 벽돌 사이의 시멘트 줄눈은 빛을 받으면서 그림자를 만들고 벽돌들이 '하나하나 쌓으면서 이루어졌음.'을 확연히 보여 준다. 이 건물들을 볼 때 느낄 수 있는 특징은 우선 재료를 잡다하게 사용하지 않았다는 점이다. 건물의 크기를 떠나서, 창문의 유리를 제외하고는 건물의 외부가 모두 한 가지 재료로 덮여 있다. 솜씨가 무르익지 않은 요리사는 되는 대로 이런저런 재료와 양념을 쏟아붓는다. 하지만 훌륭한 요리사는 적은 재료로도 범상한 요리사보다 뛰어난 요리를 만들어 낸다. 재료 사용의 절제는 건축가들이 원칙적으로 동의하면서도 막상 구현하기는 어려운 덕목이다.

① 아름드리나무가 울창한 좁다란 골목길을 따라 내려가면 이중섭 미술관 3층 옥상에 도착한다. 섶섬과 서귀포항이 눈앞에 있다. 해안가는 조그만 공원으로 꾸며져 작가들의 숨결이 느껴지는 예술과 조각 작품들이 곳곳에 전시되어 있다.

② 배는 좌우의 노를 한 방향으로 맞춰야 나간다. 허나 노를 맞춰도 사람들이 한쪽에 몰리면 기울어 물이 찬다. 이에 놀라 반대편으로 몰려가다가는 뒤집어지고 만다. 천지 만물과 인간사 모두 균형이 깨져 중심을 잃으면 병이 나고 죽는 것이 자연의 이치다.

③ 해조류를 양식하면 대기 중 온실가스를 포집해 바다에 가두게 된다. 천연의 탄소 포집·저장 장치다. 세계 5대 갯벌로 평가받는 한국의 갯벌도 그렇다. 한국의 갯벌은 1300만t의 탄소를 저장하고 해마다 자동차 11만대가 배출하는 26만t의 탄소를 흡수한다.

④ 고전주의자들은 이론적으로는 자연을 모방한다고 말해 왔다. 그러나 기술의 진보에 대한 신념을 지니고 있었던 모더니즘 예술가들은 더 이상 자연을 모방의 대상으로 여기지 않고 자연을 정복해야 한다고 생각했다.

보충 자료 1 | 비교와 대조

1. **비교**: 공통되는 성질이나 유사성을 중심으로 설명
   - 예) 르네상스 시대 화가들은 원근법을 이용해 사실적인 그림을 그렸다. 인상주의 화가들도 마찬가지로 사실성을 중시했다.

2. **대조**: 상대되는 성질이나 차이점을 들어 설명
   - 예) 공부는 머리로 하는 행위이고 등산은 몸으로 하는 행위이다.

3. 비교나 대조의 항목은 **동일하거나 비슷한 범주**여야 한다.
   - 예) 연극과 희곡(✕) → 연극과 영화 또는 희곡과 시나리오(○)

02 다음 글의 설명 방식으로 적절한 것은?

우리 사회의 체제는 정치적으로는 민주주의, 경제적으로는 자본주의이다. 하지만 많은 사람들은 이러한 사실을 의식하고 있지 못하는 경우가 많다. 그리고 그들은 자본주의와 민주주의가 인류의 역사만큼이나 오래되었다고 생각한다. 그러나 이 둘의 역사는 그리 길지 않고 이 둘이 결합한 것은 더더욱 최근의 일이다.

그런데 이 두 체제의 결합은 사실 자연스러운 것은 아니다. 레스터 서로는 민주주의와 자본주의는 적절한 권력의 분배에 대해 매우 다른 믿음을 갖고 있다고 보았다. 그에 따르면, 민주주의는 '1인 1표'라는 정치권력의 완전한 분배가 좋다고 믿는 반면, 자본주의는 경제적 비적격자를 몰아내어 경제적으로 멸종시키는 것이 경제적 적격자의 의무라고 믿는다. 그는 '적자생존'과 (구매력상의) 불평등이 자본주의적 효율성의 모든 것이라고 보았다.

그렇다면 본질적으로 어울리기 어려운 정치 체제와 경제 체제가 어떻게 잘 결합하고 상호작용을 하면서 19세기 이후 크게 번영을 이루어 왔을까? 레스터 서로는 민주주의 절차에 의해 선출된 정부가 시장을 가만히 놔두지 않고 더 평등한 소득 분배를 이루는 데 적극적으로 나섰기 때문이라는 설명을 내놓는다. 그는 "역사적으로 시장 경제들은 민주주의와 양립할 수 있을 만큼 충분한 경제적 평등을 창출해 내지 못했기 때문에 모든 민주주의 국가들은 평등을 촉진하고 불평등이 확대되는 것을 막기 위해 시장에 개입하는 것이 필요하다는 것을 알게 되었다."라고 하였다.

실제로 미국에서는 경제적 불평등을 줄이기 위해 오래전부터 여러 가지 조치를 취해 왔다. 누진 소득세는 20세기 초 처음 도입된 이래 계층 간 소득 격차를 줄이는 역할을 해왔다. OECD 국가 중에서 미국은 가장 강력한 누진세 제도를 시행하는 나라 중 하나이다. 미국의 가계 부문에서 걷히는 소득세 총액 중 상위 10% 납세자가 내는 세금의 비중은 45%이다. 또한 1970년대에는 노인과 저소득층 의료 지원 프로그램을 담고 있는 메디케어 메디케이드 제도가 도입되었다. 자본주의는 민주주의의 도움을 받아 파국의 상태로 흘러가지 않고 끊임없이 보완될 수 있었던 것이다.

① 구체적 사례를 들어 주된 논의 대상의 공통점을 부각하고 있다.
② 다양한 질문을 통해 쟁점 사항을 구체화하고 있다.
③ 전문가의 견해를 인용하여 사회적 문제에 대한 해결책을 제시하고 있다.
④ 비교와 대조의 방식으로 논의 대상에 대한 이해를 돕고 있다.

[03~04] 다음 글을 읽고 물음에 답하시오.

가 문명사회와 미개 사회는 본질적으로 어떻게 다른가. 문명사회와 미개 사회 사이의 본질적인 차이는 미메시스(다른 사람의 말이나 몸짓의 모방)가 지향하는 방향이다. 미메시스는 모든 사회생활 속에서 볼 수 있는 일반적인 특징이다. 그러나 문명사회와 미개 사회는 미메시스의 방향이 다르다. 미개 사회에서 미메시스는 연장자와 죽은 조상들에게로 향한다. 이와 같이 미메시스가 과거를 향해 뒤돌아서 있는 사회에서는 습관이 사회를 지배해, 사회는 정적(靜的) 상태에 머무른다. 이와 달리 문명의 과정에 있는 사회에서 미메시스는 창조적 인물에게로 향한다. 이런 사회는 동적인 사회이다.

나 그러나 이 미개 사회와 문명사회의 차이가 항구적이며 근본적인 것은 아니다. 우리가 알고 있는 미개 사회가 모두 정적인 상태에 있는 것은 그들 사회를 단순히 그 역사의 최종 단계만을 놓고 보기 때문이다. 비록 직접 관찰할 수는 없지만 미개 사회의 역사에는 지금까지 문명사회가 움직여 온 것보다 훨씬 동적인 보다 초기의 단계가 틀림없이 있었을 것이다. 앞서 미개 사회는 인류와 같은 정도로 오래된 것이라고 말했는데, 보다 정확하게 말한다면 인류보다도 더욱 오래된 것이라고 해야 할 것이다.

다 미개 사회는 아래에도 절벽이 있고 위에도 절벽이 있는 산중턱의 삐죽 나온 암반 위에 꼼짝도 하지 않고 누워 있는 인간들에 비유할 수 있다. 그리고 문명은 암반 위에서 잠을 자다가 지금 막 일어서서 위쪽의 절벽을 향해 기어오르기 시작하는 사람의 무리에 비유할 수 있다. 한편, 시야가 암반과 그 위의 절벽 아랫부분의 경사면에만 한정되어 있는 우리들 자신은 이 두 그룹이 각각 지금 진술한 것과 같은 자세와 위치를 취하고 있는 순간에 우연히 그 자리에 있던 관찰자에 비유할 수 있다.

라 미개 사회로부터 문명으로 향하는 전환은 정적인 상태로부터 동적인 활동으로의 이행이다. 이는 민중들이 창조력을 상실한 지배적 소수자로부터 이반함으로써 새로운 문명이 출현하는 경우와도 같다. 그러한 지배적 소수자는 분명히 정지해 있다. 성장기 문명의 창조적 소수자가 타락하거나 또는 퇴화하여 해체기 문명의 지배적 소수자가 된다는 것은 그 사회가 동적인 활동으로부터 정적인 상태로 빠져들어 갔다는 의미이다. 함축성이 풍부한 비유적 표현에서 뛰어난 중국 사회의 현인들은 이 교체를 음과 양이라는 말로 표현했다. 중국어의 표현 방법으로는 음양이라고 음 쪽을 항상 먼저 말하는데, 우리가 지금 다루고 있는 문제에 있어서도 우리는 인간이 30만 년 전에 이미 원시적 인간성의 '암반'에 도달한 뒤 문명의 양의 활동을 개시하기까지 전체의 98%에 해당하는 기간을 그 암반 위에서 휴식을 취하고 있었다는 사실을 알 수 있다.

03 ㉮~㉱에 대한 설명으로 적절하지 않은 것은?

① ㉮: 특정한 기준을 중심으로 미개 사회와 문명사회의 특징을 설명하고 있다.
② ㉯: 통념을 비판하며 미개 사회와 문명사회의 특징을 서로 뒤바꿔 제시하고 있다.
③ ㉰: 비유적 표현을 통해 미개 사회와 문명사회의 특징에 대한 이해를 심화하고 있다.
④ ㉱: 앞서 설명한 미개 사회와 문명사회의 특징을 종합하여 결론을 내리고 있다.

04 이 글을 읽은 독자의 반응으로 적절하지 않은 것은?

① '절벽'은 미개 사회가 문명사회로 전환되기 위해 거쳐야 하는 관문으로 볼 수 있겠군.
② '암반 위에 누워 있는 인간들'은 동적인 활동을 한 뒤 정적인 상태로 빠져든 것이겠군.
③ '절벽을 향해 기어오르는 사람들'은 창조력을 상실한 지배적 소수자로부터 이반한 민중들을 의미하겠군.
④ 중국 사회의 현인들은 '암반' 위에서 쉬는 것은 '양'이고, '절벽' 위로 올라가는 것은 '음'이라고 말하겠군.

[05~06] 다음 시를 읽고 물음에 답하시오.

> 唐漢書 莊老子 韓柳文集
> 당한셔 장로즈 한류문집
> 李杜集 蘭臺集 白樂天集
> 니두집 난디집 빅락텬집
> 毛詩尙書 周易春秋 周戴禮記
> 모시상셔 주역츈츄 주디례긔
> 위 註조쳐 내 외온 景 긔 엇더ᄒ니잇고.
>   주   경
> (葉) 大平廣記 四百餘卷 大平廣記 四百餘卷
> 엽 대평광긔 수빅여권 대평광긔 수빅여권
> 위 歷覽ㅅ 景 긔 엇더ᄒ니잇고
>   력남   경
>
> – 한림 제유, 〈한림별곡〉

05 이 시에 대한 설명으로 옳은 것은? 2019 국회직 9급

① 사대부 계층의 소박한 생활 감정이 드러나고 있다.
② 나열의 방식으로 강호가도를 구현하고 있다.
③ 시적 화자의 능력을 예찬의 대상으로 삼고 있다.
④ 시적 대상을 시간의 흐름에 따라 묘사하고 있다.
⑤ 묻고 답하는 형식을 통해 주제를 강조하고 있다.

06 이 시와 〈보기〉에 대한 설명으로 바르지 않은 것은?

> 〈보기〉
> 청산(靑山)은 엇뎨ᄒ야 만고(萬古)애 프르르며,
> 유수(流水)는 엇뎨ᄒ야 주야(晝夜)애 긋디 아니ᄂᆞᆫ고.
> 우리도 그치디 말아 만고상청(萬古常靑) 호리라.
>   제11수
>   – 이황, 〈도산십이곡〉

① 이 시와 〈보기〉 모두 학문 정진에의 의지가 드러나고 있다.
② 이 시와 〈보기〉 모두 설의적 표현으로 주제를 강조하고 있다.
③ 이 시는 열거법을, 〈보기〉는 대구법을 활용하고 있다.
④ 이 시와 〈보기〉 모두 반복법을 활용하고 있다.

07 다음 글에 대한 설명으로 옳지 않은 것은?

> 나·랏:말쏘·미 中듕國·귁㉠·에 달·아
> 文문字쭝 ㉡·와·로 서르 스뭇·디 아·니홀·씨,
> ·이런 젼·츠·로 어·린 百·빅姓·셩·이
> 니르·고·져 ·홇 ·배이·셔·도
> 무·춤:내 제 ·뜨·들 시·러 펴·디 :몯훓 ·노·미 하·니·라.
> ·내 ·이·를 爲·윙·호·야 ㉢:어엿·비 너·겨
> ·새·로 ·스·믈여·듧字·쭝·를 밍·7노·니,
> :사름:마·다 :히·여 :수·빙 니·겨
> ·날·로 ·뿌·메 便뼌安한·킈 호·고·져 훓 뜨로·미니·라.
>
> — 《훈민정음언해본》

① 세종 대왕의 서문으로, 훈민정음 창제의 취지와 창제한 문자의 수를 알 수 있다.
② 소리 나는 대로 이어 적은 표음주의 표기를 살펴볼 수 있다.
③ ㉠은 처소를 뜻하는 부사격 조사로, ㉡은 주격 조사로 쓰였다.
④ ㉢은 '불쌍하다'에서 '예쁘다'로 의미의 이동을 보여 주는 단어이다.

보충 자료 2	중세 국어의 조사
주격 조사	① ㅣ: 'ㅣ' 모음 이외의 모음으로 끝난 체언 뒤 예 부텨+ㅣ → 부톄 / 孔子ㅣ ② 이: 자음으로 끝난 체언 뒤 예 사룸+이 → 사루미 ③ ∅: 'ㅣ' 모음으로 끝난 체언 뒤 예 불휘+∅ → 불휘(뿌리가)
관형격 조사	① ㅅ: 무정 명사나 유정 명사(높임) 뒤 예 나랏 말씀 ② 인: 양성 모음 뒤, 유정 명사(예사) 뒤 예 무뤼 좀(말의 향기) ③ 의: 음성 모음 뒤, 유정 명사(예사) 뒤 예 崔九의 집
부사격 조사	① 애/에/예: 양성 모음 뒤에는 '애', 음성 모음 뒤에는 '에', 'ㅣ' 모음 뒤에는 '예'를 씀. 예 바루래(바다에) / 九泉에(구천에) / 비예(배에) ② 비교 부사격 조사: 에/애, 이, 도곤/두곤, 라와 예 나랏 말쑴미 中國에 달아 / 古聖이 同符호시니 / 호박도곤 더 곱더라 / 널라와 시름 한 나도 우니노라

08 ㉠~㉣ 중 조사를 포함하고 있지 않은 것은?   2022 서울시 기술직 2차

> 시미 ㉠기픈 ㉡므른 ㉢ᄀᆞᄆᆞ래 아니 그츨씨 ㉣내히 이러 바ᄅᆞ래 가ᄂᆞ니

① ㉠: 기픈   ② ㉡: 므른   ③ ㉢: ᄀᆞᄆᆞ래   ④ ㉣: 내히

09 ㉠~㉢에 들어갈 한자를 올바르게 나열한 것은?

- 국민들은 여야가 (㉠)하여 민생 법안을 졸속으로 처리한 것에 분노하고 있다.
- 일부 공무원들은 불법 영업을 (㉡)해 주는 대가로 뇌물을 받았다.
- 무분별한 개발로 자연이 많이 (㉢)되고 있다.

	㉠	㉡	㉢		㉠	㉡	㉢
①	野合	誤認	消滅	②	野合	默認	毁損
③	競合	誤認	毁損	④	競合	默認	消滅

10 ㉠의 상황을 표현한 한자 성어로 가장 거리가 먼 것은?

> 재산이 어디 집 터전인들 있을 턱이 있나요. ㉠서발 막대 내저어야 짚 검불 하나 걸리는 것 없는 철빈(鐵貧)인데.
> 우리 아주머니가, 그래도 그 아주머니가 어질고 얌전해서 그 알뜰한 남편 양반 받드느라 삯바느질이야, 남의 집 품 빨래야, 화장품 장사야, 그 칙살스러운 벌이를 해다가 겨우겨우 목구멍에 풀칠을 하지요.
>
> — 채만식, 〈치숙〉

① 九折羊腸   ② 釜中生魚   ③ 三旬九食   ④ 赤貧如洗

DAY 17 매일 국어 17회

01 〈보기 1〉을 참고로 할 때, 〈보기 2〉의 대화에 대한 설명으로 가장 적절한 것은?

―― 보기 1 ――

대화에서 협력의 원리를 지키기 위한 격률에는 네 가지가 있다. '양의 격률'이란 대화의 목적에 지나치거나 부족하지 않게 필요한 양만큼 정보를 제공하라는 것이며, '질의 격률'이란 진실한 정보만을 제공하도록 노력하고 근거가 불충분한 것은 말하지 말라는 것이다. '관련성의 격률'이란 대화와 관련된 목적이나 주제에 맞게 말하라는 것이며, '태도의 격률'이란 모호하거나 중의적인 표현을 피하고 간결하고 조리 있게 말하되 언어 예절을 지키라는 것이다.

―― 보기 2 ――

훈민: 오늘 밤 민재 생일 파티에 누가 오지?
정음: 철수랑 영희, 소연이.
훈민: 소연이는 일이 있어 못 온다고 하던데?
정음: 아, 그렇구나. 그런데 생일 선물은 뭐로 할 거야?
훈민: 와인을 선물하려고. ○○ 마트 와인이 진짜 싸거든. 너는 무슨 선물 줄 건데?
정음: 글쎄, 이것저것 생각나는 건 많은데…….
훈민: 어제 민재가 제일 갖고 싶다고 말한 걸로 사면 좋을 것 같은데?
정음: 그게 뭐였더라? △△ 캐릭터 휴대폰 케이스?
훈민: 맞아. 민재는 휴대폰 케이스를 갖고 싶어해. 그 케이스는 디자인이 예뻐서 나도 갖고 싶어하는 거야.

① 훈민은 질의 격률을 위반하였다.
② 정음은 관련성의 격률을 위반하였다.
③ 훈민은 양의 격률을 위반하였다.
④ 훈민과 정음은 모두 태도의 격률을 위반하지 않았다.

TIP

화법 영역으로 출제되는 말하기 원리에서 공손성의 원리와 협력의 원리는 반드시! 알고 있어야 해. 《수비니겨 기본서》와 기출문제, 《매일 국어》 등에 나오는 예시를 활용해 말하기 원리에 나오는 다양한 격률의 개념을 이해해 보자.

02 다음 대화를 분석한 내용으로 적절하지 않은 것은?

> 송이: 5월 4일부터 6일까지 연휴네. 시험공부 하느라 힘든데, 우리 다 같이 여행이라도 갈까? 미선아, 네 생각은 어때?
> 미선: 글쎄, 난 너희들 결정에 따를게. 다음 달 시험이 좀 걱정되긴 하지만……
> 재희: 평소에 공부 안 하던 애가 놀자고 하면 제일 그래요. 우리 가족은 작년 여름에 제주도 갔었는데 올 가을에도 갈 예정이야.
> 송이: 자자, 괜히 기분 상할 말은 서로 자제하고. 세영이는 저번부터 여행 한번 가자고 하지 않았니?
> 세영: 대찬성이지. 3일이면 길지는 않으니까 부산 어때? KTX 타고 가서 바다 보고 수다 떨고.
> 미선: 부산 좋다! 국제 시장에서 호떡도 먹고 태종대에서 회도 먹고 밀린 수다도 떨고. 공부는 갔다 와서 열심히 하지 뭐.
> 송이: 그래 맛있는 거 많이 먹고 신나게 놀고 오면 공부도 더 잘 될 거야. 구체적으로 계획을 짜 보는 거 어때? 재희 너도 괜찮지? 네가 빠지면 안 되지!

① 미선은 의사소통 과정에 참여하는 태도가 적극적으로 바뀌고 있다.
② 재희는 상대방의 생각을 수용하지 않고 맥락에 벗어난 말을 하고 있다.
③ 송이는 다른 참여자를 배려하면서 의사소통 상황에서 주도적인 역할을 하고 있다.
④ 세영은 의견을 제시하면서 참여자 간 갈등 해소를 위해 적극적으로 노력하고 있다.

03 〈보기 1〉을 근거로 하여 〈보기 2〉의 대화를 평가한 것으로 가장 적절한 것은?

/ 보기 1 /

대화의 원리 중 공손성의 원리는 상대방에게 정중하지 않은 표현은 최소화하고 정중한 표현은 최대화하라는 것이다. 공손성의 원리에는 다섯 가지의 격률이 있다. 첫째, 상대방에게 부담이 되는 표현은 줄이고, 이익이 되는 표현을 최대화하라는 요령의 격률이다. 둘째, 화자 자신에게 혜택을 주는 표현은 최소화하고 자신에게 부담을 주는 표현을 최대화하라는 관용의 격률이다. 셋째, 다른 사람에 대한 비방은 최소화하고 칭찬은 극대화하라는 찬동의 격률이다. 넷째, 화자 자신에 대한 칭찬은 최소화하고 비방을 극대화하라는 겸양의 격률이다. 다섯째, 자신의 의견과 다른 사람의 의견 사이의 다른 점은 최소화하고, 일치점을 극대화하라는 동의의 격률이다.

/ 보기 2 /

대화 (1) ㉠: 저기 저 가게 우리가 찾는 데 맞지?
　　　　㉡: 내가 시력이 나빠서 그러는데, 네가 가서 확인 좀 해줄래?
대화 (2) ㉠: 너는 노래를 참 잘하는구나.
　　　　㉡: 아마 내가 우리 학교에서 제일 잘할 걸?
대화 (3) ㉠: 오늘은 날씨도 좋으니 놀이공원에 놀러 가자.
　　　　㉡: 난 추워서 가기 싫은데?
대화 (4) ㉠: 이제 곧 공항인데, 여권을 집에 두고 왔다고?
　　　　㉡: 엄마가 너무 서두르셔서 정신이 없었어요.

① 대화 (1)의 ㉡은 관용의 격률을 위배하고 있다.
② 대화 (2)의 ㉡은 동의의 격률을 위배하고 있다.
③ 대화 (3)의 ㉡은 겸양의 격률을 위배하고 있다.
④ 대화 (4)의 ㉡은 요령의 격률을 위배하고 있다.

보충 자료 1   공손성의 원리를 지키기 위한 격률

요령의 격률	상대방에게 부담이 되는 표현을 최소화하고 상대방에게 이익이 될 수 있는 표현을 극대화하라. 예 혹시 내 이야기 좀 들어 주겠니? 아주 잠깐이면 되는데.
관용의 격률	화자 자신에게 혜택을 주는 표현을 최소화하고 자신에게 부담이 되는 표현을 최대화하라. 예 선생님, 제가 그 부분을 잘 몰라서 그러는데 다시 한번 설명해 주시겠어요?
찬동(칭찬)의 격률	다른 사람에 대한 비방을 최소화하고 칭찬을 극대화하라. 예 너 달리기 정말 잘한다. 육상 선수 같아.
겸양의 격률	자신에 대한 칭찬을 최소화하고 비방을 극대화하라. 예 훈: 따님이 이번에 우등상을 받게 되었다면서요? 민: 이번에 운이 좋았나 봐요.
동의의 격률	자신의 의견과 다른 사람의 의견 사이의 다른 점을 최소화하고 일치점을 극대화하라. 예 그래, 그 점에서는 네 말이 옳아. 그런데 상대방 입장에서는 조금 억울할 수도 있지 않겠니?

04   ㉠~㉣의 말하기 방식을 설명한 내용으로 가장 적절한 것은?   2023 지방직 9급

> 김 주무관: AI에 대한 국민 이해도를 높이기 위해 설명회를 개최할 필요가 있다고 생각해요.
> 최 주무관: ㉠ 저도 요즘 그 필요성을 절감하고 있어요.
> 김 주무관: ㉡ 그런데 어떻게 준비해야 효과적으로 전달할 수 있을지 고민이에요.
> 최 주무관: 설명회에 참여할 청중 분석이 먼저 되어야겠지요.
> 김 주무관: 청중이 주로 어떤 분야에 관심이 있는지 알면 준비할 때 유용하겠네요.
> 최 주무관: ㉢ 그럼 청중의 관심 분야를 파악하려면 청중의 특성 중에서 어떤 것들을 조사하면 좋을까요?
> 김 주무관: ㉣ 나이, 성별, 직업 등을 조사할까요?

① ㉠: 상대의 의견에 대해 공감을 표현하고 있다.
② ㉡: 정중한 표현을 사용하여 직접 질문하고 있다.
③ ㉢: 자신의 반대 의사를 우회적으로 드러내고 있다.
④ ㉣: 의문문을 통해 상대의 의견을 반박하고 있다.

[05~06] 다음 글을 읽고 물음에 답하시오.

가 **말뚝이:** (벙거지를 쓰고 채찍을 들었다. 굿거리장단에 맞추어 양반 삼 형제를 인도하여 등장)
양반 삼 형제: [말뚝이 뒤를 따라 굿거리장단에 맞추어 점잔을 피우나, 어색하게 춤을 추며 등장. 양반 삼 형제 맏이는 샌님[生員], 둘째는 서방님[書房], 끝은 도련님[道令]이다. 샌님과 서방님은 흰 창옷에 관을 썼다. 도련님은 남색 쾌자에 복건을 썼다. 샌님과 서방님은 언청이이며(샌님은 언청이 두 줄, 서방님은 한 줄이다.) 부채와 장죽을 가지고 있고, 도련님은 입이 삐뚤어졌고 부채만 가졌다. 도련님은 일절 대사는 없으며, 형들과 동작을 같이 하면서 형들의 면상을 부채로 때리며 방정맞게 군다.]
말뚝이: (가운데쯤에 나와서) **쉬이.** (음악과 춤 멈춘다.) 양반 나오신다아! 양반이라고 하니까 노론(老論), 소론(少論), 호조(戶曹), 병조(兵曹), 옥당(玉堂)을 다 지내고 삼정승(三政丞), 육판서(六判書)를 다 지낸 퇴로 재상(退老宰相)으로 계신 양반인 줄 아지 마시오. 개잘량이라는 '양' 자에 개다리소반이라는 '반' 자 쓰는 양반이 나오신단 말이오.
양반들: 야아, 이놈, 뭐야!
말뚝이: 아, 이 양반들, 어찌 듣는지 모르갔소. 노론, 소론, 호조, 병조, 옥당을 다 지내고 삼정승, 육판서 다 지내고 퇴로 재상으로 계신 이 생원네 삼 형제분이 나오신다고 그리하였소.
양반들: (합창) 이 생원이라네. (㉠ 굿거리장단으로 모두 춤을 춘다. 도령은 때때로 형들의 면상을 치며 논다. 끝까지 그런 행동을 한다.)

나 **말뚝이:** **쉬이.** (반주 그친다.) ㉡ 여보, 구경하시는 양반들, 말씀 좀 들어 보시오. 짤따란 곰방대로 잡숫지 말고 저 연죽전(煙竹廛)으로 가서 돈이 없으면 내게 기별이래도 해서 양칠간죽(洋漆竿竹), 자문죽(自紋竹)을 한 발가옷씩 되는 것을 사다가 육모깍지 희자죽(喜子竹), 오동수복(梧桐壽福) 연변죽을 이리저리 맞추어 가지고 저 재령(載寧) 나무리 거이 낚시 걸듯 죽 걸어 놓고 잡수시오.
양반들: 뭐야아!
말뚝이: 아, 이 양반들, 어찌 듣소. 양반 나오시는데 담배와 훤화(喧譁)를 금하라고 그리하였소.
양반들: (합창) 훤화를 금하였다네. (굿거리장단으로 모두 춤을 춘다.)
말뚝이: **쉬이.** (춤과 반주 그친다.) ㉢ 여보, 악공들 말씀 들으시오. 오음 육률(五音六律) 다 버리고 저 버드나무 홀뚜기 뽑아다 불고 바가지장단 좀 쳐 주오.
양반들: 야아, 이놈, 뭐야!
말뚝이: 아, 이 양반들, 어찌 듣소. 용두 해금(奚琴), 북, 장고, 피리, 젓대 한 가락도 뽑지 말고 건건드러지게 치라고 그리하였소.
양반들: (합창) 건건드러지게 치라네. (굿거리장단으로 춤을 춘다.)

- 작가 미상, 〈봉산 탈춤〉

05 이 글에 대한 설명으로 적절하지 않은 것은?

① ㉠의 '춤'은 양반과 말뚝이가 일시적으로 화해하는 것을 의미한다.
② ㉡과 ㉢을 통해 무대와 객석의 구분이 없는 민속극의 특성을 알 수 있다.
③ 가와 나에서 반복되는 '쉬이'는 극의 신명과 분위기를 고조하는 기능을 한다.
④ 가의 재담 구조가 나에서도 반복되면서 양반에 대한 풍자와 비판이 강화되고 있다.

06 가에 대한 이해로 적절하지 않은 것은?

2020 지방직(서울시) 9급

① 양반들이 자신들을 조롱하는 말뚝이에게 야단쳤군.
② 샌님과 서방님이 부채와 장죽을 들고 춤을 추며 등장했군.
③ 말뚝이가 굿거리장단에 맞춰 양반을 풍자하는 사설을 늘어놓았군.
④ 도련님이 방정맞게 굴면서 샌님과 서방님의 얼굴을 부채로 때렸군.

07 〈보기〉를 통해 알 수 있는 〈로마자 표기법〉의 원칙으로 옳지 않은 것은?

보기
학여울 Hangnyeoul   합정 Hapjeong
인왕리 Inwang-ri   대관령 Daegwallyeong

① 된소리되기는 표기에 반영하지 않는다.
② 발음상 혼동의 우려가 있을 때에는 음절 사이에 붙임표(-)를 쓸 수 있다.
③ 'ㄴ, ㄹ'이 덧나는 음운 변화가 일어날 때에는 변화의 결과에 따라 적는다.
④ 'ㄹ'은 모음 앞에서는 'r'로, 자음 앞이나 어말에서는 'l'로 적는다. 단 'ㄹㄹ'은 'll'로 적는다.

보충 자료 2 〈로마자 표기법〉 쉽게 정리하기

발음을 기준으로 하는 표기	1. 로마자 표기는 〈표준 발음법〉에 따라 적는다. 따라서 **음운 변동을 반영**하여 적는 것을 원칙으로 한다. 예 백마[뱅마] ① 2. 'ㄱ, ㄷ, ㅂ'은 모음 앞에서 'g, d, b'로, 자음 앞이나 어말에서는 'k, t, p'로 적는다. 예 호법 ② 3. 'ㄹ'은 모음 앞에서는 'r', 자음 앞이나 어말에서는 'l'로 적는다. 단, 'ㄹㄹ'은 'll'로 적는다. 예 설악 ③ , 울릉 ④
예외적 표기	1. 'ㅢ'는 'ㅣ'로 소리 나더라도 'ui'로 적는다. 예 광희문 ⑤ 2. 체언에서 'ㄱ, ㄷ, ㅂ' 뒤에 'ㅎ'이 따를 때에는 'ㅎ'을 밝혀 적는다. 예 집현전 ⑥ 3. 된소리되기는 표기에 반영하지 않는다. 예 압구정 ⑦ 4. 이름 사이에서 나는 음운 변화는 적용하지 않는다. 예 홍빛나 Hong Bitna / Hong Bit-na
붙임표(-)의 표기	1. 발음상 혼동의 우려가 있을 때 쓴다. 예 반구대 ⑧ 2. 이름의 음절 사이에 허용한다(인명은 성과 이름의 순서로 띄어 씀.). 예 민용하 / ⑨ 3. '도, 시, 군, 구, 읍, 면, 리, 동', '가' 앞에 넣는다(이때 붙임표 앞뒤에서 일어나는 음운 변화는 표기에 반영하지 않음.). 예 종로 2가 ⑩ 4. 자연 지물명, 문화재명, 인공 축조물명은 붙임표 없이 붙여 쓴다. 예 극락전 ⑪

08 〈로마자 표기법〉이 모두 옳은 것은?

① 샛별 saetbbyeol, 알약 allyak
② 오죽헌 Ojukeon, 속리산 Songnisan
③ 여의도 Yeouido, 삼죽면 Samjung-myeon
④ 한복남(인명) Han Bok-nam, 선릉 Seolleung

09 밑줄 친 단어가 의미에 맞게 사용되지 않은 것은?

① 그는 헝클어진 머리와 철겨운 옷차림으로 나타나 우리를 놀라게 했다.
② 그곳은 하도 오달진 곳이라 지도만으로 찾아가기가 쉽지 않다.
③ 감자알이 데생긴 것뿐이라 판매용으로 적합하지 않았다.
④ 오늘은 장이 서는 날인지 장터는 사람들로 왁자하였다.

10 가와 나의 공통된 주제와 거리가 가장 먼 한자 성어는?

> 가 반중(盤中) 조홍(早紅)감이 고와도 보이ᄂ다
>   유자(柚子) 아니라도 품엄즉 ᄒ다마ᄂ
>   품어 가 반기리 업슬싀 글로 설워ᄒᄂ이다
>
>   – 박인로
>
> 나 어버이 사라신 제 셤길 일란 다 ᄒ여라.
>   디나간 후면 애닯다 엇디 ᄒ리.
>   평ᄉᆡᆼ애 고텨 못 홀 일이 잇ᄲᅮᆫ인가 ᄒ노라.
>
>   – 정철, 〈훈민가〉

① 看雲步月　　② 斑衣之戲　　③ 反哺報恩　　④ 昏定晨省

DAY 18 매일 국어 18회

[01~03] 다음 글을 읽고 물음에 답하시오.

TIP
길이가 길고, 내용이 어려워도 독해 분석 방법은 달라지지 않아. 구조화 10개념으로 요약하기, 접속어 및 원인·결과에 표시하기, 대조적 개념의 특성을 정리하기, 일반적·구체적 내용 구분하기 등 이제까지 배워 온 모든 것을 통합·적용하는 시간을 가져 보자!

가 미켈란젤로의 다비드상에서 보듯이 인체는 완벽한 좌우 대칭을 이루고 있는 미적 대상이다. 왜 그럴까? 그 이유는 미적인 요소뿐만 아니라 좌우 대칭이 인간 생존에 있어 매우 중요하기 때문이다. 어떤 사람은 인체를 자세히 본 후 눈은 짝짝이고 손가락의 길이도 다르다고 말할 수 있겠지만, 이런 사실을 가지고 우리 몸이 본질적으로 좌우 비대칭이라고 말할 수는 없다. 그것은 수정란이 분화하는 과정이나 성장 과정에서 환경의 요인으로 생긴 차이일 뿐이다. 만일 탄생 환경이 안정돼 있다면 동일한 유전자는 몸의 대칭되는 부분에서 동일한 결과를 낸다. 이를 발생 안정성이라 부른다. 즉, 발생 안정성이 클수록 더 대칭적인 외모를 갖는다.

나 하지만 배 속 사정은 전혀 다르다. 인간을 포함한 많은 척추동물에서 심장과 위는 왼쪽, 간과 맹장은 오른쪽에 자리 잡고 있다. 그러나 대부분의 무척추동물은 심장이 왼쪽에 있지 않고 심혈관계가 비대칭적 구조가 아니다. 가령 지렁이는 심장에 해당하는 기관이 몸의 여러 마디에 걸쳐 정중앙에 놓여 있다. 곤충이나 가재 같은 갑각류도 대칭적인 구조의 심장이 몸 가운데 놓여 있다. 심장을 비롯한 장기의 비대칭은 척추동물에서부터 본격적으로 나타나기 시작한 것이다.

다 그것은 동물의 크기가 커지는 방향으로 진화하는 과정에서의 불가피한 선택 때문이다. 몸이 커지려면 두 가지 문제를 해결해야 한다. 첫째는 중력을 이겨 내 몸의 형태를 유지하는 문제인데, 동물은 진화 과정에서 척추를 축으로 한 내부 골격을 고안해 이 문제를 해결했다. 동물의 내부 골격에 부착된 많은 근육은 몸을 유지하고 움직이게 해 준다. 둘째는 몸의 구석구석에 산소를 제대로 공급해야 하는 문제이다. 이를 해결하기 위해서 동물의 심장은 몸 전체에 피가 돌게 하기 위해 더 커지고 효율적인 구조를 갖게 됐다. 심장이 몸 한가운데 대칭적인 구조로 존재한다면, 혈류량이 많을 때 흐름이 막혀 문제가 생긴다. 이 경우 혈관이 나선 모양으로 배치돼야 피의 흐름이 원활해진다. 나선은 비대칭 구조이므로 심장 역시 비대칭이 될 수밖에 없다. 그리고 장기가 몸 정중앙에 일렬로 놓이면 불필요한 공간이 많이 생겨 많은 영양분을 필요로 하는 고등 생물에게 대장이나 소장의 길이가 충분히 확보되지 않는다. 따라서 장기는 일직선보다 나선형으로 배치되는 것이 효과적이라 할 수 있다.

라 또한 척추동물은 몸의 안과 밖이 모두 비대칭인 원시 생물체에서 진화했기 때문이라는 설도 있다. 진화 과정에서 겉은 좌우 대칭성을 회복했지만, 내장은 그대로 비대칭으로 남았다는 주장이다. 영국의 고생물학자인 리처드 제퍼리스 박사는 5억 년 전 생존했던 동물이 오늘날 극피동물과 척추동물의 조상이라고 주장한다. 그는 그 증거로 가장 대칭적인 동물로 꼽히는 불가사리를 제시한다. 불가사리 성체는 별처럼 오각형의 방사 대칭이지만 유생은 좌우 비대칭이다. 이것이 불가사리가 원래 비대칭이었던 원시 극피동물에서 진화했음을 시사한다는 것이다.

01 가~라의 중심 내용으로 적절하지 않은 것은?

① 가: 인체 구조의 특성과 그 원인
② 나: 척추동물과 무척추동물의 장기 구조상의 차이
③ 다: 척추동물의 비효율적 진화 과정과 그 문제점
④ 라: 척추동물의 비대칭성을 설명하는 원시 생물체 진화론

02 이 글의 내용에 부합하지 않는 것은?

① 불가사리 유생과 원시 극피동물의 외형은 모두 좌우가 비대칭적이다.
② 탄생 환경이 안정된다면 척추동물의 인체와 장기는 모두 대칭적일 것이다.
③ 척추동물은 진화 과정을 거치면서 혈관과 장기가 나선형으로 배치되었다.
④ 척추동물과 달리 갑각류는 심장 자체가 대칭적인 구조를 가지고 있다.

03 이 글에 대한 평가로 옳은 것을 〈보기〉에서 모두 고르면?

/ 보기 /

㉠ 인간의 심장은 왼쪽에 위치하고 있지만 수만 명에 한 명 꼴로 심장이 오른쪽에 달린 사람이 있다는 사실은 이 글의 논지를 약화하지 않는다.
㉡ 생활 습관이나 외상, 노화 등 후천적 요인들의 복합적인 작용으로 얼굴 근육의 불균형이 나타날 수 있다는 사실은 이 글의 논지를 약화한다.
㉢ 인간을 비롯한 척추동물은 무척추동물에 비해 하루에 소모하는 에너지가 높다는 사실은 이 글의 논지를 강화한다.

① ㉠　　② ㉠, ㉢　　③ ㉡, ㉢　　④ ㉠, ㉡, ㉢

04 다음 시에 대한 설명으로 적절하지 않은 것은?

> 굳어지기 전까지 저 딱딱한 것들은 물결이었다
> 파도와 해일이 쉬고 있는 바닷속
> 지느러미의 물결 사이에 끼어
> 유유히 흘러 다니던 무수한 갈래의 길이었다
> 그물이 물결 속에서 멸치들을 떼어 냈던 것이다
> 햇빛의 꼿꼿한 직선들 틈에 끼이자마자
> 부드러운 물결은 팔딱거리다 길을 잃었을 것이다
> 바람과 햇볕이 달라붙어 물기를 빨아들이는 동안
> 바다의 무늬는 뼈다귀처럼 남아
> 멸치의 등과 지느러미 위에서 딱딱하게 굳어 갔던 것이다
> 모래 더미처럼 길거리에 쌓이고
> 건어물집의 푸석한 공기에 풀리다가
> 기름에 튀겨지고 접시에 담겨졌던 것이다
> 지금 젓가락 끝에 깍두기처럼 딱딱하게 잡히는 이 멸치에는
> 두껍고 뻣뻣한 공기를 뚫고 흘러가는
> 바다가 있다 그 바다에는 아직도
> 지느러미가 있고 지느러미를 흔드는 물결이 있다
> 이 작은 물결이
> 지금도 멸치의 몸통을 뒤틀고 있는 이 작은 무늬가
> 파도를 만들고 해일을 부르고
> 고깃배를 부수고 그물을 찢었던 것이다
>
> — 김기택, 〈멸치〉

① 화자의 상상을 통해 멸치가 본래 지녔던 생명력을 환기하고 있다.
② 멸치가 생명력을 상실해 가는 과정을 순차적으로 제시하고 있다.
③ 생명력을 잃은 멸치의 모습을 비유적·감각적으로 나타내고 있다.
④ 멸치의 생명력을 앗아 가는 외부 세계의 폭력성을 역설적으로 드러내고 있다.

05 〈보기〉를 참고하여 다음 시를 감상할 때 적절하지 않은 것은?

> 보기
>
> 안도현의 〈간격〉은 일정한 간격을 유지하며 숲을 이루는 나무들의 모습을 통해 인간 사회의 바람직한 관계에 대한 성찰을 이끌어 내고 있는 시이다.

숲을 멀리서 바라보고 있을 때는 몰랐다
나무와 나무가 모여
어깨와 어깨를 대고
숲을 이루는 줄 알았다
나무와 나무 사이
넓거나 좁은 간격이 있다는 걸
생각하지 못했다
벌어질 대로 최대한 벌어진,
한데 붙으면 도저히 안 되는,
기어이 떨어져 서 있어야 하는,
나무와 나무 사이
그 간격과 간격이 모여
울울창창(鬱鬱蒼蒼) 숲을 이룬다는 것을
산불이 휩쓸고 지나간
숲에 들어가 보고서야 알았다

– 안도현, 〈간격〉

① '나무'는 개인을, '숲'은 개인들이 모여 이루는 공동체를 의미하는군.
② 화자는 숲을 먼 거리에서 관찰했을 때는 몰랐던 사실을 숲 안에 들어와서 깨닫게 되었군.
③ 개인과 개인 사이의 거리를 의미하는 '간격'은 너무 좁거나 넓어도 안 되는 것이군.
④ 바람직한 공동체는 서로 간의 거리를 인정하고 관계를 맺는 개인들이 모여 이루어지겠군.

06 다음 시에 대한 설명으로 거리가 먼 것은?

> 영화가 시작하기 전에 우리는
> 일제히 일어나 애국가를 경청한다.
> 삼천리 화려 강산의
> 을숙도에서 일정한 군(群)을 이루며
> 갈대 숲을 이륙하는 흰 새 떼들이
> 자기들끼리 끼룩거리면서
> 자기들끼리 낄낄대면서
> 일렬 이열 삼렬 횡대로 자기들의 세상을
> 이 세상에서 떼어 메고
> 이 세상 밖 어디론가 날아간다.
> 우리도 우리들끼리
> 낄낄대면서
> 깔쭉대면서
> 우리의 대열을 이루며
> 한 세상 떼어 메고
> 이 세상 밖 어디론가 날아갔으면
> 하는데 대한 사람 대한으로
> 길이 보전하세로
> 각각 자기 자리에 앉는다.
> 주저앉는다.
>
> – 황지우, 〈새들도 세상을 뜨는구나〉

① 행간 걸침을 통해 시상을 전환하고 있다.
② 반어적 기법과 음성 상징어로 현실을 풍자·비판하고 있다.
③ 자연물에 감정을 이입하여 화자의 심리 상태를 드러내고 있다.
④ 현실과 상상의 이중적 구조를 설정해 상황과 의지의 긴장감을 강조하고 있다.

07 문장 부호 규정과 용례가 올바르지 않은 것은?

	규정	용례
①	열거할 어구들을 생략할 때 사용하는 줄임표 앞에는 쉼표(,)를 쓰지 않는다.	광역시: 광주, 대구, 대전……
②	열거된 항목 중 어느 하나가 자유롭게 선택될 수 있음을 보일 때에는 소괄호(( ))를 쓴다.	아이들이 모두 학교(에, 로, 까지) 갔어요.
③	고유어에 대응하는 한자어를 함께 보일 때에는 대괄호([ ])를 쓴다	그는 "우리말[國語]을 사랑해야 한다."라고 말했다.
④	아라비아 숫자만으로 연월일을 표시할 때에는 한글로 쓰인 '년, 월, 일'을 생략하고 그 자리에 마침표(.)를 쓴다.	1919. 3. 1.

보충 자료 | **주요 문장 부호**

마침표(.)
- 문장의 끝에 쓰지만, **제목이나 표어에는 쓰지 않는다.**
  예 압록강은 흐른다 / 꺼진 불도 다시 보자
- 아라비아 숫자만으로 **연월일을 표시할 때, 끝까지 찍는다.**
  예 1919. 3. 1.
- **특정한 의미가 있는 날**을 표시할 때, 아라비아 숫자 사이에 쓴다(가운뎃점도 허용).
  예 3 . 1 운동(3·1 운동) / 8 . 15 광복(8·15 광복)

물음표(?)
- **선택적인 물음**이 이어질 때는 맨 끝에 한 번만 쓰고, 각 **물음이 독립적일 때**는 각각의 뒤에 쓴다.
  예 너는 이게 마음에 드니, 저게 마음에 드니? / 언제 왔니? 어디서 왔니?
- 물음표는 **의심, 빈정거림 등**을 표시할 때, 또는 적절한 말을 쓰기 어려울 때 **소괄호 안**에 쓴다.
  예 30점이라, 거참 훌륭한(?) 성적이군.

쌍점(:)
- 표제 다음에 해당 항목을 들거나 설명을 붙일 때 쓴다.
  예 문방사우: 종이, 붓, 먹, 벼루 / 일시: 2014년 10월 9일 10시

큰따옴표(" ") / 작은따옴표(' ')	큰따옴표는 인용에 쓴다. 단, 인용한 말 안에 있는 인용한 말을 나타낼 때는 작은따옴표를 쓴다. 예 그는 "여러분! '시작이 반이다.'라는 말 들어 보셨죠?"라고 말했다.
소괄호(( ))	**주석이나 보충적인 내용을 덧붙일 때, 우리말 표기와 원어 표기를 아울러 보일 때 쓴다.** 예 니체(독일의 철학자) / 자세(姿勢) / 커피(coffee)
대괄호([ ])	괄호를 겹쳐 쓸 때, 바깥쪽의 괄호로 쓴다. 또한 **고유어에 대응하는 한자어를** 함께 보일 때 쓴다. 예 젊음[희망(希望)의 다른 이름]은 소중하다. / 나이[年歲], 낱말[單語]
겹낫표(『 』) / 겹화살괄호(《 》)	책의 제목이나 신문 이름 등을 나타낼 때 쓴다. 겹낫표나 겹화살괄호 대신 큰따옴표를 쓸 수 있다. 예 우리나라 최초의 민간 신문은 1896년에 창간된 {『독립신문』 / 《독립신문》 / "독립신문"}이다.
홑낫표(「 」) / 홑화살괄호(〈 〉)	소제목, 그림이나 노래와 같은 예술 작품의 제목, 상호, 법률, 규정 등을 나타낼 때 쓴다. 홑낫표나 홑화살괄호 대신 작은따옴표를 쓸 수 있다. 예 사무실 밖에 {「해와 달」 / 〈해와달〉 / '해와 달'}이라고 쓴 간판을 달았다.

08 다음은 〈한글 맞춤법〉의 문장 부호 사용법에 대한 설명이다. 이 설명에 어긋나는 예문은?

2023 군무원 9급

물음표(?)
(1) 의문문이나 의문을 나타내는 어구의 끝에 쓴다.
  [붙임 1] 한 문장 안에 몇 개의 선택적인 물음이 이어질 때는 맨 끝의 물음에만 쓰고, 각 물음이 독립적일 때는 각 물음의 뒤에 쓴다.
(2) 특정한 어구의 내용에 대하여 의심, 빈정거림 등을 표시할 때, 또는 적절한 말을 쓰기 어려울 때 소괄호 안에 쓴다.
(3) 모르거나 불확실한 내용임을 나타낼 때 쓴다.

① 너는 중학생이냐? 고등학생이냐?
② 이번에 가시면 언제 돌아오세요?
③ 주말 내내 누워서 텔레비전만 보고 있는 당신도 참 대단(?)하네요.
④ 노자(?~?)는 중국 춘추 시대의 사상가로 도를 좇아서 살 것을 역설하였다.

09 밑줄 친 관용 표현의 쓰임이 적절하지 않은 것은?

① 철수는 쉽게 곁을 주지 않는 성격이라 친해지기까지 오랜 시간이 걸렸다.
② 김 회장은 부도덕한 기업인이란 멍에를 쓰고 평생을 고통 속에 살았다.
③ 나도 한때는 그 대학을 졸업한 사실을 대단히 자랑스럽게 코에 걸고 다녔지
④ 김 씨는 끗발이 좋아 웬만한 일에는 성을 내지 않는다.

10 밑줄 친 한자 성어의 쓰임이 적절하지 않은 것은?

① 도전자는 승리를 확신하며 得意滿面한 웃음을 띠었다.
② 지금은 꾸물거리기보다는 左顧右眄의 결단이 필요할 때다.
③ 여러분들은 이곳에서 切磋琢磨하여 실력을 기르게 되기를 바랍니다.
④ 아무리 股肱之臣이라 하여도 부정을 저질렀으면 그에 대한 책임을 져야 하는 법이다.

선재국어

공무원 국어의 독보적 기준
선재국어가 제시하는 매일 학습 전략!

DAY 19~20 실력 확인 모의고사

01 ㉠과 거리가 가장 먼 것은?

> 인간은 각자 정해진 운명이 있고, 초월적인 힘에 밀려 자신의 의지나 노력으로도 그것을 바꿀 수 없는 삶이 있다고 믿는 가치관을 ㉠ 운명론적 세계관이라고 한다. 시에서 화자는 각기 다양한 시적 상황에 처하며, 처한 상황에 따라 저마다 다른 생각과 행동을 보여 준다. 이는 개인의 고유한 삶의 가치관과 관련이 있는데, 그중에서도 특히 화자가 운명론적 세계관에 따라 자신의 생각을 내면화하고 그에 따라 행동하는 모습을 보이는 작품을 종종 발견할 수 있다.

① 자손(子孫)도 젼계(傳繼)ᄒᆞ야 대대(代代)로 ᄂᆞ려오니, 논밧도 죠커니와 고공(雇工)도 근검(勤儉)터라
　　　　　　　　　　　　　　　　　- 허전, 〈고공가〉

② 망측ᄒᆞ고 긔막킨다 이른 팔ᄌᆞ 쏘 잇ᄂᆞᆫ가 남희슈의 죽을 목숨 동희슈의 죽ᄂᆞᆫ고나
　　　　　　　　　　　　　- 작가 미상, 〈덴동 어미 화전가〉

③ 삼생(三生)의 원업(冤業)이오 월하(月下)의 연분(緣分)으로 장안 유협(長安遊俠) 경박자(輕薄子)를 ᄭᅮᆷᄀᆞ치 만나 잇서
　　　　　　　　　　　　　　　　- 허난설헌, 〈규원가〉

④ 하늘 삼긴 이 내 궁(窮)을 혈마흔들 어이ᄒᆞ리 빈천(貧賤)도 내 분(分)이어니 셜워 므슴ᄒᆞ리　- 정훈, 〈탄궁가〉

02 다음 글의 내용과 가장 부합하는 것은?

> 1440년경 구텐베르크가 인쇄기를 발명하기 이전, 인류가 텍스트를 생산하고 읽는 주된 방법은 글을 손으로 옮겨 적는 필사였다. 이렇게 필사로 만들어진 책, 즉 필사본이 제작되기까지는 시간이 오래 소요됐으며 그 값도 비쌌다. 통상적으로 필사본 한 권을 만드는 데 2개월이 걸렸고 성경을 구입하려면 무려 집 열 채 값이 필요했다. 그러니 필사본 제작을 의뢰하고 구매할 수 있던 사람들은 왕이나 귀족 등 소수의 지배층뿐이었다. 이들은 지식을 독점했고, 대다수 사람은 읽기와 거리가 멀었다. 그리하여 인류의 문명은 15세기까지 비교적 천천히 발전했다.
>
> 인쇄술의 도입은 이 한계를 단번에 깨뜨렸다. 각종 텍스트가 그야말로 폭발적으로 생산되기 시작한 것이다. 구텐베르크의 인쇄기 발명 이후 50년 동안 제작된 책은 그 이전 인류가 만든 모든 책보다 훨씬 많았다. 책의 가격 또한 대폭 하락했다. 드디어 일반 민중도 책을 접하게 되었고, 텍스트를 읽는 인구가 늘어나며 인류 문명은 예전과는 비교할 수 없는 속도로 발전하기 시작했다. 인류라는 거대 집단에서 축적되고 공유되는 지식이 껑충 늘며 여러 학문 분야가 꽃피었던 것이다. 15세기 인쇄기가 발명된 이후 연이어 르네상스, 종교 개혁, 과학 혁명, 산업 혁명이 일어난 것은 결코 우연이 아니다. 읽음으로써 지식을 깨닫고, 비판적 사고 능력을 길러 새로운 지식을 더하는 사람이 늘어났기에 가능한 일이었다.

① 모든 역사적 시기 중 15세기에 만들어진 책이 제일 많다.
② 텍스트 생산 방식의 변화는 인류의 발전 속도를 높이는 데 기여했다.
③ 인쇄기의 발명 이후 소수의 지배층보다 일반 대중의 비판적 사고 능력이 더 발전했다.
④ 구텐베르크가 발명한 인쇄기는 민중들의 책에 대한 접근성을 높여 책의 가격을 떨어뜨렸다.

03 ㉠을 포함하고 있는 문장이 아닌 것은?

'관형절을 안은 문장'은 절이 관형어의 역할을 하는 문장을 말한다. 그런데 이러한 관형절을 안은 문장은 ㉠관형절 내에 생략된 성분이 있는 문장과 관형절 내에 생략된 성분이 없는 문장이 있다.

① 나는 그 남자가 내 친구와 결혼한 사실을 몰랐다.
② 나는 이 노래를 부른 가수의 콘서트에 갔다.
③ 여기서 팔리는 물건은 모두 질이 좋다.
④ 철수가 그린 그림이 참 멋졌다.

04 다음 글에 이어질 전개 순서로 가장 자연스러운 것은?

'무용한 지식'은 사소해 보이는 부분에서까지 개인들에게 커다란 즐거움을 줄 수 있다.
㉠ 그러나 대부분의 현대인에게는 '무용한 지식'을 추구하며 빈둥댈 돈도 여가도 없다.
㉡ 따라서 지식의 경제적 혜택 혹은 그러한 혜택이 가져오는 타인 위에 군림하는 권력의 증대만이 가치 있는 것으로 여겨진다.
㉢ 그러한 지식의 추구를 가능케 해주는 것은 바로 사색하는 습관인데, 여기에는 게으름이 요구된다.
㉣ 사람들은 게으를 수 있을 때 비로소 마음이 가벼워지고, 장난도 치고 싶어지며, 스스로가 선택한 건설적이고 만족스러운 활동들에 전념할 수 있기 때문이다.
㉤ 왜냐하면 그들은 효율성 숭배에 사로잡혀 있기 때문이다.

① ㉠-㉢-㉣-㉡-㉤
② ㉠-㉤-㉡-㉢-㉣
③ ㉢-㉠-㉣-㉡-㉤
④ ㉢-㉣-㉠-㉤-㉡

05 ㉠에 들어갈 말로 가장 적절한 것은?

아이다 고메스 로블레스 박사가 이끄는 연구 팀은 (㉠) 때문에 침팬지가 아무리 똑똑해도 인간을 쫓아오긴 어렵다는 사실을 발표했다.

인간을 포함한 영장류가 다른 동물보다 지능이 뛰어난 이유는 대뇌 표면을 구성하는 '대뇌 피질' 덕분이다. 대뇌 피질은 출생 이후에도 꾸준히 성장하고 환경에 반응하면서 조직화되는 '가소성(可塑性)'을 지니고 있다. 이 가소성 때문에 신발 끈을 매는 법이나 수학 문제를 푸는 법 등을 학습하고 사회적으로 발달할 수 있다. 연구 팀은 쌍둥이나 형제자매처럼 유전적으로 비슷한 사람 218명과 침팬지 206마리의 뇌를 자기 공명 영상[MRI] 장치로 촬영했다. 그리고 뇌 영상을 통해 뇌의 크기와 고랑의 형태와 위치를 비교 분석했다. 고랑은 피질 표면의 주름이 작게 접혀 들어간 것을 뜻한다. 그 결과 인간과 침팬지 모두 근친 간의 뇌 크기는 거의 비슷한 것으로 밝혀졌다. 하지만 고랑의 크기와 위치는 다르게 나타났다. 인간은 근친 사이라도 고랑의 형태와 위치가 현저하게 달랐지만 침팬지는 형제끼리 고랑의 형태와 위치가 상대적으로 비슷한 편이었다. 이는 침팬지가 유전자가 정해 준 출발선에서 크게 벗어나지 못한다는 뜻으로 침팬지의 뇌 발달과 학습 능력이 인간보다 제한돼 있다는 것을 시사한다. 또한 인간은 유전자가 뇌 발달을 느슨하게 제어하기 때문에 뇌가 외부 환경에 좀 더 민감하게 반응하여 인간은 환경과 경험, 사회적 상호 작용 등이 대뇌 피질의 조직화에 기여할 수 있는 여지, 즉 가소성이 크다는 것이다.

① 침팬지가 인간보다 고랑의 영향력을 많이 받아 가소성이 크기
② 침팬지가 인간보다 외부 환경에 적응하려는 유전자의 본능이 앞서기
③ 인간이 침팬지보다 대뇌 표면을 구성하는 대뇌 피질의 수가 더 많기
④ 인간이 침팬지보다 뇌 발달에 관여하는 유전자의 힘이 약하게 작용하기

06 다음 시에 대한 감상으로 적절하지 않은 것은?

> 마을 사람들은 되나 안 되나 쑥덕거렸다.
> 봄은 발병 났다커니
> 봄은 위독하다커니
>
> 눈이 휘둥그래진 수소문에 의하면
> 봄은 머언 바닷가에 갓 상륙해서
> 동백꽃 산모퉁이에 잠시 쉬고 있는 중이라는 말도 있었다.
>
> 그렇지만 봄은 맞아 죽었다는 말도 있었다.
> 광증이 난 악한한테 몽둥이 맞고
> 선지피 흘리며 거꾸러지더라는……
>
> 마을 사람들은 되나 안 되나 쑥덕거렸다.
> 봄은 자살했다커니
> 봄은 장사지내 버렸다커니
>
> 그렇지만 눈이 휘둥그래진 새 수소문에 의하면
> 봄은 뒷동산 바위 밑에, 마을 앞 개울
> 근처에, 그리고 누구네 집 울타리 밑에도,
> 몇 날 밤 우리들 모르는 새에 이미 숨어 와서
> 몸단장들을 하고 있는 중이라는
> 말도 있었다.
>
> ─ 신동엽, 〈봄의 소식〉

① 동일한 통사 구조를 반복해 절망적 상황을 표현하고 있다.
② 대상에 인격을 부여하여 추상적 대상을 구체적으로 드러내고 있다.
③ 화자가 특정 상황에 대해 들은 내용을 전달하는 형식을 사용하고 있다.
④ 시상을 전환하여 부정적 상황을 극복하기 위한 화자의 의지를 강조하고 있다.

07 〈보기 1〉은 '공손성의 원리'를 지키기 위한 격률이다. 〈보기 1〉의 ㉠~㉣ 중 〈보기 2〉의 대화에서 위배한 것은?

／보기 1／

㉠ 상대방에게 부담이 되는 표현을 최소화하고 상대방의 이익을 극대화한다.
㉡ 화자 자신에게 혜택을 주는 표현은 최소화하고 자신에게 부담을 주는 표현을 최대화한다.
㉢ 자신에 대한 칭찬은 최소화하고 자신에 대한 비방을 극대화한다.
㉣ 자신의 의견과 다른 사람의 의견 사이의 다른 점을 최소화하고 자신의 의견과 다른 사람의 의견 사이의 일치점을 극대화한다.

／보기 2／

직원: 고객님, 오늘 저희 매장에서 특별 행사를 진행하고 있는데 잠깐 보고 가시겠어요?
손님: 그럼, 저랑 잘 어울리는 물건 좀 추천해 주실 수 있을까요? 제가 평상시에 옷을 잘 못 입어서요.
직원: 이 청바지는 어떠세요? 이 청바지는 허리에서 발목까지 일자로 떨어져서 입어도 불편하지 않아요.
손님: 제가 이런 색의 옷은 안 입어 봐서요, 이것보다 색깔이 짙은 건 없을까요?
직원: 아, 그러면 이 청바지를 추천해요. 고객님께서는 피부가 하얘서 이 청바지가 잘 어울리시겠어요.
손님: 뭘요, 청바지가 예뻐서 누구에게나 잘 어울릴 것 같아요.

① ㉠   ② ㉡
③ ㉢   ④ ㉣

[08~09] 다음 글을 읽고 물음에 답하시오.

정년이 60세에서 65세로 연장될 경우 우리나라 기업들은 비용을 얼마나 부담해야 할까? 한국 경제 연구원의 연구 보고서에 따르면 근로자에게 지급하는 임금(직접 비용)이 14조 3,875억 원, 사용자(기업)가 고용한 근로자를 위해 부담하는 4대 보험료(국민연금, 건강 보험, 고용 보험, 산재 보험)로 계산한 간접 비용이 1조 4,751억 원으로, 총비용이 15조 8,626억 원에 달할 것으로 추정되었다.

정년 연장을 강행해 기업에 무리한 부담을 지우면 기업은 늘어난 비용을 감당하기 위해 투자를 줄이게 된다. 이는 소비, 수출 등과 함께 국내 총생산[GDP]의 한 축인 투자가 감소함으로써 경제 성장률이 떨어지는 결과를 초래한다.

정년 연장에서 기업의 비용 부담과 함께 어려운 문제는 청년층 일자리이다. 정년이 늘어나 기존 근로자들이 더 일하게 되면 그만큼 청년층의 취업 기회가 줄어든다. 한국 개발 연구원의 2020년 보고서에 따르면 고령자 1명의 정년을 연장하면 청년층(15~29세) 고용은 0.2명이 감소하는 것으로 나타났다.

기업마다 사업 특성에 따라 필요한 인력이 매우 다르다. 고령층의 숙련 기술이 요구되는 기업도 있고, 청년층 및 중년층 중심의 인력 구성이 필수적인 기업도 있다. 이런 차이를 무시하고 일괄적으로 정년 연장을 법제화하는 것은 부작용이 매우 크다. 각 기업이 자사의 특성에 맞춰 노사 간 합의를 통해 자율적으로 정년 연장, 정년 폐지, 재고용 등 다양한 계속 고용 방식을 결정해야 한다.

08 이 글에 대한 설명으로 적절하지 않은 것은?

① 문제 예방을 위한 방향성을 제시하고 있다.
② 통계 자료를 통해 주장의 신뢰성을 높이고 있다.
③ 의문문을 통해 제시한 중심 화제를 비판하고 있다.
④ 특정 사건으로 인한 문제를 인과적으로 서술하고 있다.

09 이 글을 읽고 추론한 내용으로 적절하지 않은 것은?

① 정년을 연장하고 청년층 고용을 늘리면 기업의 직·간접 비용은 증가할 것이다.
② 청년층의 취업률은 정년이 60세에서 65세로 연장되는 경우에 한하여 감소될 것이다.
③ 정년이 60세에서 65세로 연장되는 것은 경제 성장률이 떨어지는 현상의 충분조건이다.
④ 기업의 투자가 감소하지 않았다는 것은 정년이 60세에서 65세로 연장되지 않았음을 의미한다.

10 ㉠, ㉡의 예로 적절한 것은?

〈한글 맞춤법〉
제1장 총칙
제1항 한글 맞춤법은 표준어를 ㉠소리대로 적되, ㉡어법에 맞도록 함을 원칙으로 한다.

	㉠	㉡		㉠	㉡
①	소쩍새	먹이	②	오뚝이	머리카락
③	싸전	널따랗다	④	빛깔	마감

11 다음 글에 나타난 논증 방식과 가장 가까운 것은?

> 동물이 이성적인 사고를 할 수 없거나 인간의 언어를 사용하지 못한다고 해서 동물을 인간의 목적을 위한 수단으로 전락시키는 것이 과연 옳을까? 고통의 감정을 느낄 수 있는 존재는 어떤 존재라도 자신의 이익을 추구할 권리가 있고 차별받아서는 안 된다. 동물 역시 인간처럼 고통을 느끼는 존재이다. 따라서 동물은 인간과 차별받아서는 안 되는 존재이므로 동물 실험을 중단하고 동물의 권리를 지켜줘야 한다.

① 모든 나라의 문화는 다른 나라의 문화와 서로 교류하면서 변화하고 발전한다. 언어도 넓게 보면 문화에 해당한다. 따라서 한 나라의 언어는 다른 나라와 서로 교류하면서 조금씩 변화한다.

② 이번 학기 국어학 개론의 과제는 쉬웠다. 그 강의를 함께 들은 친구 훈민이도, 지난 학기에 같은 강의를 들은 선배도 과제가 쉬웠다고 했다. 그래서 다음 학기에 국어학 개론을 듣겠다는 후배에게 과제가 쉽다고 알려 주었다.

③ 단지 70년밖에 살지 못하는 인간에게 7000만 년이 도대체 무슨 의미를 갖겠는가? 그것은 100만 분의 1에 불과한 찰나일 뿐이다. 하루 종일 날갯짓을 하다 가는 나비가 하루를 영원으로 알듯이, 우리 인간도 그런 식으로 살다 가는 것이다.

④ 과거와 미래에만 집착할 경우 존재하지 않는 것에 대한 향수와 곧 일어나게 될 일에 대한 염려만 갖게 된다. 그렇다고 현재에만 몰두하면 본능적으로 일어나는 일에만 집착하여 새로운 목표를 세우고 도전할 수가 없다. 따라서 인간은 자신의 과거와 미래를 참고하면서 현재에 충실한 삶을 이어나가야 한다.

12 다음 글을 이해한 내용으로 적절하지 않은 것은?

> 철호는 던져지듯이 털썩 택시 안에 쓰러졌다.
> "어디로 가시죠?"
> 택시는 벌써 구르고 있었다.
> "해방촌"
> 자동차는 스르르 속력을 늦추었다. 해방촌으로 가자면 차를 돌려야 하는 까닭이었다. 운전수는 줄지어 달려오는 자동차의 사이가 생기기를 노리고 있었다. 저만치 자동차의 행렬이 좀 끊겼다. 운전수는 핸들을 잔뜩 비틀어 쥐었다. 운전수가 몸을 한편으로 기울이며 마악 핸들을 틀려는 때였다. 뒷자리에서 철호가 소리를 질렀다.
> "아니야, S 병원으로 가."
> 철호는 갑자기 아내의 죽음을 생각했던 것이었다. 운전수는 다시 획 핸들을 이쪽으로 틀었다. 운전수 옆에 앉아 있는 조수 애가 한번 철호를 돌아다보았다. 철호는 뒷자리 한구석에 가서 몸을 틀어박은 채 고개를 뒤로 젖히고 눈을 감고 있었다. 차는 한국은행 앞 로터리를 돌고 있었다. 그때에 또 뒤에서 철소가 소리를 질렀다.
> "아니야, × 경찰서로 가."
> 눈을 감고 있는 철호는 생각하는 것이었다. 아내는 이미 죽었는데 하고.
> 이번에는 다행히 차의 방향을 바꿀 필요가 없었다. 그냥 달렸다.
> "× 경찰서 앞입니다."
> 철호는 눈을 떴다. 상반신을 번쩍 일으켰다. 그러나 곧 또 털썩 뒤로 기대고 쓰러져 버렸다.
> "아니야, 가."
> "× 경찰섭니다, 손님."
> 조수 애가 뒤로 몸을 틀어 돌리고 말했다.
> "가자."
> 철호는 여전히 눈을 감고 있었다.
> "어디로 갑니까?"
> "글쎄, 가."
>
> - 이범선, 〈오발탄〉

① 해방촌과 S 병원은 다른 방향에 있지만, × 경찰서와 S 병원은 같은 방향에 있다.
② 철호는 한국은행 앞 로터리를 지날 때 행선지를 다시 바꾸었다.
③ 택시를 탄 철호는 해방촌에 갔다가 다시 × 경찰서로 이동하였다.
④ 철호는 × 경찰서에서 하차하지 않고 다른 곳으로 이동하려고 한다.

13 다음 글의 내용에 어울리는 한자 성어로 가장 적절한 것은?

> 춘추 시대 명재상 안자는 '습속이성(習俗異性)', 즉 습속이 사람의 본성을 바꾼다고 말했다. 자신의 습관과 주위 환경에 따라서 얼마든지 타고난 본성도 바뀔 수가 있다는 말이다. 좋은 습관이나 환경은 얼마든지 우리 힘으로 선택할 수 있다.
> 우리가 접하는 환경 중에 가장 중요한 것은 바로 우리가 만나는 사람이라고 할 수 있다. 어떤 사람들과 만나고 교류를 하느냐에 따라 그 사람의 앞날은 물론 성품과 인격이 이뤄져 간다.
> 유유상종(類類相從), '모든 사물은 비슷한 속성을 지닌 같은 무리끼리 서로 모이고 사귄다.'라고 했다. 하지만 사람은 다르다. 자신이 어떤 무리에 속할지를 스스로 선택할 수 있다.

① 雲泥之差　　② 麻中之蓬
③ 夏葛冬裘　　④ 悠悠自適

14 갑과 을의 주장에 대한 평가로 적절한 것을 〈보기〉에서 모두 고른 것은?

> **갑**: 읽기 발달은 일정한 시기에 급격히 이루어지는 것이 아니라 글자를 깨치기 이전부터 점진적으로 진행된다. 따라서 이 시기에 생활 속에서, 책을 자주 읽어 주며 생각을 묻는 등 의사소통의 각 영역인 듣기·말하기·읽기·쓰기가 같이 발달할 수 있도록 하는 자연스러운 지도가 읽기 발달에 도움을 준다. 읽기 준비 단계에서의 경험은 이후의 단계에 중요한 영향을 미친다.
> **을**: 읽기 지도는 신체적, 정신적으로 어느 정도 성숙한 이후에 해야 한다. 그 전에는 읽기 지도를 하지 않는 것이 바람직하다. 듣기·말하기와 달리 읽기 발달은 글자를 읽을 수 있는 기초 기능을 배운 후부터 시작되기 때문이다. 따라서 듣기와 말하기를 먼저 가르친 후 읽기, 쓰기의 순으로 가르치는 것이 효과적이다.

〈보기〉
㉠ 갑은 을과 달리 글자를 깨치기 이전부터 읽기 지도를 해야 한다고 주장한다.
㉡ 을은 갑과 달리 읽기와 쓰기 영역이 함께 발달할 수 있는 학습 지도에 찬성한다.
㉢ 갑과 을은 모두 글자를 읽지 못하는 아이에게 듣기·말하기 지도를 할 수 있다는 입장이다.

① ㉠　　② ㉠, ㉢
③ ㉡, ㉢　　④ ㉠, ㉡, ㉢

15 ㉠~㉢에 대한 이해로 적절하지 않은 것은?

> 이때 마침 파루를 뎅뎅 치는구나. 향단이는 미음상 이고 등롱 들고, 어사또는 뒤를 따라 옥문간에 당도하니, 인적이 고요하고 쇄장이도 간곳없네. [중략]
> 춘향이 저의 모친 음성 듣고 깜짝 놀라서,
> ㉠"어머니, 어찌 오셨소? 몹쓸 딸자식을 생각하여 천방지방(天方地方) 다니다가 낙상(落傷)하기 쉽소. 이 후일랑은 오실라 마옵소서."
> "날랑은 염려 말고 정신을 차리어라! 왔다!"
> "오다니 뉘가 와요?"
> "그저 왔다!"
> "갑갑하여 나 죽겠소. 일러 주오. 꿈 가운데 임을 만나 만단정회하였더니 혹시 서방님께서 기별 왔소? 언제 오신단 소식 왔소? 벼슬 띠고 내려온단 노문(路文) 왔소? 애고, 답답하여라!"
> ㉡"너의 서방인지 남방인지, 걸인 하나가 내려왔다!"
> "허허, 이게 웬 말인가? 서방님이 오시다니 몽중에 보던 임을 생시에 보단 말가?"
> 문틈으로 손을 잡고 말 못 하고 기가 막혀,
> ㉢"애고, 이게 누구시오? 아마도 꿈이로다. 상사불견(相思不見) 그린 임을 이리 수이 만날손가? 이제 죽어 한이 없네. 어찌 그리 무정한가? 박명하다 나의 모녀, 서방님 이별 후에 자나 누우나 임 그리워 일구월심(日久月深) 한(恨)이더니, 이내 신세 이리 되어 매에 감겨 죽게 되니, 날 살리러 와 계시오?"
> ㉣ 한참 이리 반기다가 임의 형상 자세히 보니, 어찌 아니 한심하랴.
> "여보 서방님! 내 몸 하나 죽는 것은 설운 마음 없소마는 서방님 이 지경이 웬일이오?"
> ― 작가 미상, 〈춘향가〉

① ㉠: 고생하는 모친에 대한 염려와 자책하는 춘향의 심정이 드러나 있다.
② ㉡: 어사또에 대한 춘향 모친의 불편한 심정이 언어유희적 표현으로 나타나 있다.
③ ㉢: 의문형 진술을 반복하여 지난날을 후회하는 춘향의 심정을 부각하고 있다.
④ ㉣: 서술자가 작중에 개입하여 기대가 좌절된 춘향의 심정을 직접적으로 제시하고 있다.

16 가~라의 중심 내용으로 적절하지 않은 것은?

> **가** 인류 역사 이래 모든 문명은 각각의 사회적 연결망을 지니고 있었다. '혈연'과 '지연', '학연'도 그러한 연결망의 유형들이다. 혈연은 고대 사회 이래 인간과 인간을 이어주는 가장 기본적인 연결선이었고, 지연은 봉건 사회에서 삶의 텃밭과 같은 의의를 지녔다. 산업화의 진전과 더불어 학연에 대한 관심이 증대되었다.
>
> **나** 기술의 발전에 따라 통신망과 교통망이 확장되면서 광범위의 대중이 참여하는 새로운 사회적 연결망의 형성이 가능해졌다. 인터넷은 기존의 혈연과 지연, 학연을 바탕으로 하는 연결망을 크게 동요시켰다. 새로운 사회적 연결망의 기본 구조는 계층적이지 않으며 열려 있다. 구성 주체들은 서로 평등한 관계를 유지하며, 긴밀한 커뮤니케이션과 상호 설득을 통한 참여의 방식으로 의사 결정을 한다.
>
> **다** 현대 사회에서는 그러한 새로운 사회적 연결망에 힘입어 다양한 형태의 자발적 결사체들이 출현하고 있다. 자발적 결사체는 오락이나 친교를 위한 단순한 관계에서 출발하는 경우도 있고, 집단의 이익을 추구하기 위해 만들어지는 경우도 있으나 결과적으로는 두 가지 성격을 모두 갖기도 한다. 단순한 친교 집단으로 출발하였더라도 친교를 통해 특정의 목적을 달성하려 할 수 있기 때문이다.
>
> **라** 자발적 결사체들 중 일부는 비당파적, 비종교적, 자율적, 공익적 성격을 표방하기도 한다. 그 결사체의 구성원들은 자발적이고 수평적인 활동을 통해 서로를 동등하게 대하고 공동의 목표를 수행하는 책임감을 배우며 신뢰와 협동심을 기른다. 그러한 활동을 통해 시민 사회가 활성화되고 민주주의가 발전하며 정책 결정에 드는 비용과 노력이 절감되어 정치의 효율성도 높아진다.

① **가**: 시대적 흐름에 따른 사회적 연결망의 유형
② **나**: 새로운 사회적 연결망의 형성 원인과 특징
③ **다**: 새로운 사회적 연결망으로 출현한 자발적 결사체의 형태
④ **라**: 자발적 결사체가 사회와 그 구성원에게 미치는 긍정적 효과

17 밑줄 친 조사의 쓰임이 적절하지 않은 것은?

① 시민 단체는 일본 정부에 독도 문제에 대한 사과를 요구했다.
② 아끼는 술을 전혀 못 마신다라고 하더니?
③ 시험을 치는 것이 이로써 일곱 번째가 됩니다.
④ 무료입장은 장애인에 한한다는 것을 기억해 두어야 한다.

18 어문 규범에 맞는 표기로만 이루어진 것은?

① 중요한 서류를 얻다가 흘리고 오면 어떡해?
② 지난번 치른 시험에서 석차 백분률이 1% 올랐다.
③ 눈 덮인 들판을 바라보며 밥을 먹었다. 그리고 나서 물을 마셨다.
④ 지난 몇 일 동안 계속 내리던 장맛비로 강물이 엄청나게 불어났다.

19 ㉠~㉢의 한자 표기가 바르게 연결된 것은?

- 김 선생님은 회장을 맡지 않겠다는 ㉠<u>고사</u>의 뜻이 워낙 완강했다.
- 그는 아직 초보 운전자라 핸들 ㉡<u>조작</u>이 서투르다.
- 회사에서는 사장의 ㉢<u>사의</u> 표명과 관련하여 갖가지 소문이 나돌았다.

	㉠	㉡	㉢
①	考査	造作	謝意
②	考査	操作	謝意
③	固辭	造作	辭意
④	固辭	操作	辭意

20 다음 글을 바탕으로 추론한 것으로 가장 적절한 것은?

온갖 사물이 뒤섞여 등장하는 사진에서 고양이를 틀림없이 알아보는 인공 지능이 있다고 해 보자. 그러한 식별 능력은 고양이 개념을 이해하는 능력과 어떤 관계가 있을까? 고양이를 실수 없이 가려내는 능력이 고양이 개념을 이해하는 능력의 필요충분조건이라고 할 수 있을까?

인공 지능이든 사람이든 고양이 개념에 대해 이해하면서도 영상 속의 짐승이나 사물이 고양이인지 정확히 판단하지 못하는 경우는 있을 수 있다. 예를 들어, 누군가가 전형적인 고양이와 거리가 먼 희귀한 외양의 고양이를 보고 "좀 이상하게 생긴 족제비로군요."라고 말했다고 해 보자. 이것은 틀린 판단이지만, 그렇다고 그가 고양이 개념을 이해하지 못하고 있다고 평가하는 것은 부적절한 일일 것이다.

이번에는 다른 예로 누군가가 영상 자료에서 가을에 해당하는 장면들을 실수 없이 가려낸다고 해 보자. 그는 가을 개념을 이해하고 있다고 보아야 할까? 그 장면들을 실수 없이 가려낸다고 해도 그가 가을이 적잖은 사람들을 왠지 쓸쓸하게 하는 계절이라든가, 농경 문화의 전통에서 수확의 결실이 있는 계절이라는 것 등을 반드시 알고 있는 것은 아니다. 심지어 가을이 지구의 1년을 넷으로 나눈 시간 중 하나를 가리킨다는 사실을 모르고 있을 수도 있다. 만일 가을이 여름과 겨울 사이에 오는 계절이라는 사실조차 모르는 사람이 있다면, 우리는 그가 가을 개념을 이해하고 있다고 인정할 수 있을까? 그것은 불합리한 일일 것이다.

가을이든 고양이든 인공 지능이 그런 개념들을 충분히 이해하는 것이 영원히 불가능하다고 단언할 이유는 없다. 하지만 우리가 여기서 확인한 점은 개념의 사례를 식별하는 능력이 개념을 이해하는 능력을 함축하는 것은 아니고, 그 역도 마찬가지라는 것이다.

① 인공 지능이 '고양이'와 '개'를 식별하기 위해서는 '고양이'와 '개'의 개념 차이를 선수 학습해야만 한다.
② '인간'을 가리켜 '원숭이'라고 부르는 아이는 식별 능력과 개념 이해 능력 중 개념 이해 능력이 부족한 것이다.
③ '호랑이'와 '사자'를 구분한다고 해서 '호랑이'와 '사자'의 개념을 이해했다고 말할 수는 없을 것이다.
④ 사람은 사물의 개념을 이해할 수 있지만 인공 지능은 사물의 개념을 이해할 수 없을 것이다.

2024

매일
국어
③

정답과 해설

이선재·선재국어연구소 편저

수비니겨

선재국어

2024

매일 국어 ③

정답과 해설

이선재·선재국어연구소 편저

수비니겨

ANSWER

공무원 국어의 독보적 기준
선재국어가 제시하는 매일 학습 전략!

정답과 해설

DAY 01 매일 국어 01회

| 01 ③ | 02 ② | 03 ② | 04 ③ | 05 ① |
| 06 ① | 07 ③ | 08 ① | 09 ④ | 10 ① |

01
정답 ③

 출전 2022학년도 LEET, 지문 발췌

해설
마지막 문단에 따르면, 감정을 가진 개체는 기본적인 충동이나 욕구를 가진다고 전제된다. 따라서 승부욕이라는 기본적인 욕구를 갖고 있는 어떤 로봇이 기쁨이라는 감정을 표현했다면, 그 기쁨은 진정한 감정일 수 있다.

오답 풀이
① 2문단의, '인간만 보더라도 행동의 동등성은 심성 상태의 동등성을 함축하지 않는다'는 내용은 인간과 로봇의 공통점에 해당한다. 즉 인간과 로봇은 모두 같은 행동을 하더라도 속마음이 다를 수 있다. 따라서 로봇과 인간 모두 슬프지 않으면서도 슬퍼하는 행동을 보일 수 있다.
② 2문단의 '로봇의 경우에는 행동의 동등성이 곧 심성 상태의 존재성조차도 함축하지 않는다'라는 내용으로 보아, 많은 로봇들이 눈물을 흘리는 행동을 했더라도 그 로봇들에게 연민의 감정과 같은 심성 상태가 존재한다고 볼 수는 없다.
④ 마지막 문단에 따르면, 로봇이 감정을 가지기 위해서는 그 전제 조건으로 생명체들처럼 복잡하고 예측 불가능한 환경에 적응할 수 있어야 한다. 따라서 로봇이 진정한 감정을 가지게 되면, 예측 불가능한 환경에 적응해야 한다는 전제 조건을 충족한 것이므로 예측 불가능한 환경에 잘 적응할 수 없는 것이 아니라 적응할 수 있다고 추론할 수 있다.

02
정답 ②

출전 2008학년도 대학수학능력시험 6월 모의평가, 수정

해설
개인 간에 위치적 외부성이 강하게 작용하게 되면 이로 인해 개인은 위치적 군비 경쟁을 통해 소모적인 지출을 할 수 있고, 사회에는 불필요한 경쟁으로 인한 비효율성이 야기될 수 있다. 따라서 위치적 외부성이 강하게 작용할수록 개인과 사회의 이익이 증가하는 것은 아니다.

오답 풀이
① 대통령 선거에서 각 후보들은 서로 경쟁하는 관계에 있고, 특정 후보의 사퇴가 나머지 후보들의 당선 여부, 즉 상대적 위치에 따른 보상에 영향을 미치고 있으므로 ㉠은 위치적 외부성의 사례로 이해할 수 있다.
③ 2문단에 따르면, 경쟁자들이 투자하는 이유는 자신의 위치를 향상시키기 위해서이다. 그런데 모든 경쟁자들이 투자하면, 자신의 위치가 올라갈 때 다른 사람의 위치도 올라갈 것이므로 경쟁자 간의 실질적인 위치는 변하지 않을 것이라 추론할 수 있다.
④ 위치적 보상이 성과 향상을 위한 지출보다 클 것이라 판단하면, 경쟁자들은 위치 향상을 위해 투자하게 된다. 모든 경쟁자들이 투자할 경우, 위치에 따른 이익이 한정되어 있으므로 투자의 결과 각자의 위치에 별 효과가 없게 된다. 이는 소모적인 지출, 즉 위치적 군비 경쟁이 일어난 것으로 이해할 수 있다.

03
정답 ②

출전 2005학년도 3월 고3 전국연합학력평가

해설
㉠ 물 분자들의 강한 결합력 때문에 물의 끓는점이 높고 비열이 높은 현상이 일어난다는 사실을 설명한 뒤, 마지막 문단에서 물 분자의 강한 결합력으로 인해 생명 현상에 초래되는 유익한 결과들을 제시하고 있다.
㉢ 5문단에서, 일반적인 공유 결합과 극성 공유 결합을 대조하여 물 분자가 가지고 있는 강한 결합력을 부각하고 있다.

오답 풀이
㉡ 5문단의 '물이 지닌 이러한 힘의 원천은 무엇일까?'에서 물의 결합력과 관련된 궁금증을 제시하고 있는데, 이 궁금증은 과학적 원리로 해소되고 있다. 전문가의 견해는 나타나지 않는다.
㉣ 1문단에서 산소족에 속하는 원소들의 사례를 들고 있다. 또한 1~2문단에서, 물은 '같은 족에 속하는 원소들의 수소 화합물의 끓는점은 대체로 구성 원소의 원자량이 증가할수록 높아진다'라는 과학적 원리에 해당하지 않음을 설명하고 있다. 그러나 이는 예외적인 현상이지 과학적 원리가 잘못되었다는 것은 아니다.

04
정답 ③

해설
1~2문단에 따르면, 물은 산소족 원소들 중에서 원자량이 가장 적은 산소의 수소 화합물이다. 또한 3~5문단에 따르면, 물의 결합력이 강한 것은 물 분자가 극성 공유 결합을 하기 때문이다. 물의 원자량과 물의 결합력 간의 관련성은 제시문에 언급된 바가 없다.

오답 풀이
① 5문단에 따르면, 물은 전자들이 한쪽의 핵에 더 강하게 끌리는 극성 공유 결합을 한다. 그래서 물 분자의 한쪽 끝은 약간의 양전하를, 다른 한쪽 끝은 약간의 음전하를 띠게 된다. 이는 물 분자의 양 극단에는 전자의 수가 다르다는 것을 의미한다.
② 1~2문단에 따르면, 산소족에 속하는 원소인 '텔루르'는 황보다 끓는점이 높으며, 이들과 수소가 결합한 수소 화합물의 끓는점은 대체로 구성 원소의 원자량이 증가할수록 높아진다. 그런데 황의 수소 화합물인 황화수소의 끓는점은 -59.6℃이다. 따라서 텔루르의 수소 화합물의 끓는점은 황화수소의 끓는점인 -59.6℃보다 높을 것이라고 추론할 수 있다.
④ 마지막 문단에 따르면, 대부분이 물로 채워진 생물체가 항상성을 유지할 수 있는 이유는 물의 비열이 높기 때문이다. 2문단에 따르면, 비열이란 '1℃의 온도를 올리기 위해 필요한 열량'이므로 ④는 적절한 추론이다.

> **선재 쌤's 공감 TIP**
>
> 선택지에서 '비열'이라는 말 대신에 '물이 1°C를 올리는 데 필요한 열량'이라는 표현을 쓰고 있지? 이렇게 제시문에 나온 A라는 개념어를 B로 바꾸어 구성하는 방식을 '치환'이라고 해. 치환은 선택지의 난도를 올리기 위해 많이 사용하는 선택지 구성 원리 중 하나야.

05 정답 ①

해설

㉮ 이존오의 〈구룸이 무심튼 말이 ~〉는 풍유법으로 간신들의 횡포를 풍자하여 비판한 시조이다. ㉯ 박효관의 〈공산에 우는 접동 ~〉은 적막한 공산에서 애절히 우는 접동새의 신세를 자신의 처지에 비유해 임과 이별한 아픔을 노래한 시조이다.
㉯에서는 공산에서 울고 있는 접동새를 의인화하여 이별로 인한 화자의 슬픔을 투영(감정 이입)하고 있다. 그러나 ㉮에서는 '구룸'을 의인화하고 있지만 감정 이입은 나타나지 않는다.

오답 풀이

② ㉮에서는 간신이 임금의 총명을 가리며 전횡을 일삼는 현실을, 구름과 햇빛을 대조하여 구름이 중천에 떠서 태양을 가리는 것에 빗대어 비판하고 있다.
  * 우의적 표현: 어떤 의도를 직접 말하지 않고 동물이나 식물, 사물 등에 빗대어 넌지시 일깨우는 표현 방법
③ ㉯의 '우지는다', '이별 ᄒᆞ엿는야', 'ᄒ더냐' 등에서 의문형 종결 어미를 사용하여, 이별로 인한 화자의 슬픔을 강조하고 있다.
④ ㉮의 '구룸'은 '광명훈 날빗(임금의 총명)'을 흐리게 하는 부정적 대상이다. ㉯의 '공산(아무도 없는 텅 빈 산)'은 이별한 화자처럼 울고 있는 '접동'이 있는 곳이자, 아무리 울어도 대답을 들을 수 없으므로 화자의 고독감을 심화하는 공간적 배경이다.

06 정답 ①

해설

㉮ 윤선도의 〈어부사시사(漁父四時詞)〉는 작가가 자신이 은거하던 보길도를 배경으로 사계절에 따른 경물의 변화와 어부의 생활을 형상화한 연시조이다. ㉯ 이현보의 〈어부사(漁父詞)〉 또는 〈어부단가(漁父短歌)〉는 강호 한정가의 성격을 지닌 전 5수의 연시조이다.
㉮는 "머흔 구룸 훈티 마라 셰상을 ᄀᆞ리온다 ~ 파랑셩을 염티 마라 단원을 막ᄂᆞ도다"에 대구법을 사용하여 '세상, 단원'과 같은 속세에 대한 부정적 태도를 드러내고 있다. 반면 ㉯는 '인세, 십장 홍진' 등의 속세와 거리를 두고자 하는 화자의 태도는 나타나지만 대구법은 나타나지 않는다.

오답 풀이

② ㉮의 '파랑셩'은 속세의 시끄러움을 멀리할 수 있게 하는 소재이다. 또한 ㉯의 '천심 녹수'도 '십장 홍진'으로 대표되는 인간 세계와 단절시켜 주는 기능을 한다.
④ ㉮에는 자연 속에서 사는 삶을 드러내고 있을 뿐 우국충정이 드러나지 않는다. 반면 ㉯의 "장안을 도라보니 북궐이 천 리로다 ~ 제세현이 업스랴"에는 나라를 걱정하는 마음인 우국충정이 드러난다.

> **작품 해설**
>
> ㉮ 윤선도, 〈어부사시사(漁父四時詞)〉
> 1. 갈래: 평시조, 연시조(춘하추동 각 10수씩 전 40수)
> 2. 성격: 강호 한정가, 자연 친화적
> 3. 표현: 대구법, 반복법, 의성법, 설의법, 감정 이입 등 다양한 표현법을 사용함.
> 4. 주제: 강호 한정과 물아일체의 흥취
>
> ㉯ 이현보, 〈어부사(漁父詞)〉
> 1. 갈래: 연시조(전 5수)
> 2. 성격: 강호 한정가, 풍류적
> 3. 표현과 특성: ① 한자어가 많이 사용됨.
>   ② 상투적 표현으로 정경 묘사가 추상적이고 관념적임.
> 4. 의의: 고려의 〈어부가〉를 개작한 작품으로, 후에 윤선도의 〈어부사시사〉에 영향을 줌.
> 5. 주제: 자연을 벗하는 풍류적인 생활

07 정답 ③

해설

문맥으로 미루어 보아 ⓒ은 훈민과 선생님을 가리키는 말로, 듣는 이인 훈민을 포함하고 있다. 반면 ⓔ은 선생님과 옆 반 선생님을 가리키는 말로, 듣는 이인 훈민을 포함하지 않는다.

오답 풀이

① ㉠ '저'는 말하는 이가 윗사람이나 그다지 가깝지 아니한 사람을 상대하여 자기를 낮추어 가리키는 1인칭 대명사이다. 하지만 ⓒ '자기'는 앞에서 이미 말하였거나 나온 바 있는 사람을 도로 가리키는 3인칭 대명사로, 정음을 가리킨다.
② ⓒ '우리'는 선생님과 훈민을 가리키고 ⓔ '우리'는 선생님과 옆 반 선생님을 가리키므로, 가리키는 대상이 동일하지 않다.
④ ⓒ '우리'는 훈민과 선생님을 가리키므로 ㉠의 '저(훈민)'는 포함하지만 ⓒ의 '자기'인 정음은 포함하지 않는다.

08 정답 ①

해설
①에서 '당신'은 앞에서 이미 말하였거나 나온 바 있는 사람을 도로 가리키는 3인칭 대명사인 '자기'를 아주 높여 이르는 말이다. 나머지 ②·③·④는 모두 2인칭으로 쓰였다.

오답 풀이
② 부부 사이에서, 상대편을 높여 이르는 2인칭 대명사

09 정답 ④

해설
'무녀리'는 '말이나 행동이 좀 모자란 듯이 보이는 사람을 비유적으로 이르는 말'이다. '빈틈없이 아주 여무진 사람'을 이르는 말은 '모도리'이다.
* **무녀리**: 한 태에 낳은 여러 마리 새끼 가운데 가장 먼저 나온 새끼 / 말이나 행동이 좀 모자란 듯이 보이는 사람을 비유적으로 이르는 말
* **실팍하다**: 사람이나 물건 따위가 보기에 매우 실하다.
* **터수**: 살림살이의 형편이나 정도 / 서로 사귀는 사이 / '처지'나 '형편'의 뜻을 나타내는 말

오답 풀이
② **오롯이**: 모자람이 없이 온전하게 / 고요하고 쓸쓸하게.

10 정답 ①

출전 박간재, 〈식목일과 우공이산〉, 《전남일보》(2021. 4. 5.), 수정

해설
㉠ 뒤에 '어떤 일이든 꾸준히 하면 이룰 수 있음'이라는 내용이 이어지고 있으므로 ㉠에는 '우공이 산을 옮긴다는 뜻으로, 어떤 일이든 끊임없이 노력하면 반드시 이루어짐을 이르는 말'인 '愚公移山(어리석을 우, 공변될 공, 옮길 이, 뫼 산)'이 들어가는 것이 적절하다.

오답 풀이
② **毛遂自薦**(털 모, 이룰 수, 스스로 자, 드릴 천): 자기가 자기를 추천함. 중국 춘추 전국 시대에 조나라 평원군이 초나라에 구원을 청하기 위하여 사신을 물색할 때에 모수가 스스로를 추천하였다는 데서 유래한다.
③ **養虎遺患**(기를 양, 범 호, 남길 유, 근심 환): 범을 길러서 화근을 남긴다는 뜻으로, 화근이 될 것을 길러서 후환을 당하게 됨을 이르는 말
④ **錦衣夜行**(비단 금, 옷 의, 밤 야, 다닐 행): 비단옷을 입고 밤길을 다닌다는 뜻으로, 자랑삼아 하지 않으면 생색이 나지 않음을 이르는 말 / 아무 보람이 없는 일을 함을 이르는 말

DAY 02 매일 국어 02회

| 01 ③ | 02 ② | 03 ① | 04 ④ | 05 ④ |
| 06 ② | 07 ② | 08 ④ | 09 ② | 10 ③ |

01 정답 ③

출전 유영만, 〈명태의 무한 변신에 숨은 인생〉, 《The SCOOP》(2014. 2. 10.)

해설
3문단에 따르면, 황태가 되지 못한 백태, 깡태, 골태 등은 황태만큼 제 값을 받지 못하지만, 여전히 사람의 먹거리가 된다. 따라서 이들을 폐기 처분해야 하는 것은 아니다.

오답 풀이
② 2문단의 '황태가 탄생하는 최적의 장소는 ~ 적당한 수분을 유지할 수 있는 곳이어야 한다. 때문에 ~ 고갯마루나 산골이 황태의 최적지로 손꼽힌다'에서 알 수 있다.
④ 마지막 문단의, 지구 온난화로 인한 수온 상승으로 우리 바닷가 근처에서 명태가 사라지고 있다는 데에서 알 수 있다.

02 정답 ②

출전 고등학교 《독서》 교과서, 천재교육, 수정

해설
2문단의, 가까운 이웃이 생산한 물건만을 사용해야 하며, 물건에 결함이 있다 하더라도 이웃을 도와야 한다는 진술에서 알 수 있다.

오답 풀이
① 1문단에 따르면, 글쓴이가 힌두교를 믿는 것은 그것이 최고여서가 아니라 가까운 주변에 있는 것이기 때문이다. 또한 최고가 아니어도 이를 개혁하면 된다고 생각한다.
③ 마지막 문단에 따르면, 지식인들이 민중과 연대하기 위해서는 모국어로 받는 교육을 강화해야 한다. 글쓴이는 변화의 대상과 방법으로 지식인이 모국어로 교육받을 것을 주장하였지만, 민중에 대한 교육은 언급하지 않았다.
④ 마지막 문단에 따르면, 외국어로 교육받은 것은 지식인들이다.

03 정답 ①

출전 2014학년도 10월 고3 전국연합학력평가

해설
마지막 문단에서 연산 장치가 베타선 감지기로부터 베타선 세기와 관련된 데이터 신호를 받고 이를 수치로 환산한다는 사실은 알 수 있지만, 어떤 방식을 이용해 데이터 신호를 계산하는지는 알 수 없다.

오답 풀이
② 1~2문단에 따르면, 시료 흡입부로 들어간 공기 속 입자 물질 중 지름 10 μm보다 큰 입자는 충돌판에 남고 그보다 작은 것들은 여과지에 쌓인다.
③ 3문단에 따르면, 베타선이 미세 먼지 입자에 의해 흡수되거나 소멸되기 때문에 미세 먼지가 있는 여과지를 통과하는 베타선은 미세 먼지가 없는 여과지를 통과하는 베타선보다 세기가 작아지게 된다.
④ 3문단에 따르면, 베타선은 종이는 빠르게 투과하지만 금속판이나 플라스틱은 투과할 수 없다. 따라서 베타선이 여과 장치를 거쳐 베타선 감지기에 도달하도록 여과 장치는 종이를 사용한다.

04 정답 ④

출전 류지한, 〈에우다이모니즘에서 지·덕·복의 관계〉

해설
4문단에 따르면, 중용에 도달하려면 실천적 지혜를 통해 '심사숙고'의 과정을 거쳐야 한다. 그런데 '실천적 지혜'는 지성의 덕 중 하나이며, 2문단에 따르면, '지성의 덕'은 오랜 기간의 교육과 이론적 탐구를 통해 길러진다. 부단한 실천을 통해 길러지는 것은 '품성의 덕'이다.

오답 풀이
① 3문단에 따르면, 상대적인 중간점인 중용은 상황, 대상, 동기나 목적, 방법에 따라 달라질 수 있으며 경우에 따라 달라진다.
② 마지막 문단에 따르면, 행복의 근본이 되는 덕을 따르는 일은 덕에 대해 생각하는 것으로 그쳐서는 안 되고 덕을 실천하는 것으로 이어져야 한다.
③ 아리스토텔레스는 인간 고유의 이성을 탁월하게 발휘하는 것이 곧 '행복'이라고 하였다. 2문단에 따르면 '지성의 덕'은 사유와 추론에서의 탁월함을 말하며, '품성의 덕'은 비이성적 부분이 이성의 명령에 따르는 능력에 있어서의 탁월함을 말한다. 따라서 인간 고유의 이성인 '지성의 덕'과 '품성의 덕'을 탁월하게 발휘하면 인생의 궁극적 목적인 '행복'에 이를 수 있다.

선재 쌤's 공감 TIP
선택지 ④는 2문단과 4문단의 내용을 결합해 만들어졌어. 그러니까 '실천적 지혜'가 지성의 덕에 속하고, 지성의 덕은 교육과 탐구를 통해 길러진다는 내용이 합쳐진 거지. 이렇게 정보가 섞여 있으면 선택지를 골라내기가 어려워지니까 주의하자!

05 정답 ④

해설
김영랑의 〈독(毒)을 차고〉는 '벗'과 '나'의 대화 형식을 통해 결연한 어조로 일제의 폭력에 대한 대결 의지를 강하게 표현한 시이다.
미래에 대한 낙관적인 전망은 드러나지 않는다. 마지막 연에서 화자는 '막음 날', 즉 자신의 죽음까지 가정하며 독(저항 의지)을 차고 가겠다는 마음가짐을 드러내고 있다.

오답 풀이
① 3연의 '아! ~ 허무한데!' 등에서 영탄적인 어조가 드러난다. 이를 통해 부정적 현실에서 살아가는 화자의 허무함을 효과적으로 드러내고 있다.
② 2연에 허무주의적 세계관을 바탕으로 세상과 타협하며 살라는 벗의 말이 드러나 있다. 이에 대해 3~마지막 연에서 부정적 현실에 저항하며 살겠다는 화자의 답이 대화 형식을 통해 드러나고 있다.
③ 3연의 '허나'를 통해 시상이 전환되며, 저항적 삶을 살겠다는 화자의 자세가 부각되고 있다.

작품 해설

김영랑, 〈독을 차고〉
1. 갈래: 자유시, 서정시
2. 성격: 의지적, 저항적, 직설적
3. 어조: 의지적 어조
4. 표현과 특성: ① 벗과 나의 대화 형식이라는 극적 구조
  ② 강인한 어조와 직설적 표현으로 화자의 의지를 강조함.
5. 주제: 식민지 현실에 대한 강한 저항 의지
6. 해설: 〈독을 차고〉는 우리말의 맑고 깨끗한 음악성을 추구해 왔던 김영랑의 다른 작품들과는 달리, 결연한 어조로 일제의 폭력에 대한 대결 의지를 강하게 표현한 시이다. 이 시는 '벗'과 '나'의 대화 형식을 취한다는 점이 특징이다. 허무주의적 세계관을 가진 '벗'은 '나'에게 현실에 순응하라고 충고하지만, '나'는 양심을 지키고 혼을 건지기 위해서는 독을 차고 선선히 갈 수밖에 없다고 말한다. 김영랑은 이렇게 대조적인 두 사람의 세계관을 제시하여 화자의 현실 대결 의지가 형성되는 과정과 그 궁극적인 목표를 보여 주고 있다.

06 정답 ②

해설
㉮ 이육사의 〈꽃〉은 일제 강점기라는 극한 상황을 이겨 내는 '꽃'의 강인한 생명력을 통해 밝은 미래에 대한 소망과 신념을 드러낸 시이다.
㉯ 윤동주의 〈참회록(懺悔錄)〉은 거울을 닦는 상징적 행위를 통해 망국의 현실에서 무기력하게 살아온 화자 자신의 삶에 대한 성찰과, 현실을 극복하려는 치열한 의지를 형상화한 시이다.
㉮의 "오히려 꽃은 발갛게 피지 않는가", "제비 떼 까맣게 날아오길 기다리나니"와 ㉯의 "파란 녹이 긴 구리거울 속에"에서 색채어를 사용해 시각적 심상을 드러내고 있다.

오답 풀이

① 고백적 어조를 통해 화자의 성찰을 드러낸 시는 **나**이다. **나**의 화자는 자신의 삶을 성찰하며 현실에 적극적으로 대응하지 못했던 지난날을 고백적 어조로 참회하고 있다. 반면 **가**의 화자는 극한 상황에서도 새 생명이 탄생할 것이라는 기대를 의지적 어조로 드러내고 있다.
③ **가**, **나** 모두 시구의 반복이 나타나지 않는다.
④ 영탄적 어조는 **나**가 아니라 **가**에 두드러진다. **가**의 '쉬임 없는 날이여', "마침내 저버리지 못할 약속이여!", '너를 불러 보노라'에서 영탄적 어조를 사용하여 화자의 강인한 저항 의지와 새로운 세계에 대한 기대감을 드러내고 있다. **나**에서는 고백적 어조를 통해 자기 성찰의 자세를 드러내고 있다.

작품 해설

가 이육사, 〈꽃〉
1. 갈래: 자유시, 서정시
2. 성격: 영탄적, 의지적, 상징적, 관조적
3. 표현과 특성: ① 상징을 통해 암시적으로 표현함.
   ② 영탄적 어조의 반복으로 의지를 강조함.
4. 주제: 조국 광복에 대한 신념과 기다림
5. 해설: 〈꽃〉은 미래 지향적인 성격이 두드러지는 시이다. 화자는 '북쪽 툰드라' 등 부정적 현실에 처해 있지만 '꽃 성'에서 '나비'처럼 취해 기뻐할 미래를 긍정적으로 예감하며 희망을 버리지 않고 있다.

나 윤동주, 〈참회록(懺悔錄)〉
1. 갈래: 자유시, 서정시
2. 성격: 고백적, 상징적, 자아 성찰적
3. 표현과 특성: ① '과거-현재-미래'의 시간의 흐름에 따라 시상을 전개함.
   ② '거울'을 매개로 치열한 자아 성찰의 모습을 형상화함.
4. 주제: 자아 성찰을 통한 참회와 현실 극복 의지
5. 해설: 〈참회록〉은 '거울'이라는 상징적 소재를 통해 치욕스러운 망국의 현실에서 무기력하게 살아온 화자 자신의 삶에 대한 성찰과, 현실을 극복하고자 하는 치열한 의지를 형상화한 시이다.

07   정답 ②

해설

나는 [친구가 오기] 전에 집에 갔다.: '친구가 오기'라는 명사절이 안긴 문장으로, 안긴문장은 뒤에 오는 체언 '전'을 수식하는 관형어의 기능을 하고 있다.

오답 풀이

① [아이가 지은] 시는 훌륭했다.: '아이가 지은'이라는 관형절이 안긴 문장으로, 안긴문장이 뒤에 오는 체언을 수식하여 그 뜻을 제한하는 기능을 하고 있다.
③ 우리는 [그가 범인임]을 알았다.: '그가 범인임'이라는 명사절이 안긴 문장으로, 안긴문장이 조사 '을'과 결합하여 목적어로 쓰이고 있다.
④ 동생이 방에서 [소리도 없이] 잔다.: '소리도 없이'라는 부사절이 안긴 문장으로, 안긴문장이 뒤에 오는 서술어 '잔다'를 수식하고 있다.

08   정답 ④

해설

ⓒ 그녀는 [내가 모르는] 노래를 불렀다.: ⓒ의 안긴문장인 '내가 모르는'에는 '내가 (노래를) 모르는'과 같이 목적어가 생략되어 있다.

오답 풀이

① ㉠ 나는 [그 사람이 정직함]을 믿는다.: ㉠은 '그 사람이 정직함'이 명사의 역할을 하는 명사절로 안긴 문장이다.
② ㉠의 안긴문장인 '그 사람이 정직함'은 서술어인 '정직하다'에 명사형 어미 '-ㅁ'이 붙어 명사의 역할을 하는 것이므로 서술어가 생략되었다고 볼 수 없다.
③ ⓒ은 '내가 모르는'이 뒤에 오는 체언인 '노래'를 수식하는 관형절로 안긴 문장이다.
⑤ ㉠에는 명사절만 안겨 있고, ⓒ에는 관형절만 안겨 있다. 즉 ㉠과 ⓒ은 모두 서술절을 포함하고 있지 않다.

09   정답 ②

해설

'손끝(을) 맺다'는 '할 일이 있는데도 아무 일도 안 하다'의 의미이다. 따라서 맡은 일을 성실하게 마무리했다는 내용과는 어울리지 않는다.

오답 풀이

① 꼬리(를) 내리다: 상대편에게 기세가 꺾여 물러서거나 움츠러들다.
③ 사개(가) 맞다: 말이나 사리의 앞뒤 관계가 빈틈없이 딱 들어맞다.
  * 사개: 상자 따위의 모퉁이를 끼워 맞추기 위하여 서로 맞물리는 끝을 들쭉날쭉하게 판 부분. 또는 그런 짜임새
④ 바가지(를) 쓰다: 요금이나 물건값을 실제 가격보다 비싸게 지불하여 억울한 손해를 보다. / 어떤 일에 대한 부당한 책임을 억울하게 지게 되다.

10   정답 ③

출전 〈공천 개혁〉, 《뉴스핌》(2023. 8. 7.), 수정

해설

㉠의 앞뒤는 고배를 마셨던 인사들이 기회를 노리고 있다는 내용이므로, ㉠에는 '어떤 일에 실패한 뒤에 힘을 가다듬어 다시 그 일에 착수함을 비유하여 이르는 말'인 '捲土重來(권토중래)'가 들어가는 것이 적절하다.

* 捲土重來[말 권, 흙 토, 무거울 중, 올 래(내)]: 땅을 말아 일으킬 것 같은 기세로 다시 온다는 뜻으로, 한 번 실패하였으나 힘을 회복하여 다시 쳐들어옴을 이르는 말. 항우가 유방과의 결전에서 패하여 오강 근처에서 자결한 것을 탄식한 말에서 유래한다. / 어떤 일에 실패한 뒤에 힘을 가다듬어 다시 그 일에 착수함을 비유하여 이르는 말

* **고배(苦杯)를 들다{마시다/맛보다}**: 패배, 실패 따위의 쓰라린 일을 당하다.

> [오답 풀이]
> ① 興盡悲來[일어날 흥, 다할 진, 슬플 비, 올 래(내)]: 즐거운 일이 다하면 슬픈 일이 닥쳐온다는 뜻으로, 세상일은 순환되는 것임을 이르는 말
> ② 千客萬來[일천 천, 손님 객, 일만 만, 올 래(내)]: 천 명의 손님이 만 번씩 온다는 뜻으로, 많은 손님이 번갈아 계속 찾아옴을 이르는 말
> ④ 說往說來[말씀 설, 갈 왕, 말씀 설, 올 래(내)]: 서로 변론을 주고받으며 옥신각신함. 또는 말이 오고 감.

DAY 03 매일 국어 03회

| 01 ② | 02 ② | 03 ③ | 04 ① | 05 ③ |
| 06 ③ | 07 ③ | 08 ③ | 09 ① | 10 ② |

01
정답 ②

> [출전] 김정원, 《사회적 기업이란 무엇인가?》

> [해설]
> ㉡ 다음 문장은 고용 창출과 관련하여 정부나 기업, 지역 사회의 지원이 필요하다는 내용이다. 따라서 사회적 기업 자체의 역량으로는 고용 창출이 힘들다는 〈보기〉의 내용은 ㉡에 들어가 인과 관계를 이루는 것이 자연스럽다.

02
정답 ②

> [출전] 앤서니 기든스, 《현대 사회학》

> [해설]
> 번스타인에 따르면, 제한된 코드를 사용하는 노동자 계급의 어머니들은 자녀를 직설적으로 칭찬하거나 혼내면서 자녀들을 사회화시킨다. 반면 정교한 언어 코드를 사용하는 중산층 어머니들은 자신이 왜 자녀의 행동에 그렇게 반응하는지 이유와 원리를 설명한다. 따라서 자녀가 사탕을 너무 많이 먹으려고 할 때 노동자 계급의 어머니들은 ㉠과 같이 직설적으로 금지하는 말하기를 할 것이다. 반면 중산층 어머니들은 ㉢과 같이 사탕을 너무 많이 먹는 행위를 억제하는 이유와 사탕이 몸에 해를 끼치는 원리를 설명할 것이다.

> [오답 풀이]
> ㉡·㉣ 자녀가 사탕을 너무 많이 먹으려고 할 때를 가정하고 있으므로 노동자 계급의 어머니와 중산층 어머니의 말인 두 ( )에는 모두 이를 제지하는 말이 들어가야 한다. 그런데 ㉡과 ㉣은 사탕에 대한 긍정적인 반응을 보인 것이므로 두 계층의 어머니의 말로 적절하지 않다.

03
정답 ③

> [출전] 데이비드 란들리, 《볼츠만의 원자》, 수정

> [해설]
> 열역학 제2 법칙에서는 다음과 같이 미래의 우주가 열적 죽음에 이를 것이라 예측하고 있다. '1. 고립계에서는 엔트로피가 증가하는 방향으로 자발적인 변화가 일어난다. → 2. 우주는 고립계이다. → 3. 우주에서는 엔트로피가 증가하는 방향으로 자발적인 변화가 일어난다. → 4. 우주에서 엔트로피가 끊임없이 증가하면 열적으로 평형 상태에 이르게

된다. → 여기서는 더 이상 아무런 활동이 생기지 않으므로 종말(열적 죽음)의 상태에 이르게 된다'. 그런데 ㉠'그러나'로 시작하면서, 그 뒤에 열역학 제2 법칙이 우주의 열적 죽음이라는 예언을 담고 있지 않다는 정보가 이어지고 있으므로, ㉠에는 1~4 중 하나를 반박하는 내용이 들어가야 한다. ③은 우주가 엔트로피의 증가로 열적인 평형 상태에 이르게 된다는 4를 반박하는 정보로, ③에 따르면 우주가 비평형의 상태가 되므로 우주는 열적 죽음을 맞이하지 않게 된다.

오답 풀이
① 자연에서 일정한 방향성을 가지고 나타나는 자발적인 변화를 설명한 것으로 1~4를 반박하는 근거가 되지 못한다.
② 엔트로피가 끊임없이 증가하면 평형 상태가 이루어져 우주의 종말을 맞게 된다는 결론이 도출된다.
④ 고립계에서는 엔트로피가 증가하는 방향으로 자발적인 변화가 일어난다. ④는 우주가 '고립계'라고 하였으므로 엔트로피가 감소할 수도 있다는 설명은 제시문과 배치된다. 또한 고립계인 우주에서 엔트로피가 증가하면 열적 죽음에 이르게 되므로 적절하지 않다.

선재 쌤's 공감 TIP
마지막에 열역학 제2 법칙의 예언은 틀렸다고 하잖아. 그러니까 ㉠에는 열역학 제2 법칙의 예언이 틀린 이유가 나와야 해. 열역학 제2 법칙의 예언(예측)은 바로 앞에 나와 있어. 이와 같이 생략된 정보를 추리하는 문제를 풀려면, 앞뒤 문장을 잘 살펴봐야 하지.

04 정답 ①

해설
김유정의 〈봄·봄〉은 혼인을 빌미로 주인공을 착취하는 교활한 장인과 순박하고 우직한 '나'의 갈등을 해학적으로 그린 소설이다.
이 작품은 주인공인 '나'의 시각에서 서술되는 1인칭 주인공 시점을 취하고 있는데, ①은 1인칭 관찰자 시점에 대한 설명이다.

오답 풀이
②·③ 자신의 편을 들지 않는 점순이의 행동에 당황하고, 장인과의 싸움 끝에 머슴살이를 계속하는 '나'의 말과 행동을 통해 순박하고 어리석은 성격이 드러나고 있다. 이러한 '나'의 주관적 시각에서 사건이 왜곡되면서 해학성을 유발하고 있다.
④ "그러나 이때는 그걸 모르고 장인님을 원수로만 여겨서 잔뜩 잡아다렸다" 등에서 역순행적 구성을 확인할 수 있다.

선재 쌤's 공감 TIP
'나'가 지게를 지고 일터로 가는 장면이 이 작품의 결말이야. 성례가 이루어지지 않았으니까 결국 '나'와 장인이 갈등하게 된 원인은 해소되지 않은 거지. 이로 보아 내년 봄에도 똑같은 상황이 벌어질 것이라고 예상할 수 있어. 제목 〈봄·봄〉은 계절적 배경이자, 내용적 측면으로 봤을 때 내년에도 장인과 갈등이 발생할 것임을 알려 주는 상징이기도 해.

작품 해설
김유정, 〈봄·봄〉
1. 갈래: 단편 소설
2. 성격: 해학적, 향토적, 희극적
3. 시점: 1인칭 주인공 시점
4. 배경: 1930년대 봄, 강원도 산골
5. 표현과 특성: ① 과장된 희극적 상황의 설정
　　　　　　　 ② 토속적 언어와 비속어 사용을 통한 향토성, 해학성 표출
　　　　　　　 ③ 역순행적 구성
6. 주제: 교활한 장인과 순박한 사위 사이에서 벌어지는 갈등

05 정답 ③

해설
염상섭의 〈두 파산(破産)〉은 해방 후의 혼란상과 물질 만능의 세태를 풍자한 소설이다.
제시문에 서술자가 인물의 성격을 직접적으로 제시한 부분은 없다. 정례 어머니, 옥임, 교장의 성격은 대화나 행동 등으로 간접적으로 제시하는 보여주기 방식을 통해 드러나고 있다.

오답 풀이
① 옥임이 과거에 들고 다녔던 '셰익스피어의 원서, 〈인형의 집〉'과 현재 들고 다니는 '돈 전대'를 대비하여 이전과는 달리 물질 만능주의에 찌든 옥임의 변화를 드러내고 있다.
② '그런 말씀을 하시니 ~ 지금 세상 아닙니까'에서 속임수가 만연한 세태 속에서 돈을 중시하는 교장의 인식이 드러나고 있다.
④ "정례 모친은 그 후 ~ 교장의 딸 내외가 들어앉았다"에서 전지적 서술자가 정례 모친의 상점과 관련된 정보를 모두 파악하여 독자에게 전달하고 있다.

06 정답 ③

해설
정례 어머니는 교장과의 대화에서 '어린애 코 묻은 돈 바라고 ~ 나두 불쌍한 신세이지마는'이라고 라고 자신의 처지를 이야기하며, 자신의 신세가 '불쌍하다'고 자조하고 있다.

오답 풀이
① 정례 어머니는 '셰익스피어의 원서를 끼고 ~ 엘렌 케이의 숭배자'였던 옥임이가 물질 만능주의자가 된 사실을 불쌍하다고 말하며 연민하고 있다. 또 마지막 부분에서 정례 어머니는 옥임이에게 돈을 갖다 주라고 딸에게 내놓아 옥임과의 채무 관계를 정리하고 있다. 그러나 정례의 딸이 옥임이를 연민하는 부분은 나오지 않는다.
② "정례 모친은 그 후 두 달 ~ 내외가 들어앉았다"에 따르면, 정례 어머니는 교장에게 돈을 갚았으나, 자신의 가게를 지켜 내지는 못했다.
④ 정례 어머니가 옥임이의 물질 만능주의 행태를 비판하자 교장은 "그런 말씀을 하시니 나두 ~ 지금 세상 아닙니까, 허허허"라고 답하고 있다. 이는 옥임이의 행동이 지금 세태에서는 당연한 것이라고 인정한 것이다. 따라서 교장이 정례 어머니의 말에 긍정하며 정례 어머니를 위로했다는 설명은 적절하지 않다.

작품 해설

염상섭, 〈두 파산〉
1. **갈래**: 단편 소설, 세태 소설
2. **시점**: 전지적 작가 시점
3. **배경**: 해방 이후 1940년대, 서울 황토현 부근
4. **주제**: 물질적·정신적으로 인간을 파산시키는 해방 후 혼란한 사회상(물질 만능의 세태 풍자)
5. **해설**: 〈두 파산〉은 정신적으로 파산하는 인물(옥임)과 물질적으로 파산하는 인물(정례 모친)의 극적 대비를 통해 해방 직후의 혼란스러운 현실을 효과적으로 보여 주는 소설이다. 있는 자는 돈의 노예가 되어 도덕적으로 타락을 하고, 빈곤하지만 선한 자는 있는 자에게 피해를 받는 현실을 객관적이고 치밀하게 묘사하여 물질적·정신적으로 인간을 파산시킨 세태와 경제 제일주의를 비판하였다.

07 정답 ③

출전 2012학년도 6월 대학수학능력시험, 수정

해설
㉠ '상보 반의어'는 각각의 의미 영역이 상호 배타적인 대립 관계에 있는 반의어로 '살다 : 죽다', '참 : 거짓'을 예로 들 수 있다.
㉡ '등급 반의어'는 정도의 차이를 표현하는 반의어로 양 극단 사이의 중간적인 속성이 존재한다. '크다 : 작다', '빠르다 : 느리다'를 예로 들 수 있다.
㉢ '방향 반의어'는 마주 선 방향에 따라 관계나 이동의 측면에서 대립을 이루는 반의어로 '가다 : 오다', '아래 : 위'를 예로 들 수 있다.
따라서, ㉠~㉢의 예가 옳게 연결된 것은 ③이다.

보충 자료 2

① 상보 반의어   ② 정도(등급) 반의어   ③ 방향(대칭) 반의어

08 정답 ③

해설
제시문은 등급(정도) 반의어에 관한 내용이다. 등급 반의어는 반의 관계에 있는 단어들이 양쪽 극단에 있고 그 사이에 중간 상태가 있어 등급을 나눌 수 있다. 또한 등급 반의어는 중간 상태가 있기 때문에 반의 관계에 있는 두 단어를 동시에 부정해도 모순되지 않는다. 이에 해당하는 사례로 가장 적절한 것은 '밝다 : 어둡다'이다.

오답 풀이
① '남자 : 여자'는 각각의 의미 영역이 상호 배타적이며 한쪽을 부정하는 것이 다른 쪽을 긍정하는 관계를 이루는 상보 반의어이다. 상보 반의어는 두 단어를 동시에 긍정하거나 부정하면 모순이 발생한다. 또한 정도 부사의 수식을 받을 수 없고 비교 표현도 사용할 수 없다.
②·④ '스승 : 제자', '가르치다 : 배우다'는 마주 선 방향에 따라 관계나 이동의 측면에서 대립을 이루는 방향(대칭) 반의어이다. 두 단어가 상대적 관계를 형성하고 있으면서 의미상 대칭을 이룬다.

09 정답 ①

해설
㉠의 뒤에, 쓸 줄만 알지 벌 줄은 모르는 아들들이 일만 크게 벌이고 뒷감당은 아버지에게 계속 떠넘기고 있으며, 누구 돈이든 쏟아 붓고 보자는 식의 행동을 한다고 제시되어 있다. 따라서 ㉠에 들어갈 속담으로 적절한 것은 '밑 빠진 독에 물 붓기'이다.
* **밑 빠진 독{가마/항아리}에 물 붓기**: 밑 빠진 독에 아무리 물을 부어도 독이 채워질 수 없다는 뜻으로, 아무리 힘이나 밑천을 들여도 보람 없이 헛된 일이 되는 상태를 비유적으로 이르는 말
* **불(을) 보듯 뻔하다{훤하다}**: 앞으로 일어날 일이 의심할 여지가 없이 아주 명백하다.

오답 풀이
② 애호박에 말뚝 박기: 심술이 매우 고약함을 비유적으로 이르는 말
③ 땅 짚고 헤엄치기: 일이 매우 쉽다는 말 / 일이 의심할 여지가 없이 확실하다는 말
④ 꿩 먹고 알 먹기{먹는다}: 한 가지 일을 하여 두 가지 이상의 이익을 보게 됨을 비유적으로 이르는 말

10
정답 ②

해설
'刻骨痛恨(새길 각, 뼈 골, 아플 통, 한할 한)'은 '뼈에 사무칠 만큼 원통하고 한스러움. 또는 그런 일'을 뜻하는 말로 문맥에 맞지 않다. 이 문장에서는 '남에게 입은 은혜가 뼈에 새길 만큼 커서 잊히지 아니함'을 뜻하는 '刻骨難忘(새길 각, 뼈 골, 어려울 난, 잊을 망)'을 쓰는 것이 적절하다.

오답 풀이
① 單刀直入(홑 단, 칼 도, 곧을 직, 들 입): 혼자서 칼 한 자루를 들고 적진으로 곧장 쳐들어간다는 뜻으로, 여러 말을 늘어놓지 아니하고 바로 요점이나 본문제를 중심적으로 말함을 이르는 말
③ 迂餘曲折(멀 우, 남을 여, 굽을 곡, 꺾을 절): 뒤얽혀 복잡하여진 사정
④ 一敗塗地(하나 일, 패할 패, 진흙 도, 땅 지): 싸움에 한 번 패하여 간과 뇌가 땅바닥에 으깨어진다는 뜻으로, 여지없이 패하여 다시 일어날 수 없게 되는 지경에 이름을 이르는 말

DAY 04 매일 국어 04회

| 01 ④ | 02 ① | 03 ① | 04 ② | 05 ③ |
| 06 ① | 07 ② | 08 ② | 09 ④ | 10 ① |

01
정답 ④

출전 조엘 베스트, 《통계라는 이름의 거짓말》, 수정

해설
2문단의 '크기가 크다고 해서 반드시 훌륭한 표본은 아니다'와 "그 이미지 표본은 포르노 이미지가 집중되는 부분에서 추출한 것이므로 결코 대표 표본이 아니었다"에서 알 수 있듯이, 큰 표본을 대표 표본이라고는 할 수 없고, 대표 표본이 되려면 편중되지 않은 대상에서 표본을 추출해야 한다는 것이 중심 내용이다.

오답 풀이
① '가능한 한 많은 표본을 수집'한다는 것은 대표 표본의 크기를 중요시한 것이다. 이는 제시문의 내용과 배치된다.
② 제시문의 부분적인 내용일 뿐이다.

02
정답 ①

출전 2009학년도 3월 고2 전국연합학력평가, 수정

해설
1~2문단에서는 소리가 발생하는 원리를 설명한 후 진동과 공명 현상으로 생성되는 악기 소리를 설명하고 있다. 마지막 문단에서는 이러한 진동과 공명 현상을 중심으로 바이올린이 어떻게 소리를 내는가를 설명하고 있다. 따라서 '소리의 진동과 공명 현상을 중심으로 본 바이올린 소리의 원리'가 중심 내용으로 가장 적절하다.

오답 풀이
② 소리와 공명 현상의 관계는 언급되어 있지만, 바이올린의 연주 과정은 언급되어 있지 않다.
③ 소리의 다양한 파동 형태나 바이올린 음색에 대한 언급은 나오지 않는다.
④ 마지막 문단에만 일부 제시되는 내용이다.

선재 쌤's 공감 TIP
제시문의 중심 내용을 잘 찾으려면, 평상시에 요약하는 훈련을 꾸준히 해야 해. 한 개의 문단에서 가장 중요한 문장을 소주제문이라고 하거든. 문단별 소주제문을 찾아 연결하면 한 편의 요약문을 완성할 수 있어.

03 정답 ①

해설
그림의 재료와 용구, 작가의 의도, 전통적인 회화 양식에 대한 기본적인 약속 등은 한국화이기 위해서 필요한 조건이므로 '한국화의 요건'이 중심 내용으로 가장 적절하다.

오답 풀이
③ 한국화와 서양화의 차이는 한국화의 요건을 규정하기 위한 부수적 내용이다.
④ 한국화의 유형은 제시문에 나오지 않는 내용이다.

04 정답 ②

해설
마지막 문단에 따르면, 화가가 자기 그림을 한국화로 주장하려면 은연중에 형성되어 있는 한국화에 대한 기본적인 약속들을 근거로 제시해야 한다. 이와 같은 한국화를 규정하는 묵시적 약속에는 재료와 용구, 소재, 기법, 예술관 등이 있는데 이들 중 몇 가지만이라도 한국적이면 한국화라고 할 수 있다.
* 묵시적(默示的): 직접적으로 말이나 행동으로 드러내지 않고 은연중에 뜻을 나타내 보이는 것

오답 풀이
①·③ 2~3문단에 따르면, 현대 회화에서는 한국화와 서양화의 장르를 구분할 때 재료나 용구만으로 할 수 없는 경우가 많아 작가 본인의 의도가 중시된다. 따라서 먹이나 전통적 산수와 같이 한국적 재료나 주제, 소재를 그렸어도 예술가의 의도에 따라 한국화가 아닐 수도 있다.
④ 3문단의, "요즘은 그리는 재료가 다양해지고 ~ 무의미해진다"에서 알 수 있다.

05 정답 ③

해설
가 월명사의 〈도솔가(兜率歌)〉는 하늘에 두 개의 해가 나타난 괴변을 없애기 위해 치러진 의식에서 불린 주술적 성격의 4구체 향가이다. 나 충담사의 〈찬기파랑가(讚耆婆郎歌)〉는 화랑인 기파랑을 추모하여 지은 10구체 향가이다.
명령형 어미를 통해 소망을 제시하는 것은 가뿐이다. 가는 "미륵 좌주 모리셔 벌라"에서 명령형 어미를 사용하여 미륵 좌주를 불러 사회적 혼란을 막고자 하는 소망을 드러내고 있다.

오답 풀이
① 가는 사회적 혼란을 막기 위한 의식인 '산화공덕'에서 불린 노래로, 국가적 의식과 관련된 내용을 담고 있다. 반면 나는 기파랑의 인품을 찬양하는 노래로, 국가적 의식이 아니라 개인적 정서와 관련된 내용을 담고 있다.

② 나의 '아으'는 10구체 향가의 낙구에 나타나는 감탄사이다. 이를 통해 기파랑에 대한 추모의 정을 집약해서 드러내고 있다. 반면 가에는 감탄사가 나오지 않는다.
④ 가는 '꽃(花)'을 의인화하여 사회적 혼란을 막고 나라의 안녕을 기원하고자 하는 주제를 전달하고 있다. 또한 나는 '달', '냇물', '조약돌', '잣나무' 등에 기파랑의 높은 인품을 비유하여 기파랑을 찬양하고 있다.

06 정답 ①

해설
나의 화자는 기파랑의 인격을 예찬하고 있다. ①의 화자 또한 낙목한천에서도 홀로 피어 있는 국화의 꿋꿋한 절개를 예찬하고 있다.
* 낙목한천(落木寒天): 나뭇잎이 다 떨어진 겨울의 춥고 쓸쓸한 풍경. 또는 그런 계절

오답 풀이
② 간신 신돈의 횡포를 구름에 빗대어 풍자하고 있다.
③ 자연에서 즐기는 여유로움과 안빈낙도를 드러내고 있다.
④ 임(단종)을 모시지 못하는 안타까움을 드러내고 있다.

📖 작품 해설

가 월명사, 〈도솔가(兜率歌)〉
1. 갈래: 4구체 향가, 주술가
2. 성격: 불교적, 주술적
3. 표현과 특성: ① 명령 어법을 사용하여 소망을 표출함.
   ② 제의에 사용되던 주가적(呪歌的) 흔적이 나타남.
4. 주제: 사특한 것을 쫓아냄. 국태민안(國泰民安)
5. 해설: 〈도솔가〉는 하늘에 두 개의 해가 나타난 괴변을 없애기 위해 치러진 의식에서 불린 향가이다. 두 개의 해는 현재의 왕에게 도전할 세력의 출현이나 가뭄 등의 재해를 예견하는 것으로 볼 수 있다. 이와 같은 사회적 혼란을 막기 위해 행해진 의식이 산화공덕(散花功德)이며, 따라서 이 향가는 주술적 성격이 강하다.

나 충담사, 〈찬기파랑가(讚耆婆郎歌)〉
1. 갈래: 10구체 향가, 추도가
2. 표현과 특성: ① 비유와 상징의 사용
   ② 예찬적, 추모적 태도
   ③ 다양한 자연물을 통한 대상의 모습 제시
3. 의의: ① 고도의 상징성을 지녀 〈제망매가〉와 함께 향가의 백미로 꼽힘.
   ② 주술성이나 종교적 색채가 없는 순수 서정시
4. 주제: 기파랑의 고매한 인품에 대한 찬양
5. 해설: 〈찬기파랑가〉는 승려인 충담사가 기파랑을 추모하여 지은 10구체 향가의 대표작이다. 물음과 그 물음에 대한 답사 그리고 결사의 3단 구성을 취하며, 낙구의 첫머리에 '아으'라는 감탄사가 있어 10구체 향가의 전형적인 모습을 보여 준다.

07 정답 ②

해설
ⓒ '슬픔'은 '슬프-'와 명사 파생 접미사 '-ㅁ'의 결합으로 이루어진 파생어로, 형용사인 '슬프다'가 명사인 '슬픔'으로 품사가 바뀌었다.
ⓔ '좁히다'는 형용사 '좁다'에 '사동'의 뜻을 더하고 동사를 만드는 접미사 '-히-'가 붙어 사동사가 된 파생어로, 품사가 형용사에서 동사로 바뀌었다.

오답 풀이
① ⓐ '첫사랑'은 관형어 '첫'과 체언 '사랑'이 결합한 합성어이다.
③ ⓑ '한여름'은 어근의 앞에 접사 '한-'이 결합한 것이지만, '여름'도 명사이고 '한여름'도 명사이므로 품사는 바뀌지 않았다.
④ ⓓ '선생님'은 어근에 접사 '-님'이 결합한 파생어이지만 '늙은이'는 용언의 관형사형인 '늙은'과 의존 명사인 '이'가 결합한 합성어이므로 단어 형성 방법이 같지 않다.

08 정답 ②

해설
㉠과 ㉡을 모두 충족하려면 어근의 품사를 바꾸는 접미사가 붙어야 한다. '높이다'는 형용사 '높다'에 '사동'의 뜻을 더하고 동사를 만드는 접미사 '-이-'가 붙어 동사가 되었다. 따라서 ㉠과 ㉡을 모두 충족하는 예로 적절하다.

오답 풀이
① '새-'는 접두사이다. 접두사는 품사의 변화 없이 뒤에 오는 어근의 뜻만 제한한다. '빨갛다'는 형용사이고 '새빨갛다'도 형용사이므로 품사는 바뀌지 않는다.
③ '읽히다'는 피동을 만드는 접미사 '-히-'가 붙었지만 '읽다'도 동사이고 '읽히다'도 동사이므로 품사는 바뀌지 않는다.
④ '달리기'는 부사어 '천천히'의 수식을 받고 서술성이 있다는 점에서 동사 '달리다'에 전성 어미 '-기'가 붙은 명사형이고, 품사는 그대로 동사이다. 이와 같은 용언의 명사형은 품사를 바꾸는 명사 파생 접사가 붙은 파생 명사와 형태가 같을 수는 있지만 품사는 바뀌지 않는다.

09 정답 ④

출전 박영민 외, 〈책임감 있게 글을 쓰려면〉, 고등학교 《국어》 교과서, 비상교육

해설
'몸의 동작이나 몸을 가누는 모양새 / 어떤 일이나 상황 따위를 대하는 마음가짐. 또는 그 마음가짐이 드러난 자세 / 어떤 일이나 상황 따위에 대해 취하는 입장' 등을 뜻하는 '태도'는 '態度(모양 태, 법도 도)'로 쓴다. * 熊: 곰 웅

오답 풀이
① 接近(접할 접, 가까울 근): 가까이 다가감. / 친밀하고 밀접한 관계를 가짐.
② 機會(틀 기, 모일 회): 어떠한 일을 하는 데 적절한 시기나 경우 / 겨를이나 짬
③ 擴張(넓힐 확, 베풀 장): 범위, 규모, 세력 따위를 늘려서 넓힘.

10 정답 ①

해설
말뚝이는 '양반'의 의미를 '개잘량'과 '개다리소반'으로 풀이하며 양반을 조롱하지만, 양반들의 호통에 태도를 바꾸고 있다. 따라서 이러한 말뚝이의 태도와 가장 관련이 깊은 한자 성어는 '겉으로는 복종하는 체하면서 내심으로는 배반함'을 뜻하는 '面從腹背(낯 면, 좇을 종, 배 복, 등 배)'이다.

오답 풀이
② 眼高手卑(눈 안, 높을 고, 손 수, 낮을 비): 눈은 높으나 솜씨는 서투르다는 뜻으로, 이상만 높고 실천이 따르지 못함을 이르는 말
③ 近墨者黑(가까울 근, 먹 묵, 놈 자, 검을 흑): 먹을 가까이하는 사람은 검어진다는 뜻으로, 나쁜 사람과 가까이 지내면 나쁜 버릇에 물들기 쉬움을 비유적으로 이르는 말
④ 溫故知新(따뜻할 온, 옛 고, 알 지, 새로울 신): 옛것을 익히고 그것을 미루어서 새것을 앎.

DAY 05 매일 국어 05회

| 01 ④ | 02 ③ | 03 ② | 04 ③ | 05 ② |
| 06 ③ | 07 ④ | 08 ② | 09 ③ | 10 ① |

01   정답 ④

출전 2003학년도 대학수학능력시험

해설
1문단에 따르면, 알바레즈는 중생대 말에 지구에 떨어진 운석이 많은 먼지를 발생시켰고 그로 인해 햇빛이 차단되면서 기온이 급강하해 공룡이 멸종했다고 주장했다. 이를 바탕으로 할 때, 중생대 말에 기온이 급강하한 사실을 증명할 수만 있다면 알바레즈의 공룡 멸종과 관련한 주장은 사실일 가능성이 높아진다고 추론할 수 있다.

오답 풀이
① 이리듐은 지구의 표면에 거의 없는 희귀 원소이지만 지구에서 볼 수 없는 원소는 아니다. 또한 이리듐은 지구의 퇴적층인 K·T층에 많이 포함되어 있다.
② 알바레즈는 지구에 떨어진 운석이 먼지를 일으켜, 그 먼지가 햇빛을 차단해 공룡을 비롯한 대부분의 생명이 멸종되었다고 주장했다. 즉 알바레즈에 따르면, 공룡이 멸종한 것은 운석과 충돌했기 때문이 아니라 운석으로 인해 연쇄적으로 일어난 결과 때문이다.
③ K·T층은 중생대와 신생대 사이의 퇴적층이다. 2문단에 따르면, 삼엽충과 푸줄리나는 고생대 말에 갑자기 사라졌으므로 삼엽충과 푸줄리나의 멸종에 관한 정보를 K·T층에서 확인할 수 있다고 추론하기는 어렵다.

02   정답 ③

출전 2014학년도 대학수학능력시험 예비 시행

해설
2문단에 따르면, ㉠ '아리아노스'는 로마의 속주였던 그리스 출신으로 로마 제정이 확립된 시기에 활동하였고, ㉢ '쿠르티우스'는 로마의 귀족 출신으로 로마 제정이 시작될 무렵의 원로원 의원이었다. 그들의 출신과 배경에 따라 ㉠은 알렉산드로스에 대해 긍정적으로, ㉢은 비판적으로 평가했다. 그러나 이러한 내용만으로 알렉산드로스에 대한 ㉠과 ㉢의 평가가 시간에 흐름에 따라 호의적으로 변하였는지는 추론할 수 없다. 또한 ㉢은 알렉산드로스를 비판했으므로 '호의적 평가'는 적절하지 않다.

오답 풀이
① ㉠은 로마의 속주였던 그리스 출신이고, ㉢은 로마의 귀족 출신이다. ㉠은 로마 제정이 확립된 시기에, ㉢은 로마 제정이 막 시작되었을 때 활동했으므로 ㉠, ㉢은 모두 로마 제정 시대에 활동했음을 추론할 수 있다.

② 1문단에서 알 수 있다. 즉 ㉠은 알렉산드로스를 명백하게 호의적으로 평가했고 ㉡은 그를 영웅으로 그리면서도 약간의 반감을 내비쳤다. 반면 ㉢은 알렉산드로스를 비판하였다.
④ ㉠은 ㉡은 모두 속주 출신이었지만, ㉠은 로마 제국의 고위직에 올라 지배자에 대한 충성의 자세를 보여야 했던 반면 ㉡은 정치와 무관한 신관으로 일했다. 또한 ㉢은 공화정을 주도한 원로원 의원으로 절대 권력을 행사한 알렉산드로스와 정치적 견해가 달랐다. 이러한 ㉠, ㉡, ㉢의 정치적 가치관에 따라 알렉산드로스에 대한 고대 저술가들의 평가가 다양하게 나타난 것이다.

03   정답 ②

출전 러셀, 《철학의 문제들》

해설
2~마지막 문단에 따르면, ㉡ '상식의 가설'에서는 나의 감각 경험을 넘어서 나의 지각에 의존하지 않는 대상들이 정말로 존재함을 주장한다. 따라서 ㉡에 따르면, '나'는 1시간만 잔 친구를 보지 않았더라도, 그의 말만 듣고도 그가 피곤한 상태일 것이라는 것을 알 수 있다. 따라서 ㉣는 ㉡을 약화하지 않고 강화한다.

오답 풀이
㉮ 1문단에 따르면, ㉠ '꿈의 가설'에서는 내가 보지 않을 때에 대상은 존재하지 않는다고 생각하므로 ㉮는 ㉠을 강화하지 않는 것이 아니라 강화한다.
㉯ 1문단의 "내 감각을 넘어서 ~ 증명할 길이 없다"에 따르면, ㉡은 증명할 길이 없다. 논리적으로 증명할 수 있는 가설만이 진리가 된다는 견해는 논리적으로 증명할 수 없으면 진리가 아니라는 의미이다. 따라서 증명할 길이 없는 ㉡은 진리가 아니게 되므로 ㉡을 강화하지 않고 약화한다.

04   정답 ③

해설
ⓐ에는 상식의 가설을 택하는 것이 합당한 이유가 들어가야 한다. 2~마지막 문단에 따르면, 상식의 가설은 '나의 변화하는 감각 경험이, 실재하는 대상을 표상하는 것으로 간주하면 <u>아주 자연스럽게 이해되지만</u>, 단지 나에게 감각되는 색깔과 형태들의 변화에 지나지 않는다고 간주하면 <u>전혀 설명할 길이 없</u>'기 때문에 합당하다. 즉 상식의 가설이 꿈의 가설과 달리 '최선의 설명을 제공하'기 때문에 합당하다는 것이다.

오답 풀이
①·② 상식의 가설이 아닌 꿈의 가설과 관련된다.
④ 제시문과 관련 없는 내용이다.

05 정답 ②

해설

( ) 안에 들어갈 표현 기법은 '역설'이다. 그러나 ②에는 화자가 비판하는 대상인 '그'에 대해 '훌륭한 비석을 남겼다'라고 표현하는 반어법이 쓰였다. ①·③·④에서는 모두 역설적 표현을 찾을 수 있다.

오답 풀이

①은 '정작으로 고와서 서러워라'에, ③은 '찬란한 슬픔의 봄'에, ④는 '외로운 눈부심'에 역설적 표현이 사용되었다.

06 정답 ③

출전 구인환, 《문학 용어 사전》

해설

㉠은 겉으로 드러난 표현과 숨겨진 실제 내용을 반대로 나타내는 수사법이므로 반어법이다. ㉡은 모순되고 부조리한 표면적 진술을 통해 깊은 진실을 담는 수사법이므로 역설법이다. 이러한 ㉠과 ㉡의 예문으로 바르게 짝지은 것은 ③이다.

㉠ '한밤중에 여직공 하나가 겁탈당한' 사건을 '사소한 사건'이라고 표현하고 있다. 이는 사소하지 않은 사건을 사소하다고 표현한 것이므로 겉으로 드러난 표현과 숨겨진 실제 내용을 반대로 표현한 반어법이 사용된 것이다.

㉡ 사랑을 위해서는 이별이 있어야 한다는 표현에서 표면적 진술에 모순이 나타나므로 역설법이 사용된 것이다.

오답 풀이

① ㉠ '외로운 황홀한 심사이어니'에 역설법이 나타난다.
㉡ 결코 잊지 못하겠다는 속마음을 '잊었노라'라고 표현하고 있으므로 반어법이 사용되었다.
② ㉠ 원관념인 '삶'을 보조 관념인 '은총의 돌층계의 어디쯤'에 빗대고 있으므로 은유법이 사용되었다.
㉡ '삶은 계란의 껍질이 벗겨지는 것'과 '묵은 사랑이 벗겨지는 것'을 '~듯'을 사용하여 직접적으로 연결하고 있으므로 직유법이 사용되었다.
④ ㉠ '모르겠는가'에서 의문형 어미를 사용해 가난해도 외로움은 안다는 의미를 전달하고 있으므로 설의법이 사용되었다.
㉡ '막음날 내 외로운 혼 건지기 위하여'라는 부사절이 서술어 '가리라' 뒤에 위치하고 있으므로 도치법이 사용되었다.

07 정답 ④

해설

장딴지(○)/장단지(×), 이쁘다(○)/예쁘다(○), 오뚝이(○)/오뚜기(×)/오똑이(×)

오답 풀이

① ・넝쿨(○)/덩굴(○)/덩쿨(×)
・삵괭이(×) → 살쾡이(○)/삵(○), 구렛나루(×) → 구레나룻(○)
② ・숫염소(○)/수염소(×)
・통채(×) → 통째(○), 되려(×) → 되레(○)/도리어(○)
③ ・강낭콩(○)/강남콩(×), 사글세(○)/삭월세(×)
・윗어른(×) → 웃어른(○)

08 정답 ②

해설

㉠ 위층(○): 된소리나 거센소리 앞에서는 '위-'로 한다.
㉣ 주책이야(○): '일정한 줏대가 없이 되는대로 하는 짓'을 뜻하는 '주책'에 서술격 조사 '이다'가 결합한 '주책이다'는 '일정한 줏대가 없이 이랬다저랬다 하여 몹시 실없다'를 뜻하는 '주책없다'와 함께 복수 표준형으로 인정되었다.

오답 풀이

㉡ 우뢰(×) → 우레(○)/천둥(○)
㉢ 아지랭이(×) → 아지랑이(○): '아지랑이'는 'ㅣ' 역행 동화가 일어나지 아니한 형태를 표준어로 삼는다(〈표준어 규정〉 제9항 [붙임 1]).

09 정답 ③

해설

㉢ '우두망찰'은 '정신이 얼떨떨하여 어찌할 바를 모르는 모양'을 뜻하는 말이다. '지치고 고단하여 몸이 축 늘어질 정도로 힘이 없다'를 뜻하는 말은 '호졸근하다'이다. 비슷한 뜻의 단어로 '후줄근하다'도 있다.

* **호졸근하다**: 옷이나 종이 따위가 약간 젖거나 풀기가 빠져 보기 흉하게 축 늘어져 있다. / 지치고 고단하여 몸이 축 늘어질 정도로 힘이 없다.
* **후줄근하다**: 옷이나 종이 따위가 약간 젖거나 풀기가 빠져 아주 보기 흉하게 축 늘어져 있다. / 몹시 지치고 고단하여 몸이 축 늘어질 정도로 아주 힘이 없다.

오답 풀이

① 굼뜨다: 동작, 진행 과정 따위가 답답할 만큼 매우 느리다.
② 설핏: 해의 밝은 빛이 약해진 모양 / 잠깐 나타나거나 떠오르는 모양 / 풋잠이나 얕은 잠에 빠져든 모양
④ 느껍다: 어떤 느낌이 마음에 북받쳐서 벅차다.

10 정답 ①

해설

'氷炭之間(얼음 빙, 숯 탄, 갈 지, 사이 간)'은 '얼음과 숯의 사이라는 뜻으로, 서로 맞지 않아 화합하지 못하는 관계를 이르는 말'이다. '허물없는 아주 친한 사이를 이르는 말로는 '莫逆之間(막역지간)' 등이 있다.

* **莫逆之間(없을 막, 거스를 역, 갈 지, 사이 간)**: 서로 거스르지 않는 사이라는 뜻으로, 허물없는 아주 친한 사이를 이르는 말

오답 풀이

② 明若觀火(밝을 명, 같을 약, 볼 관, 불 화): 불을 보듯 분명하고 뻔함.
③ 鐵中錚錚(쇠 철, 가운데 중, 쇳소리 쟁, 쇳소리 쟁): 여러 쇠붙이 가운데서도 유난히 맑게 쟁그랑거리는 소리가 난다는 뜻으로, 같은 무리 가운데서도 가장 뛰어남. 또는 그런 사람을 이르는 말
④ 乾坤一擲(하늘 건, 땅 곤, 하나 일, 던질 척): 천하를 두고 한번에 모든 것을 건다는 뜻으로, 운명을 걸고 단판걸이로 승패를 겨룸을 이르는 말

DAY 06 매일 국어 06회

| 01 ④ | 02 ② | 03 ④ | 04 ③ | 05 ④ |
| 06 ④ | 07 ② | 08 ② | 09 ③ | 10 ② |

01 정답 ④

출전 한정식, 〈현대 사진의 특성 — 시간에서 공간으로〉

해설
㉠·㉡ "공간 형성의 부수적 요소로서의 시간이 아니라, 사진에서는 시간 자체가 독자적 발언권을 가지고 있음을 발견한 것이다"라는 문장으로 보아, 사진에서 시간의 중요성이 커졌다는 진술이 앞에 나오는 것이 좋다. 따라서 ㉠에는 '공간', ㉡에는 '시간'이 들어가야 적절하다.
㉢·㉣ 현대 사진에서는 '사건'이 사라지면서 공간은 독자적 의미를 잃고 시간이 부각되었다는 내용이므로, ㉢에는 '공간', ㉣에는 '시간'이 들어가야 적절하다.

02 정답 ②

출전 박유희, 〈한국 대중 서사와 웃음의 문제〉, 《소통 2》, 고려대 학문소통연구회

해설
제시문은, 인간이 유연성 등이 둔화되어 고립되거나 위험해진 상황에 거리를 두게 되면 그것이 희극성의 원천이 된다는 것을 전제로 한다. 영화는 삶을 기계화한 재현 매체인데, 찰리 채플린의 영화에서 드러나는 부자연스러운 동작들이 웃음을 자아내는 것은 기계적인 재현과 웃음의 연관성을 잘 보여 준다. 그리고 영화야말로 대상에 거리를 두고 웃을 수 있는 가장 효과적인 매체이다. 이를 종합해볼 때 영화는 실제 생활과는 반전되게 일상의 '경직성'을 드러낸다고 볼 수 있다.
* 경직성(硬直性): 사고방식, 태도, 분위기 따위가 부드럽지 못하여 융통성이 없고 엄격한 성질

오답 풀이
① 일상 자체에 서로 어긋나는 모습이 존재한다는 내용은 없으므로 적절하지 않다.
  * 모순성(矛盾性): 서로 어긋나는 성질이나 상태
④ * 개연성(蓋然性): 절대적으로 확실하지 않으나 아마 그럴 것이라고 생각되는 성질

03
정답 ④

출전 2016년도 PSAT, 지문 발췌

해설
2문단에 따르면, 금입택은 금이나 은 또는 도금으로 서까래나 문틀 주위를 장식한 호화 주택이다. 그런데 경명왕의 왕비를 배출한 장사택 가문이 금입택을 소유했다는 진술이 있을 뿐, 왕가의 일원을 배출한 집안만이 금입택을 소유할 수 있었다는 진술은 나오지 않는다. 금입택은 진골 중에서도 왕권에 비견되는 막대한 권력과 재력을 누리던 집안만이 가질 수 있었다.

오답 풀이
① 1문단의, 《삼국유사》에 39개의 금입택이 기록되어 있으며 신라 하대에는 40여 택이 들어서 있었는데 실제는 더 많았을 것이라는 내용에서 알 수 있다.
② 마지막 문단의, 알천의 범람이 잦았기 때문에 평지가 아닌 기슭에 금입택이 지어졌으며, 금입택이 지어진 월성 건너편의 기슭은 풍광이 매우 아름다웠다는 내용에서 알 수 있다.
③ 1문단에 따르면, 신라 시대 중 중대 이후가 통일 신라에 해당하므로 상대에는 아직 삼국이 통일되지 않았을 것이다. 또한 금입택은 적어도 중대 이후에 만들어졌을 것이다.

04
정답 ③

해설
㉠ 앞의 내용을 뒤에서 상술하고 있으므로 '즉'이 들어가야 적절하다.
㉡ 앞 문장의 내용과 상반되게, 금입택이 실제로 더 많았을 것이라는 내용이 나오므로, '그러나, 하지만'이 들어가야 적절하다.
㉢ 앞에는 금입택을 평지에 만들기 부적절한 원인이, 뒤에는 그래서 금입택을 기슭에 조성했다는 내용이 제시되어 있다. 따라서 인과 관계를 나타내는 '그래서, 그러므로, 따라서'가 들어가야 적절하다.
㉣ 앞 문장에 이어서 금입택이 주로 조성된 장소를 덧붙이고 있으므로, '그리고, 또한'이 들어가야 적절하다.

05
정답 ④

해설
작가 미상의 〈옥낭자전(玉娘子傳)〉은 부부의 혼인 과정에서 생긴 우발적 살인 사건과 그 해결 과정을 통해 지아비를 위한 여인의 지극한 희생정신이란 주제를 구현한 고전 소설이다.
본시 이시업을 가둘 때 압송했던 옥졸이 갑자기 병이 나서 다른 옥졸이 대신 남장한 옥랑을 영흥 부사 앞으로 끌고 온다. 부사는 사정을 모르는 옥졸들의 원통함을 듣고 처음 이시업을 압송한 옥리를 잡아들이라 했는데 그의 병세가 위중하여 돌려보냈으며, 그 옥리는 미처 관문을 나서지 못하고 죽고 만다.

오답 풀이
① 옥랑이 부사에게 거짓 투옥이 발각된 것은 옥에 갇힌 뒤 수삼 일이 지난 때이다.
② "소자도 역시 죽기로 자처하고 있삽더니 의외로 김 낭자가 여차여차하여 소자를 내보내기로 살아 왔나이다"라는 이시업의 말로 보아, 이시업이 옥랑에게 자신 대신 갇혀 달라고 간청한 것은 아니다.
③ 옥졸은 부사에게 형벌을 받지만 자신의 억울함을 토로할 뿐, 자신이 죄인을 바꿔치기 했다고 말하지는 않는다.

06
정답 ④

해설
작가 미상의 〈전우치전(田禹治傳)〉은 초인적 능력을 지닌 전우치의 영웅적 활약상을 그린 고전 소설이다.
㋐에서는 혈기왕성하고 자신의 재주에 자신감이 차 있는 우치의 성격을 대화를 통해 드러내고 있으므로 보여 주기 방식이 나타난다. ㋑ 또한 주로 상황의 묘사를 통해 위급한 상황에 놓인 임금의 심리를 드러내고 있으므로 보여 주기 방식이 나타난다. ㋑에 말하기 방식으로 인물의 성격을 드러낸 부분은 없다.

오답 풀이
① ㋑에서는 우치가 재주를 행한 후 임금이 명경창파 있게 되어 놀라는 사건이 나타난다. 이 사건이 나타난 이유는 ㋐에서 임금이 우치에게 재주를 보이라고 명했기 때문이다. 따라서 ㋐의 사건은 ㋑의 사건이 나타난 원인으로 이해할 수 있다.
② 우치가 임금에게 재주를 보이기 전, 우치와 임금이 대화하던 공간(㋐)에서 재주를 보인 후 명경창파(바다)의 공간(㋑)으로 바꾸고 있다. 우치의 재주로 공간적 배경이 바로 바뀌고 있다는 점에서 사건의 비현실적 전개를 확인할 수 있다.
③ ㋑의 "임금은 정신이 혼미하여 넋이 몸에 붙지 아니하니 어찌 살기를 바라리오"에서 서술자가 직접 개입하여 갑자기 명경창파 가운데 놓인 임금의 위급한 상황을 드러내고 있다. 그러나 ㋐에는 서술자의 개입이 나타나지 않는다.

> **작품 해설**
>
> **작가 미상, 〈전우치전(田禹治傳)〉**
> 1. **갈래**: 영웅 소설
> 2. **성격**: 전기적, 영웅적
> 3. **표현과 특성**: ① '전우치'라는 실제 인물의 내력이 전설을 거쳐 소설화됨.
>   ② 사회 현실의 모순된 상황을 반영함.
>   ③ 이본(異本)에 따라 주제 의식에 많은 차이를 보임.
> 4. **주제**: 빈민 구제와 당대의 정치 비판
> 5. **해설**: 〈전우치전〉은 조선 시대에 실재(實在)하였던 전우치라는 인물의 생애를 소재로 하여 쓴 소설이다. 실제 인물을 주인공으로 하였지만 그 도술 행각을 그린 내용이 비현실적이며 초인적이다. 그러나 이면에는 당시의 부패한 정치와 당쟁을 풍자하는 사회 의식이 밑바탕에 깔려 있어, 〈홍길동전〉과 함께 사회의식을 보여 주는 몇 안 되는 작품으로 평가받고 있다.

07 정답 ②

해설
㉡는, 모든 언어는 그 언어를 사용하는 사회 구성원들의 사회적 약속이기 때문에 어느 한 개인이 마음대로 바꿀 수 없다는 언어의 사회성과 관련이 있다. 언어의 사회성이란 음성과 의미가 일단 사회적 약속으로 수용되면 이를 개인이 마음대로 바꿀 수 없는 언어의 특성을 말한다.
언어의 규칙성은 단어가 규칙에 맞게 배열되어야만 언어로서 온전하게 사용될 수 있다는 것과 관련이 있다. 이처럼 언어의 규칙성은 음운, 형태소, 단어, 문장, 담화 등의 단위들이 일정한 구조를 이루도록 규칙이 적용되는 특성을 말한다.

오답 풀이
① ㉠: 인간이 기존의 단어를 배열하여 새로운 문장을 무수히 만들어내는 것은 언어의 창조성과 관련이 있다. 언어의 창조성이란 한정된 음운이나 단어로 무한한 문장을 만들어 사용할 수 있고, 처음 듣는 문장도 이해할 수 있는 언어의 특성을 말한다.
③ ㉢: 언어가 시대와 환경에 따라 변화하거나 소멸하는 것은 언어의 역사성과 관련이 있다. 언어의 역사성이란 언어는 하나의 사회적 약속이지만, 시간의 흐름에 따라 신생·성장·사멸하는 변화를 겪을 수 있는 특성을 말한다.
④ ㉣: 동일한 내용에 대해 각 언어마다 표현하는 형식이 다르다는 것은 언어의 자의성과 관련이 있다. 언어의 자의성이란 언어의 형식인 음성과 내용인 의미 사이에는 필연적 관계가 아닌 자의적, 임의적 관계만 존재한다는 특성을 말한다.

보충 자료
① 자의성 ② 사회성 ③ 역사성
④ 분절성 ⑤ 추상성

08 정답 ②

출전 임지룡 외, 《학교 문법과 문법 교육》, 수정

해설
언어가 외부 세계를 있는 그대로 반영하는 것이 아니라 연속적으로 이루어져 있는 현실 세계를 불연속적인 것으로 끊어서 표현하는 특성은 언어의 분절성과 관련이 있다. 무지개색의 분절, 시간 흐름의 분절이나, 실제의 연속적인 말소리를 자음과 모음으로 나누어 인식하고 이를 묶어 형태소, 단어, 문장 등으로 인식하는 것은 언어의 분절성의 예이다.

오답 풀이
① 언어의 자의성: 언어 기호의 형식인 음성과 내용인 의미 사이에는 필연적 관계가 아니라 자의적, 임의적 관계만 존재한다는 특성
③ 언어의 추상성: 대상들 사이의 공통된 성질을 뽑아서 음성과 의미를 연결하는 언어의 특성
④ 언어의 사회성: 음성과 의미가 일단 사회적 약속으로 수용되면 이를 개인이 마음대로 바꿀 수 없는 언어의 특성

09 정답 ③

해설
'개 꼬리 삼년 묶어도{묻어도/두어도} 황모 되지 않는다'는 '본바탕이 좋지 아니한 것은 어떻게 하여도 그 본질이 좋아지지 아니함을 비유적으로 이르는 말'이다.

오답 풀이
① 달걀에도 뼈가 있다: 늘 일이 잘 안되던 사람이 모처럼 좋은 기회를 만났건만, 그 일마저 역시 잘 안됨을 이르는 말
② 우물에 가 숭늉 찾는다: 모든 일에는 질서와 차례가 있는 법인데 일의 순서도 모르고 성급하게 덤빔을 비유적으로 이르는 말
④ 소금 먹은 놈이 물켠다: 무슨 일이든 거기에는 반드시 그렇게 된 까닭이 있음을 비유적으로 이르는 말

10 정답 ②

출전 정만진, 〈짧은 시 찬양〉, 《영남일보》(2023. 8. 11.)

해설
㉠의 앞뒤에는 카네기가 우주의 이치를 장황한 수사법이 아니라 짧은 문장에 담아 적절히 표현했다는 내용이 제시되어 있다. 따라서 ㉠에는 '한 치의 쇠붙이로도 사람을 죽일 수 있다는 뜻으로, 간단한 말로도 남을 감동하게 하거나 남의 약점을 찌를 수 있음을 이르는 말'인 '寸鐵殺人(마디 촌, 쇠 철, 죽일 살, 사람 인)'이 들어가는 것이 적절하다.
* 重言復言(거듭 중, 말씀 언, 다시 부, 말씀 언): 이미 한 말을 자꾸 되풀이함. 또는 그런 말

오답 풀이
① 東問西答(동녘 동, 물을 문, 서녘 서, 대답할 답): 물음과는 전혀 상관없는 엉뚱한 대답
③ 先見之明(먼저 선, 볼 견, 갈 지, 밝을 명): 어떤 일이 일어나기 전에 미리 앞을 내다보고 아는 지혜
④ 言語道斷(말씀 언, 말씀 어, 길 도, 끊을 단): 말할 길이 끊어졌다는 뜻으로, 어이가 없어서 말하려 해도 말할 수 없음을 이르는 말

DAY 07 매일 국어 07회

| 01 ④ | 02 ③ | 03 ③ | 04 ① | 05 ③ |
| 06 ② | 07 ③ | 08 ③ | 09 ② | 10 ① |

01
정답 ④

출전 2018학년도 대학수학능력시험 6월 모의평가

해설
공개 시장 운영이 성공하는 경우와 실패하는 경우를 대조한 부분은 없다. 중앙은행이 채권을 매수하고 매도하여 이자율을 조절하는 공개 시장 운영의 작동 원리가 일부 대조되어 있다.

오답 풀이
① '채권 매수 → 이자율 하락 → 경기 활성화 → 물가 상승률 오름', '채권 매도 → 이자율 상승 → 경기 위축 → 물가 상승률 떨어짐' 등과 같이 공개 시장 운영의 영향이 경제 전반에 파급되는 과정을 인과적으로 설명하고 있다.
② "통화 정책은 중앙은행이 ~ 조절하는 것이다", "대표적인 통화 정책 수단인 '공개 시장 운영'은 ~ 접근시키는 것이다" 등에서 통화 정책과 공개 시장 운영의 개념을 정의 내리고 있다.
③ 중앙은행이 경제적 목적의 달성을 위해 실시하는 통화 정책의 사례로 공개 시장 운영과 그 작동 원리를 들고 있다. 이를 통해 이자율이나 통화량을 조절하는 통화 정책의 개념을 이해하는 데 도움을 주고 있다.

02
정답 ③

출전 금난새, 〈클래식을 권하는 이유〉, 고등학교 《독서와 문법》 교과서

해설
2문단에서 클래식을 그다지 좋아하지 않는 사람들의 견해를 '아주 틀린 말은 아니'라고 일부 인정하고 있다. 그러나 클래식은 인류 역사상 가장 비약적인 변화가 반영된 것이고, 어느 시대보다 음악적 완성도가 높다고 하며 클래식에 대한 긍정적 태도를 유지하고 있다.

오답 풀이
① 마지막 문단에서, 클래식과 유사한 속성을 지닌 피라미드에 빗대어 클래식이 들을 만한 가치가 있다는 주장을 추론하게끔 하고 있다.
② 1문단에서, 묻고 답하는 방식으로 클래식이 오늘날까지 사랑받는 이유에 대한 흥미를 유발하고 있다.
④ 글쓴이는 2문단에서 "클래식은 200년에서~ 사대주의 아닌가?"라는 예상되는 반박을 제시한 뒤, 3문단에서 "그럼에도 불구하고 클래식은 들을 만한 가치가 있다"라는 자신의 입장을 밝히고 있다.

03
정답 ③

출전 2014년 5급 공채·외교관 후보자 선발 제1차 시험, 언어논리

해설
1~2문단에서는 물리학의 근본 법칙이 지닌 문제를, 3문단에서는 이 문제의 보완책(해결)을 제시하고 있다. 그리고 마지막 문단에서는 이 문제 해결책의 문제점(한계)을 다시 제시하고 있다. 그러나 이 문제점의 해결 방안은 제시되지 않았으므로 '문제-해결 구조가 반복'되는 것은 아니다.

오답 풀이
① 3문단에서 물리 법칙이 사실을 정확하게 기술할 수 있다는 반론을 제시한 후 마지막 문단에서 이를 반박하고 있다. 즉 사실을 정확하게 기술하려고 물리 법칙에 조건을 추가하면 설명 범위가 줄어 다양한 물리 현상을 설명하기 어려워지고 이는 물리 법칙의 속성에 어긋난다는 것이다.
② 2~마지막 문단에서 중력의 법칙을 사례로 들어 분석함으로써 물리 법칙이 실제 사실을 정확하게 기술할 수 없다는 주장을 뒷받침하고 있다.
④ 마지막 문단에서 다양하고 복잡한 현상을 설명할 수 있어야 한다는 물리 법칙의 속성을 제시하여 물리 법칙이 사실을 정확하게 기술하기 어렵다는 논지를 이끌어 내고 있다.

04
정답 ①

해설
글쓴이는 물리학의 기본 법칙들이 이상적 상황만을 다루고 있다는 문제점을 서두에 제시한 후 중력의 예시로 이를 설명하고 있으므로 ①이 글쓴이의 궁극적인 견해로 가장 적절하다.

오답 풀이
② 글쓴이의 견해로 유추되는 것 중 하나일 뿐, 궁극적으로 말하고자 하는 바는 아니다.
③ 제시문의 범위를 벗어난 지나치게 포괄적인 견해이다. 물리학의 법칙에 작용하는 변수가 많다는 것을 제시하고 있을 뿐이다.
④ 글쓴이의 견해를 뒷받침하는 근거에 해당한다.

05
정답 ③

해설
전상국의 〈우상의 눈물〉은 반 아이들에게 군림하던 '기표'라는 인물의 몰락을 통해 합법적인 권력의 위선과 폭력성을 비판한 소설이다.
제시문은 1인칭 관찰자 시점으로 서술된다. 작품 내 서술자인 '나'가 관찰자의 입장에서 형우의 말에 요약하고 있다. 이를 통해 기표를 동정의 대상으로 만들고자 하는 형우의 위선적인 의도를 파악하고 있다.

오답 풀이
① '기표 아버지가 ~ 그 고통스러운 얘기'에서 형우의 말이 요약적으로 제시되어 있다. 그러나 이를 통한 갈등의 해결 방향은 나타나지 않는다.

② 3인칭 관찰자 시점에 대한 설명이다. 제시문에는, '내게 들려준 기표네 가정 형편을 ~', '나한테 얘기를 들려줄 때의 ~'를 통해 서술자가 작품 내에 존재함을 알 수 있다.
④ 액자식 구성에 대한 설명이다. '언젠가 하굣길에서 내게 들려준 기표네 가정 형편을 ~' 등에서 과거에 있었던 일을 알 수 있지만, 과거 회상 장면이나 액자식 구성은 나타나지 않는다.

> 📖 **작품 해설**
>
> **전상국, 〈우상의 눈물〉**
> 1. **갈래**: 단편 소설
> 2. **성격**: 비판적, 풍자적
> 3. **배경**: 1970년대 말, 어느 도시의 고등학교
> 4. **시점**: 1인칭 관찰자 시점
> 5. **주제**: 진실을 가장한 합법적 권력의 무서움
> 6. **해설**: 〈우상의 눈물〉은 한 인물의 몰락 과정을 통해 합법적인 권력의 위선과 폭력성을 비판한 소설이다. 즉 작가는 질서와 안정이라는 미명하에 모두를 획일적으로 길들이고자 하는 합법적 권력의 폭력성을 비판하고, 합법적인 권력 역시 사용하는 방식에 따라 누군가에게 억압과 폭력으로 작용할 수 있다는 경각심을 주고 있다.

06   정답 ②

해설

김승옥의 〈무진기행(霧津紀行)〉은 '무진'이라는 가상의 공간을 설정하여 안개로 상징되는 허무로부터 벗어나 일상의 공간으로 돌아오는 한 젊은이의 귀향 체험을 그린 소설이다.
이 소설은 1인칭 주인공 시점을 취하고 있다. 1인칭 주인공 시점은 주인공이 자신의 심리를 직접 기술하기 때문에 독자의 능동적 해석에 제약이 따른다.

> 📖 **작품 해설**
>
> **김승옥, 〈무진기행(霧津紀行)〉**
> 1. **갈래**: 단편 소설
> 2. **성격**: 상징적, 암시적
> 3. **시점**: 1인칭 주인공 시점
> 4. **배경**: 1960년대, 무진
> 5. **표현과 특성**: ① 배경('안개')을 통해 주인공의 의식을 표출함. ② 상징적 장치('전보')를 통해 내면 심리를 표현함.
> 6. **주제**: 안개로 상징되는 허무로부터 벗어나 일상의 공간으로 돌아오는 한 젊은이의 귀향 체험
> 7. **해설**: 〈무진기행〉에는 선명하게 구분되는 두 개의 공간이 있다. 아내가 있는 서울은 세속적이지만 현실적인 가치의 중심이다. 이에 비해 안개와 바다, 하인숙이 있는 무진은 몽환적이고 탈속적인 공간이다. '나'는 일상에서의 일탈을 꿈꾸지만 서울과 아내에게로 돌아가야 한다. 이 소설에서 안개가 지닌 몽환적 분위기는 이러한 '나'의 심리 상태를 상징적으로 보여 주는 장치이다.

07   정답 ③

해설

깨우쳤다(×) → 깨쳤다(○): '일의 이치 따위를 깨달아 알다'를 뜻하는 말은 '깨치다'이다. '깨우치다'는 '깨달아 알게 하다'의 의미로 '동생의 잘못을 깨우쳐 주다'와 같이 쓰인다.

오답 풀이

① **헤매고(○)**: '갈 바를 몰라 이리저리 돌아다니다 / 갈피를 잡지 못하다' 등을 뜻하는 말은 '헤매다'이다. '헤매이다(×)'는 비표준어이다.
② **에이는(○)**: '칼 따위로 도려내듯 베이다'의 뜻으로 쓰일 때에는 '에다'의 피동사 '에이다'를 쓴다.
④ **뜯기면서(○)**: '뜯기다'는 '뜯다'의 사동사로 옳게 쓰였다. '초식 동물에게 땅에 난 풀 따위를 떼어서 먹게 하다'의 의미이다.

> 📗 **보충 자료**
>
> 1. ① 갠   ② 가동해서
> 2. ① 보입니다   ③ 잘린

08   정답 ③

해설

설레어서(○)/설레서(○): '마음이 가라앉지 아니하고 들떠서 두근거리다'의 의미로는 '설레다'가 바른 표기이다. '설레이다(×)'는 비표준어이므로 '설레어서(×)'로 쓰지 않도록 주의해야 한다.

오답 풀이

①·② **믿겨지지(×) → 믿기지(○)/믿어지지(○)·풀려지지(×) → 풀리지(○)**: ㉠ '믿겨지지(×)'와 ㉡ '풀려지지(×)'는 모두 피동 접사 '-이-/-히-/-리-/-기-'에 통사적 피동문의 표현인 '-어지다'를 중복하여 사용한 이중 피동의 오류의 예이다.
④ **소개시켜(×) → 소개해(○)**: '-시키다'를 '-하다'로 바꾸어도 의미의 변화가 없으면 과도한 사동 표현으로 본다.

09   정답 ②

해설

'지체가 높고 귀한 사람을 찾아가 뵘'을 뜻하는 '알현'은 '謁見(아뢸 알, 나타날 현)'으로 쓴다. * 賢: 어질 현

오답 풀이

① **遝至(뒤섞일 답, 이를 지)**: 한군데로 몰려들거나 몰려옴.
③ **龜鑑(거북 귀, 거울 감)**: 거울로 삼아 본받을 만한 모범
④ **拔萃(뺄 발, 모일 췌)**: 책, 글 따위에서 필요하거나 중요한 부분을 가려 뽑아냄. 또는 그런 내용 / 여럿 가운데서 특별히 뛰어남.

10　정답 ①

해설
윤선도의 〈만흥(漫興)〉은 안빈낙도와 물아일체의 경지를 드러낸 연시조이다.
제시문은 소박한 음식을 먹고 자연 속에서 즐기며 사는 삶에 만족한다는 내용이다. 따라서 이와 가장 관련이 깊은 한자 성어는 '대나무로 만든 밥그릇에 담은 밥과 표주박에 든 물이라는 뜻으로, 청빈하고 소박한 생활을 이르는 말'인 '簞食瓢飮(소쿠리 단, 먹이 사, 바가지 표, 마실 음)'이다.

오답 풀이
② 艱難辛苦(어려울 간, 어려울 난, 매울 신, 괴로울 고): 몹시 힘들고 어려우며 고생스러움.
③ 如履薄氷[같을 여, 신 리(이), 얇을 박, 얼음 빙]: 살얼음을 밟는 것과 같다는 뜻으로, 아슬아슬하고 위험한 일을 비유적으로 이르는 말
④ 坐井觀天(앉을 좌, 우물 정, 볼 관, 하늘 천): 우물 속에 앉아서 하늘을 본다는 뜻으로, 사람의 견문이 매우 좁음을 이르는 말

매일 국어 08회

| 01 ③ | 02 ④ | 03 ④ | 04 ③ | 05 ③ |
| 06 ① | 07 ④ | 08 ④ | 09 ② | 10 ① |

01　정답 ③

출전 신정순, 〈과학은 기술이다〉

해설
과학과 예술이 상호 보완하는 것이 중요함을 주장한 글이다.

> ㉢ 과학과 예술이 무관하다고 여겨 왔다(도입). → ㉠ (부연) → ㉢ 그러나 이것은 편견이다. → ㉤ 기술과 미학이 결합되는 지점에서 훌륭한 예술 작품이 나온다(주지). → ㉡ 스포츠카의 디자인(부연)

02　정답 ④

출전 유시민, 〈경제 행위의 외부 효과〉

해설
시장은 자원의 효율적 배분을 위해 좋은 외부 효과는 장려하고 나쁜 외부 효과는 감소시키도록 해야 한다는 주장을 제시한 글이다.

> 다 좋은 외부 효과를 발생시키는 경제 활동을 하는 기업에 대한 아무런 보상이 없다면 그 기업은 그러한 행위를 사회적으로 필요한 최적 수준 이하로 하게 될 것이다. → 라 마찬가지로 어떤 기업의 경제 행위가 다른 사람들에게 손해를 입혀도 그 손해를 부담하지 않아도 된다면, 기업은 이윤 극대화를 위해 생산량을 필요량 이상으로 늘릴 것이다. → 나 그러므로 나쁜 외부 효과가 있다면, 그 상품의 실제 생산량은 많아져 자원을 효율적으로 배분하는 데 실패하게 된다. → 가 자원을 효율적으로 배분하려면 보조금 지급을 장려하여 좋은 외부 효과를 발생시키고, 사회적 규제로 나쁜 외부 효과를 줄여야 한다.

03　정답 ④

출전 최은형, 〈디지털 전환과 산림인재 양성〉, 《대전일보》(2023. 4. 25.)

해설
임업 분야의 신기술 도입이 산림 관리 패러다임에 미치는 영향력을 설명한 글이다.

> ㉡ 맥켄지의 보고서에서는 신기술을 널리 활용하면 정밀 임업이 가능해질 것이라 예측했다. → ㉤ 신기술 도입됨으로써 기존 산림 관리 패러다임이 특화된 형태로 변화할 것임을 의미한다. → ㉠ 신기술을 사용하여 산림 관리 패러다임을 바꾼 사례 → ㉣ 산림 교육원도 이런 변화를 수용해 디지털 기술을 적용한 교육을 시도하고 있다. → ㉢ 신기술을 산림 관리 교육에 활용한 사례

04
정답 ③

출전 2010학년도 대학수학능력시험 9월 모의평가, 수정

해설
동양에서 다양하게 이해되었던 천의 개념이 어떻게 변천되어 왔는지를 설명한 글이다.

> 가 동양은 농경을 주로 하는 문화적 특성상 천을 자연적 현상과 작용 등을 포괄하는 '자연천' 개념으로 이해했다. → 나 이러한 천 개념하에서 인간은 자연 변화의 원인과 의지도 알 수 없었다. 이에 따라 모든 것을 주재하는 절대적인 권능을 가진 '상제천' 개념이 자리 잡았다. → 다 천이 절대적 권능의 존재로 수용되면서 '천명'이 등장하였다. 천명은 통치자가 권력을 행사하고 정권의 정통성을 보장하는 근거가 되었다. → 마 그러나 독점적이고 배타적인 천명에 근거한 권력 행사는 부작용을 가져왔고, 천명 의식은 도덕적 의미로서 '의리천' 개념으로 수정되었다. → 가 상제로서의 천 개념이 개방되면서 천은 인간의 도덕성과 규범의 근거로 받아들여졌다.

05
정답 ③

해설
작가 미상의 〈서경별곡(西京別曲)〉은 대동강을 배경으로 하여 남녀 간 이별의 정한을 노래한 고려 가요이다.
가에서 화자는 임과 이별하느니 살던 곳(쇼성경)과 생업(질삼뵈)를 버리고서라도 임을 따라가겠다며, 임과의 이별을 강하게 거부하고 있다. 나에서 화자는 엉뚱하게도, '네 가시 럼난디 몰라셔(네 아내가 음란한 줄도 몰라서)' 배를 내어 놓느냐고 임을 배에 태워 대동강을 건네줄 사공을 비난하고 있다. 이는 떠나는 임에 대한 원망을 사공에 대한 비난을 통해 우회적으로 표현한 것이다.

오답 풀이
① 가는 '쇼성경(평양)', 나는 '대동강'이라는 구체적 지명을 활용하여 이별의 상황을 나타내고 있다.
② 가에는 불가능한 상황 설정이 나타나지 않으며, 나 역시 대조의 수법은 쓰이지 않았다.
④ 가에서 화자는 '질삼뵈'라는 구체적 사물을 활용해 자신의 생업을 버리고서라도 임을 따라가겠다며 임에 대한 사랑을 강조하고 있다. 반면 나에서 화자는 자신을 떠난 임이 '대동강 건너편 꽃을 꺾을 것'이라고 말하고 있는데, 이때의 '꽃'은 상징적 사물로 임이 새롭게 만날 다른 여인을 의미한다. 즉 나에서 화자는 상징적 사물을 통해 임에 대한 변치 않는 믿음을 강조하는 것이 아니라 임이 다른 여인을 만날 것을 걱정하며 질투하고 있다.

작품 해설
작가 미상, 〈서경별곡(西京別曲)〉
1. **형식**: 분연체, 3음보
2. **성격**: 이별가, 애상적
3. **표현과 특성**: ① 반복법, 설의법, 비유법의 사용
   ② 조선 시대에 '남녀상열지사'라 하여 비판받음.
4. **의의**: ① 고려 가요 중 〈청산별곡〉과 함께 문학성이 가장 뛰어나다고 평가됨.
   ② 전통적 정서인 이별의 정한을 진솔하게 표현함.
5. **주제**: 이별의 정한
6. **해설**: 〈서경별곡〉은 '서경'과 '대동강'이라는 구체적인 지명을 사용해 향토애를 나타내며, 임에 대한 절대적인 사랑을 비유법과 반복법을 사용하여 표현한 고려 가요이다. 이별의 배경으로 '물(강가)'이 제시된다는 점에서 〈공무도하가〉, 정지상의 〈송인〉 등과 같은 맥락에 있는 시가이다.

06
정답 ①

해설
작가 미상의 〈동동(動動)〉은 임에 대한 사랑을 세시풍속에 따라 노래한 월령체의 고려 가요이다.
㉠ '나릿믈'은 정월이 되어 녹아 흐르는 냇물로 임과 헤어져 외로운 화자의 처지와 대조된다. 그러나 ㉣ '곳고리 새'는 사월에 잊지 않고 찾아온 꾀꼬리로 화자를 찾아오지 않는 임과 대조된다. 즉 ㉠, ㉣은 모두 화자의 외로움을 더욱 깊게 하는 역할을 하지만, ㉠은 화자와, ㉣은 임과 대조된다.

오답 풀이
② ㉡ '등ㅅ블', ㉢ '돌욋고지(진달래꽃)'는 임의 고매한 인품과 아름다운 모습을 빗댄 표현이다.
③ ㉤ '아춤 약'은 화자가 임의 장수를 기원하며 바치는 것으로 임에 대한 화자의 사랑과 정성을 의미한다.
④ ㉥ '부룐 빗(버린 빗)'은 임에게 버림받은 화자 자신의 처지를 빗댄 표현이다.

작품 해설
작가 미상, 〈동동(動動)〉
1. **갈래**: 고려 가요, 월령체가, 송도가(頌禱歌)
2. **형식**: 분연체(전 13장)
3. **성격**: 상징적, 비유적, 서정적, 민요적, 송축적
4. **표현**: 영탄법, 직유법, 은유법의 사용
5. **의의**: 현존하는 최고(最古)의 월령체 노래
6. **주제**: 인생의 고독과 슬픔, 이별한 임에 대한 송도와 애련(각 장마다 다른 주제로 구성)
7. **해설**: 〈동동〉은 현존하는 가장 오래된 월령체가로서 전 13장으로 이루어진 고려 가요이다. 화자는 계절에 따라 깊어지는 고독감과 자신의 처지에 대한 비애를 1년 12개월에 맞추어 노래하고 있다.

07 정답 ④

해설
닭만: [닥만](자음군 단순화-탈락) → [당만](비음화-교체). 음운의 탈락과 교체가 나타나며, 음운의 수는 줄어든다.

오답 풀이
① 넓죽하다: [넙죽하다](자음군 단순화-탈락) → [넙쭈카다](된소리되기-교체 & 자음 축약-축약). 음운의 탈락과 축약이 모두 나타난다.
② 가을일: [가을닐](ㄴ 첨가-첨가) → [가을릴](유음화-교체). 음운의 첨가와 교체 현상이 나타나며, 음운의 수는 늘어난다.
③ 밭도: [받도](음절의 끝소리 규칙-교체) → [받또](된소리되기-교체). 음운의 교체만 나타나며 음운의 수는 변하지 않는다.

08 정답 ④

해설
㉠ 따뜻하다: [따뜯하다](음절의 끝소리 규칙-대치) → [따뜨타다](자음 축약-축약)
㉡ 삯일: [삭일](자음군 단순화-탈락) → [삭닐](ㄴ 첨가-첨가) → [상닐](비음화-대치)
㉠과 ㉡ 모두 음운의 대치 현상이 일어난다.

오답 풀이
① ㉡에만 음운의 탈락 현상이 일어난다.
② ㉡에만 음운의 첨가 현상이 일어난다.
③ ㉠에만 음운의 축약 현상이 일어난다.
⑤ ㉠은 음운의 대치 및 축약이 일어나 음운의 개수가 줄어들지만, ㉡은 음운의 탈락, 첨가 및 대치 현상이 일어나 음운의 개수는 변하지 않는다.

09 정답 ②

해설
'달포'는 '한 달이 조금 넘는 기간'을 뜻한다.

오답 풀이
③ 해거리: 한 해를 거름. 또는 그런 간격
 아귀: 사물의 갈라진 부분 / 두루마기나 속곳의 옆을 터 놓은 구멍 / 씨앗이나 줄기에 싹이 트는 곳

10 정답 ①

출전 이선애, 〈사라 vs 팔아라 헷갈리는 같은 종목 다른 의견〉, 《아시아경제》(2023. 8. 7.)

해설
㉠의 앞에 '뚜렷한 소신 없이 그저 남이 하는 대로 따라가는'이라는 내용이 제시되어 있다. 따라서 ㉠에는 '줏대 없이 남의 의견에 따라 움직임'을 뜻하는 '附和雷同[붙을 부, 화목할 화, 우레 뇌(뢰), 같을 동]'이 들어가는 것이 적절하다.

오답 풀이
② 事半功倍(일 사, 반 반, 공 공, 곱 배): 들인 노력은 적고 얻은 성과는 큼.
③ 我田引水(나 아, 밭 전, 끌 인, 물 수): 자기 논에 물 대기라는 뜻으로, 자기에게만 이롭게 되도록 생각하거나 행동함을 이르는 말
④ 晝夜不息(낮 주, 밤 야, 아닐 불, 숨쉴 식): 밤낮으로 쉬지 아니함.

DAY 09 매일 국어 09회

01 ③ 02 ④ 03 ④ 04 ③ 05 ④
06 ③ 07 ② 08 ③ 09 ① 10 ②

01 정답 ③

출전 2014학년도 9월 고2 전국연합학력평가

해설
아들은 등산이 싫다는 얘기를 간접적으로도 하지만 "저는 등산이 맘에 들지 않아요"라고 직접적으로도 말하고 있으므로 ③이 잘못된 설명이다.

오답 풀이
① 아들이 과제 연구를 해야 할 상황을 고려하면서 신나게 놀면 스트레스가 풀릴 것 같으니 놀이공원에 가자고 말하는 데서 알 수 있다.
② 아버지가 아들이 여행가고 싶다고 한 말을 상기시키며 여행으로 등산을 가자고 말하는 데서 알 수 있다.
④ 아버지가 자신의 휴식을 위해, 또 아들의 건강을 위해 등산을 가자고 말하는 데서 알 수 있다.

02 정답 ④

출전 로빈 던바·클라이브 갬블·존 가울렛, 《두뇌 진화의 비밀을 푸는 열쇠 사회성》, 참고

해설
"우선 책을 쓰게 된 취지에 ~ 주시겠습니까?", '공동 저자가 있던데 소개 부탁드립니다', "아직 책을 읽지 않은 ~ 주실 수 있으신지요?" 등에서 기자는 교수에게 궁금한 점을 묻고 있다. 그러나 앞에서 언급된 내용과 관련해 추가 설명을 요청한 부분은 나오지 않는다.

오답 풀이
① 교수는 공동 저자에 대해 묻는 기자의 질문에 답변하면서 공동 저자뿐 아니라 연구 방법이라는 추가적인 정보를 제공하고 있다.
② "오 저도 평소 궁금하게 ~ 화두가 된 질문이지요"라는 기자의 질문에 나타난 말하기 방식이다.
③ "혹시 바쁘신데 방해가 된 게 아닐까요?"라고 기자가 걱정을 내비치자 교수는 비언어적 표현인 웃음과 함께 "아닙니다. ~ 고마울 따름입니다"라는 언어적 표현을 사용하여 기자가 가진 걱정(부담)을 해소해 주고 있다.

03 정답 ④

해설
영희는 잊힐 권리를 법적으로 보장하여 개인의 사적 정보를 보호해야 한다는 입장이다. 그러나 철수는 개인이 법적으로 보장된 잊힐 권리를 내세워 인터넷이나 언론 매체에 기록된 개인 정보를 삭제하면 과거의 기록인 역사가 훼손되고, 사회를 감시하는 언론의 역할이 침해된다고 보았다. 즉 개인 정보 보호를 위해, 공공의 이익을 위해 알려야 할 사실이나 기록마저 삭제하게 되는 것을 우려하고 있는 것이다.

오답 풀이
① 영희는 '구글링'을 통해 신원까지 파악되는 인터넷 환경 때문에 개개인의 개인 정보 통제권이 보호받지 못하는 상황을 문제시하고 있다. 따라서 영희는 개인 정보 유출에 대한 일차적 책임이 당사자보다는 인터넷 환경에 있다고 생각함을 알 수 있다.
② "타의에 의해 자신의 ~ 책임져야 한다고 생각합니다"를 통해 철수가 타의에 의해 개인 정보가 유출된 경우에는 당사자에게 책임을 물을 수 없다고 생각한다는 점을 알 수 있다. 그러나 타의에 의해 노출된 개인 정보만을 삭제할 수 있는 권리를 법적으로 보장해야 한다고 생각하는지의 여부는 제시문만으로는 알 수 없다.
③ 철수가 안전장치를 하고 개인 정보를 인터넷에 올리면 개인의 사적 정보를 보호할 수 있다고 생각하는지의 여부는 제시문에 나오지 않는다.

04 정답 ③

해설
㉮ 이개의 〈방 안에 혓는 촉불 ~〉은 단종이 영월로 유배되는 것을 보면서 느낀 서글픈 심정을 감정 이입의 기법을 통해 드러내는 시조이다. ㉯ 작가 미상의 〈창 내고쟈 창을 내고쟈 ~〉는 구체적 생활 언어와 일상적 사물을 나열하여 화자의 답답함을 강조하면서 이를 극복하고자 하는 의지를 표현한 사설시조이다. ㉰ 작가 미상의 〈청천에 떠서 울고 가는 외기러기 ~〉는 '기러기'와의 대화 형식을 통해 임의 소식을 알고 싶은 화자의 마음을 드러낸 사설시조이다.
㉯는 '창 내고쟈'를 반복하고 중장에서 창문의 종류와 재료 등을 열거하여 답답함을 해소하고 싶은 화자의 심정을 강조하고 있다. ㉰는 임에게 자신의 소식을 전해 달라는 화자의 부탁에, "우리도 님 보러 밧비 ᄀ옵는 길이오매 전홀동 말동 ᄒ여라"라고 답하는 외기러기를 통해 화자의 안타까움을 강조하고 있다.

오답 풀이
① ㉮에서는 화자의 눈물을 촛불이 타는 모습에 비유한 감정 이입의 기법을 통해 임(단종)과 이별한 슬픔을 표현하고 있다. 그러나 ㉯는 답답한 화자의 마음을 '방'으로, 이에 대한 해소를 '창'으로 비유한 표현이 사용되었을 뿐, 감정 이입의 수법이 사용되지 않았다.
② ㉰에서는 의인화된 외기러기와의 대화를 통해 임을 기다리는 화자의 처지를 드러내고 있다. 또한 ㉮에서도 촛불을 의인화하여 임과 이별한 화자의 처지를 드러내고 있다.
④ 임에 대한 간절한 그리움이 주된 정서라는 설명은 ㉰에만 해당한다. ㉮에서는 임을 여읜 슬픔을, ㉯에서는 답답한 마음을 해소하고 싶은 소망을 노래하였다.

05 정답 ④

해설
와 는 모두 시조이므로, 시조의 형식이 아닌 것을 찾아야 한다. 시조는 종장의 첫 음보가 3음절로 이루어지는데, 가와 나 모두 이를 지키고 있다.

오답 풀이
① 가는 각 장이 "방 안에 / 혓는 촉불 / 눌과 / 이별ᄒ엿관듸"와 같이 4음보의 율격으로 되어 있다.
② 나는 중장이 다른 장에 비해 현저히 긴 형태를 보이는데, 이는 사설시조의 특징이기도 하다.

작품 해설

가 이개, 〈방 안에 혓는 촉불 ~〉
1. 갈래: 평시조, 단시조
2. 성격: 절의가, 연군가
3. 표현: 비유법, 감정 이입의 기법을 사용함.
4. 주제: 임(단종)과 이별한 슬픔
5. 해설: 세조의 왕위 찬탈 이후 강원도 영월로 유배되는 단종의 상황에 대한 안타깝고 서글픈 심정을 읊은 시조이다. 화자는 자신의 눈물을 타는 촛불에 비유한 감정 이입의 기법을 통해 슬픔과 안타까움을 드러내고 있다.

나 작가 미상, 〈창 내고쟈 창을 내고쟈 ~〉
1. 갈래: 사설시조
2. 성격: 해학적(골계적)
3. 표현과 특성: ① 유사어의 반복과 사물의 열거
   ② '마음'에 '창'을 낸다는 기발한 발상으로 문학성을 획득함.
4. 주제: 삶의 근심과 고달픔에서 오는 답답한 심정과 이의 해소 의지
5. 해설: 답답한 화자의 마음을 '방'으로, 이에 대한 해소를 '창'으로 비유하여 표현한 사설시조이다. 중장에서는 여러 종류의 문과 문고리들을 열거하고 있다. 이는 구체적 생활 언어와 일상적 사물을 나열하여 화자의 답답함을 강조하면서 이를 극복하고자 하는 의지를 표현한 것이다.

다 작가 미상, 〈청천에 떠서 울고 가는 외기러기 ~〉
1. 갈래: 사설시조
2. 성격: 해학적, 연정가(戀情歌)
3. 표현: 의인화된 '외기러기'와의 대화를 통해 화자의 정서를 강조함.
4. 주제: 임에 대한 그리움
5. 해설: 화자와 외기러기의 대화 형식을 통해 임을 그리워하는 화자의 마음을 드러내는 사설시조이다. 여기서 화자와 외기러기는 모두 임과 헤어져 있는 처지이다. 그러나 임을 보러 갈 수 있는 외기러기와 달리 화자는 임을 보러 갈 수도 없고 임의 소식도 알 수 없는 상황이다. 이는 화자와 처지가 대비된 '외기러기'라는 객관적 상관물을 통해 임을 만날 수 없어 외로운 화자의 심정을 부각하는 효과를 일으킨다.

06 정답 ③

해설
 이별의 〈장육당육가(藏六堂六歌)〉는 세속을 멀리하고 자연 속에서 풍류를 즐기며 살아갈 것임을 노래한 연시조이다. 나 정도전의 〈선인교 나린 물이 ~〉는 고려 왕조를 회고하면서도 시세에 따라야 함을 표현한 시조이다. 다 신흠의 〈봄이 왓다 ᄒ되 ~〉는 임과 이별한 화자의 슬픔을 노래한 시조이다. 라 서경덕의 〈ᄆᆞ음아 너는 어이 ~〉는 늙음에 대한 한탄을 노래한 시조이다.
다는 봄이 온 소식을 먼저 아는 자연(냇가의 푸른 버들)과, 이별로 인해 봄이 온 소식을 몰랐던 인간(화자)을 대조하여 이별의 슬픔을 강조하고 있다. 즉 냇가의 푸른 버들은 화자와 대비되는 자연물이지 화자와 공통되는 대상이 아니다.

오답 풀이
① 가의 "네 귀를 씻은 샘에 내 소는 못 먹이리"는 왕위를 물려주겠다는 말을 듣고 강물에 귀를 씻은 허유와 그 물을 더럽다 하여 자기 소에게 먹이지 않았다는 소부의 고사에서 차용한 표현이다. 즉 고사를 인용하여 부귀공명을 쫓는 속세에 대한 부정적 인식을 드러낸 것이다.
② 나의 화자가 반천 년의 고려 왕조의 업적이 이제는 '물소리'뿐이라고 읊조리는 데에서 청각적 이미지(흐르는 물소리)를 통해 인간사의 무상함을 느끼는 화자의 정서를 형상화하고 있음을 알 수 있다.
④ 라는 'ᄆᆞ음(마음)'을 '너'로 의인화하여 말을 건네는 방식으로 시상을 전개하는 데에서 비유가 사용되었다. 또한 "ᄆᆞ음아 너는 어이 미양에 져멋는다(마음아, 너는 어찌 늘 젊어 있느냐)", "내 늘글 적이면 넨들 아니 늘글소냐(내 늙을 적이면 넌들 아니 늙을쏘냐)"에서 설의적 표현을 사용하여 늙음에 대한 한탄을 표현하고 있다.

07 정답 ②

해설
'고'는 앞말이 간접 인용되는 말임을 나타내는 격 조사이다. ㉡에서는 말이나 글을 직접 인용할 때 쓰는 큰따옴표 뒤에 쓰였으므로, '고'는 앞말이 직접 인용되는 말임을 나타내는 격 조사 '라고'로 고쳐 쓰는 것이 적절하다.

오답 풀이
① '에'는 무정 명사 다음에, '에게'는 유정 명사 다음에 쓰인다. 따라서 ㉠에서는 '일본에'로 그대로 두고 고치지 않는 것이 적절하다.
③ '로서'는 지위나 신분을, '로써'는 수단이나 도구, 재료나 원료 등을 나타낸다. 따라서 ㉢에서는 '어떤 일의 수단이나 도구를 나타내는 격 조사'인 '로써'를 그대로 써야 한다.
④ ㉣의 '붓하고 먹을'에서 '하고'는 접속 조사이지만, '내 모자는 그것하고 다르다'의 '하고'는 다른 것과 비교하거나 기준으로 삼는 대상임을 나타내는 격 조사이다.

선재 쌤's 공감 TIP
자주 출제되는 조사들이 있으니까 기출문제를 중심으로 공부를 해 보자. 특히 '로/로써', '에/에게' 등을 구분하거나, '하고', '와' 등의 성격을 구분하는 것은 꼭 알아 둘 것!

* 아름아름하다: 일을 대강 하고 눈을 속여 넘기다. / 말이나 행동을 분명히 하지 못하고 자꾸 우물쭈물하다.

오답 풀이
① 肝膽相照(간 간, 쓸개 담, 서로 상, 비출 조): 서로 속마음을 털어놓고 친하게 사귐.
③ 蓋棺事定(덮을 개, 널 관, 일 사, 정할 정): 시체를 관에 넣고 뚜껑을 덮은 후에야 일을 결정할 수 있다는 뜻으로, 사람이 죽은 후에야 비로소 그 사람에 대한 평가가 제대로 됨을 이르는 말
④ 宿虎衝鼻(잠잘 숙, 범 호, 찌를 충, 코 비): 자는 호랑이의 코를 찌른다는 뜻으로, 가만히 있는 사람을 공연히 건드려서 화를 입거나 일을 불리하게 만듦을 이르는 말

08   정답 ③

'햇볕에'의 '에'는 앞말이 수단, 방법 따위가 되는 부사어임을 나타내는 격 조사로 쓰였다. 이와 가장 가까운 의미로 쓰인 것은 '등잔불에'의 '에'이다.

오답 풀이
① 화분에: 앞말이 어떤 움직임이나 작용이 미치는 대상의 부사어임을 나타내는 격 조사
② 소리에: 앞말이 원인의 부사어임을 나타내는 격 조사
④ 감기에: 앞말이 목표나 목적의 대상이 되는 부사어임을 나타내는 격 조사

09   정답 ①

'파방(罷榜)(을) 치다'는 '살던 살림을 그만 집어치우다'를 뜻하는 관용구로 문맥상 적절하지 않다. 이 문장에서는 '함부로 마구 떠들다'를 뜻하는 관용구인 '난장(亂場)을 치다'를 쓰는 것이 자연스럽다.

오답 풀이
② 마각(馬脚)을 드러내다: 말의 다리로 분장한 사람이 자기 모습을 드러낸다는 뜻으로, 숨기고 있던 일이나 정체를 드러냄을 이르는 말
③ 개가(凱歌)를 올리다: 큰 성과를 거두다.
④ 학(瘧)을 떼다: 괴롭거나 어려운 상황을 벗어나느라고 진땀을 빼거나, 그것에 거의 질려 버리다.

10   정답 ②

현대인이 당장 눈앞의 일만 적당히 하고 눈을 속여 넘기는 것에 현명하다는 뜻으로 문장이 완성되어야 하므로, ㉠에는 '우선 당장 편한 것만을 택하는 꾀나 방법'을 뜻하는 '姑息之計(고식지계)가 들어가는 것이 적절하다.

* 姑息之計(시어미 고, 숨쉴 식, 갈 지, 꾀할 계): 우선 당장 편한 것만을 택하는 꾀나 방법. 한때의 안정을 얻기 위하여 임시로 둘러맞추어 처리하거나 이리저리 주선하여 꾸며 내는 계책을 이른다.
* 百年大計[일백 백, 해 년(연), 큰 대, 꾀할 계]: 먼 앞날까지 미리 내다보고 세우는 크고 중요한 계획

DAY 10 매일 국어 10회

| 01 ① | 02 ② | 03 ③ | 04 ③ | 05 ④ |
| 06 ① | 07 ③ | 08 ① | 09 ② | 10 ④ |

01 정답 ①

 2005학년도 대학수학능력시험 6월 모의평가

해설
식물, 동물, 미생물 등 다양한 생물이 경제적 이익을 가져다 주는 사례를 제시한 뒤, '생물 다양성은 경제적으로 커다란 가치가 있다'라는 일반적 결론을 이끌어 내고 있다. 이는 특수하거나 개별적인 여러 사실로부터 일반적인 결론을 이끌어 내는 귀납 추론이 사용된 것이다. ① 또한 코로나 바이러스에 감염된 철수와 영희의 증상을 사례로 들어 '코로나 바이러스의 대표적 증상은 발열과 인후통이다'라는 일반적 결론을 도출하고 있으므로 귀납 추론이 쓰였다.

오답 풀이
② A 앱에서 제공하는 쿠폰의 수령 기준이라는 일반적인 전제로부터 민주가 쿠폰을 받은 구체적인 결론을 내리고 있으므로 연역 추론이 쓰였다. 이는 'A 앱에서 물건 구매 횟수가 100회 이상이면 70% 할인 쿠폰을 받을 수 있다'라는 가언 삼단 논법(가정적 조건문)에서 전건을 긍정하여 후건을 긍정한 것이다.
③ 부산으로 갈 수 있는 두 가지 방법에서 '철수는 고속 열차를 예매해야 한다'라는 한 가지 방법을 선택해 결론을 구체화하고 있으므로 연역 추론이 쓰였다. 이는 몇 개의 선언 판단(선택)으로 구성된 대전제와 선언 판단의 일부 선언지로 구성된 소전제를 통해 결론을 내린 '선언 삼단 논법'에 해당한다.
④ 매일 운동하는 것과 하루도 운동하지 않는 것을 모두 지양하고 이 둘을 절충한 종합적 결론을 내리고 있으므로 변증법적 논증 방식이 나타난다.

02 정답 ②

출전 남경태, 〈귀납과 연역의 맹점〉

해설
㉠은 'p는 q이다 → r은 p이다 → 그러므로 r은 q이다'로 구성된 정언 삼단 논법이다. ②는 '지역 불균형 상태는(p는) 인구 이동, 자원의 불균형 등을 야기한다(q이다) → 충청북도는(r은) 지역 불균형 상태에 놓여 있다(p이다) → 그러므로 충북은(r은) 인구 이동, 자원의 불균형 문제가 발생할 것(q이다)이므로 대비책을 마련해야 한다'로 전개되어 정언 삼단 논법이 나타난다.

오답 풀이
① 후건을 부정하여 전건을 부정한 가언 삼단 논법(가정적 조건문)의 사례이다. 즉 '운전자의 혈중 알코올 농도가 0.03% 이상이라면(p이면) 면허는 정지된다(q이다) → 음주 측정 후 훈민은 운전면허가 정지되지 않았다(q가 아니다) → 훈민의 혈중 알코올 농도는 0.03% 미만이었다(p가 아니다)'로 정리할 수 있다.
③ 특정 도시에 여행객을 상대로 많은 범죄가 일어났다는 사실을 통해 그 도시를 여행 위험국으로 지정한 것이므로, 귀납법에 의한 논증 과정이 나타난다.
④ '행정 안전부는 공공요금을 동결하거나(p 또는) 인상을 최소화하는 방안(q)을 공기업에 요청했다 → 공공요금 동결은 어렵다(p가 아니다) → 따라서 공공요금 인상 최소화 방안을 제시할 예정이다(q이다)'이므로 선언 삼단 논법의 사례이다.

03 정답 ③

해설
③은 철수를 믿으면 안 되는 근거로 철수가 신뢰할 사람이 못 되기 때문이라고 말하고 있다. 이는 전제에서 주장하는 바를 다시 그 전제를 이끌어 낸 근거로 사용한 것이므로 ⓐ '순환 논증의 오류'의 사례로 적절하다.

오답 풀이
① 피자와 관계없는 메이저리그 타격왕의 행동을 근거로 들어 피자가 맛있고 영양가가 높을 것이라 판단하고 있다. 이는 논지와 관계없는 분야에 있는 전문가의 의견을 빌려 와 논지가 참이라고 주장하는 '부적합한 권위에 호소하는 오류'의 사례이다.
② 4년 전액 장학금을 받는 민희의 개인적 정황을 근거로 민희는 등록금 인상 반대 시위에 동참하지 않을 것이라 판단하고 있다. 이는 어떤 사람의 직업, 직책, 과거의 행적 등과 같은 개인적 주변 정황을 이유로 그 주장이나 행위를 비판하는 '정황에 호소하는 오류'의 사례이다.
④ 세계 인구의 80%가 종교를 믿는다는 사실을 근거로 들어 신이 존재함을 주장하고 있다. 이는 논지를 따르는 대중의 규모에 비추어 참을 주장하거나, 대중의 편견 등을 자극하여 자신의 주장을 받아들이게 하는 '대중(다수)에 호소하는 오류'의 사례이다.

04 정답 ③

해설
법정의 〈설해목(雪害木)〉은 다양한 사례를 통해 부드러움이 지닌 강한 힘을 이야기한 수필이다.
이 글은 인간사와 자연 현상을 대비한 것이 아니라, 인간사와 자연 현상의 유사성을 통해 주제를 강조하고 있다. 즉 부드러운 눈이 소나무를 꺾고, 부처님의 자비가 살인귀를 감화시키고, 부드러운 물결이 조약돌을 둥글게 만드는 등 유사한 사례를 제시하여 부드러운 것이 강한 것을 이긴다는 깨달음을 이끌어 내고 있다.

> **오답 풀이**
> ① '모진 비바람, 위엄과 권위, 무쇠로 된 정'처럼 강하고 딱딱한 것과 '눈, 자비, 물결'처럼 부드러운 것을 대조하여 부드러운 것이 강한 것을 이긴다는 깨달음을 부각하고 있다.
> ② 겨울철에 소나무가 억센 비바람이 아닌 부드럽게 쌓이는 눈에 꺾이는 광경을 보았던 글쓴이의 체험과 이를 통해 얻은 깨달음이 제시되어 있다.

> **작품 해설**
> **법정, 〈설해목(雪害木)〉**
> 1. 갈래: 경수필
> 2. 성격: 사색적, 교훈적
> 3. 표현과 특성: ① 유사한 성격의 여러 사례들을 제시함.
>   ② 대립적 소재를 사용해 주제를 부각함.
> 4. 주제: 부드러운 것의 강함
> 5. 해설: 〈설해목〉은, 엄한 훈계에 지친 아이를 따뜻한 사랑으로 감화시킨 노승의 일화를 인용한 다음, 글쓴이의 일상적 체험과 그 밖의 사례를 더하여, 더 큰 힘을 발휘하는 것은 강한 것이 아니라 부드러운 것이라는 깨달음을 제시한 수필이다.

05　　　　　　　　　　　　정답 ④

해설

조지훈의 〈돌의 미학〉은 세 가지의 돌에서 받은 인상을 통해 돌에서 느끼는 아름다움을 설명한 수필이다. 글쓴이는 '인공으로 정련된 자연, 자연에 환원된 인공이 아니면 위대한 예술이 될 수 없다는 것을 배웠다'라고 말하고 있다. 즉 예술은 기술(인공)을 기초로 해서, 그것이 자연을 얻을 때 진정한 예술이 된다는 뜻이다.

오답 풀이
① 예술은 인공미를 바탕으로 자연미를 확대한 것이므로, 인공미가 배제되었다는 진술은 잘못되었다.
② '탁월한 기술'이 필요하다는 내용은 없다.
③ 돌을 소재로 한 석굴암을 바탕으로 글쓴이의 예술관이 드러나고 있을 뿐, 소재에 대한 내용은 언급되지 않았다.

06　　　　　　　　　　　　정답 ①

해설

이청준의 〈아름다운 흉터〉는 흉터에 대한 인식이 변화된 경험을 통해 고난을 성실히 극복해 나가는 삶의 가치를 일깨우고 있는 수필이다. 글쓴이는 우리가 지니고 살아가는 그 흉터야말로 삶의 숨은 값이라 말하고 있다. 이는 우리 삶이 시련을 극복해 나가는 과정을 통해 더욱 단단해진다는 의미이다. ① 역시 시련 없이 완성되는 삶은 없다는 의미를 "흔들리지 않고 피는 꽃이 어디 있으랴"라고 비유적으로 표현하고 있다.

오답 풀이
② 하찮은 사물을 무시하는 인간의 속물성을 비판하면서 열정과 사랑 없이 살아가는 사람들에게 반성을 촉구하고 있다.
③ 거짓 없이 순결한 삶을 살고자 하는 다짐을 드러내고 있다.
④ 역설법을 통해 타인의 아픔을 보듬지 못하는 이기적인 세태를 비판하고 있다.

07　　　　　　　　　　　　정답 ③

해설

ⓒ은 'ㄴ'이 'ㄹ'의 앞이나 뒤에서 [ㄹ]로 발음한다는 것으로, 자음 동화 중 유음화에 대한 규정이다. '대관령[대:괄령]'은 ⓒ의 예로 적절하다. 그러나 '이원론'의 표준 발음은 [이:원논]으로, ⓔ의 예에 해당한다.

오답 풀이
① '깎는'은 'ㄱ(ㄲ)'이 'ㄴ' 앞에서 [ㅇ]으로 발음되는 예이고, '읊는'은 'ㅂ(ㄿ)'이 'ㄴ' 앞에서 [ㅁ]으로 발음되는 예로, 모두 ㉠의 예로 적절하다.
④ '공권력[공꿘녁]'과 '동원령[동:원녕]'은 모두 한자어에서 'ㄴ'과 'ㄹ'이 결합하면서도 [ㄹㄹ]로 발음되지 않고 [ㄴㄴ]으로 발음되는 ⓔ의 예이다.

08　　　　　　　　　　　　정답 ①

해설

㉠ 담력[담:력](×) → [담:녁](○): 받침 'ㅁ, ㅇ' 뒤에 연결되는 'ㄹ'은 [ㄴ]으로 발음한다.
ⓒ 신문[심문](×) → [신문](○): '신문'을 [심문](×)으로 발음하는 것은 치조음인 'ㄴ'이 양순음인 'ㅁ'에 동화되어 양순음이 되는 것인데, 이러한 양순음화는 모두 비표준 발음이다.
ⓑ 밟는대[발:른다](×) → [밤:는다](○): '밟-'은 자음 앞에서 [밥:]으로 발음한다. 받침 'ㅂ'은 'ㄴ, ㅁ' 앞에서 [ㅁ]으로 발음한다.

오답 풀이
ⓛ 윷놀이[윤노리](○): '윷'의 받침 'ㅊ'은 대표음 [ㄷ]으로 발음하고, 받침 'ㄷ'은 'ㄴ' 앞에서 [ㄴ]으로 발음한다.
ⓔ 마천루[마철루](○): 'ㄴ'은 'ㄹ'의 앞이나 뒤에서 [ㄹ]로 발음한다.
ⓜ 흙만[흥만](○): 받침 'ㄱ(ㄺ)'은 'ㄴ, ㅁ' 앞에서 [ㅇ]으로 발음한다.

09　　　　　　　　　　　　정답 ②

 임철순, 〈同病相憐(동병상련) 같은 병자끼리 서로 가엾게 여긴다〉, 《이투데이》(2015. 2. 11.), 수정

해설

'同病相憐[같을 동, 병들 병, 서로 상, 불쌍히 여길 련(연)]'은 '같은 병을 앓는 사람끼리 서로 가엾게 여긴다는 뜻으로, 어려운 처지에 있는 사람끼리 서로 가엾게 여김을 이르는 말'이다. 이와 같은 뜻의 속담이라고 했으므로 ㉠에는 '남의 곤란한 처지는 직접 그 일을 당해 보았거나 그와 비슷한 처지에 놓여 있는 사람이 잘 알 수 있음을 비유적으로 이르는 말'인 '과부 설움은 홀아비가 안다'가 들어가는 것이 적절하다.

오답 풀이

① **도둑이 매를 든다**: 잘못한 놈이 도리어 기세를 올리고 나무람을 비유적으로 이르는 말
③ **등잔 밑이 어둡다**: 대상에서 가까이 있는 사람이 도리어 대상에 대하여 잘 알기 어렵다는 말
④ **달면 삼키고 쓰면 뱉는다**: 옳고 그름이나 신의를 돌보지 않고 자기의 이익만 꾀함을 비유적으로 이르는 말

10 정답 ④

해설
'自中之亂[스스로 자, 가운데 중, 갈 지, 어지러울 란(난)]'은 '같은 편끼리 하는 싸움'을 뜻한다. '한 오리 실도 엉키지 아니함이란 뜻으로, 질서가 정연하여 조금도 흐트러지지 아니함을 이르는 말'은 '一絲不亂[하나 일, 실 사, 아닐 불, 어지러울 란(난)]'이다.

오답 풀이
① 勿失好機(말 물, 잃을 실, 좋을 호, 틀 기): 좋은 기회를 놓치지 아니함.
② 一騎當千(하나 일, 말탈 기, 마땅할 당, 일천 천): 한 사람의 기병이 천 사람을 당한다는 뜻으로, 싸우는 능력이 아주 뛰어남을 이르는 말
③ 四顧無託(넉 사, 돌아볼 고, 없을 무, 부탁할 탁): 의탁할 만한 사람이 아무도 없음.

DAY 11 매일 국어 11회

| 01 ④ | 02 ④ | 03 ④ | 04 ④ | 05 ① |
| 06 ③ | 07 ① | 08 ④ | 09 ② | 10 ③ |

01 정답 ④

 2005학년도 7월 고3 전국연합학력평가, 참고

해설
ⓔ에는 향후 일하는 노년층이 증가할 것에 대비하여 기업이 해결해야 하는 방안이 들어가야 한다. 그런데 '복지 프로그램 참여를 통한 자아실현의 성취'의 주체는 기업이 아니라 노년층이므로 ⓔ의 내용으로 적절하지 않다. ⓔ에는 '증가하는 노년층을 대상으로 한 일자리 창출' 정도가 들어가야 적절하다.

오답 풀이
① 주제가 '고령화 사회에 대비하기 위한 정부와 기업의 노력 강조'이므로 이 글의 예상 독자를 ㉠을 '노년층'에서 '사회 복지 정책 입안자 및 기업 경영자'로 수정하는 것은 적절하다.
② '의료 기술 발달' 자체가 문제 상황이라고 보기는 어렵다. 기업의 노력을 강조하는 주제와 '향후 일하는 노년층의 추이 분석 자료'를 고려할 때, 일하는 노년층을 고려하지 않은 기업의 상황을 문제로 지적하는 것이 적절하다. 따라서 ㉡을 '노동자 고령화에 대비한 경영 전략 부실'로 수정하는 것은 적절하다.
③ '노인 복지 정책의 부실'이라는 문제 상황과 '외국의 우수한 노인 복지 시스템을 분석하여 정책 수립'이라는 해결 방안을 고려할 때, ㉢에는 정부의 노인 복지 정책과 관련된 자료가 필요하다. 따라서 ㉢을 '선진국과 우리나라의 노인 복지 정책 비교 자료'로 수정하는 것은 적절하다.

02 정답 ④

출전 유호승, 〈K-게임 전성시대는 옛말, 불안한 세계 4위〉, 《매거진 한경》, 참조

해설
'Ⅱ'에서 국내 게임 업계에 나타난 위기와 이것이 일어난 원인을 제시한 후 해결 방안을 제시하고 있다. 그런데 'Ⅱ-3'에서 국산 게임의 위기를 해결하기 위한 주체는 모두 '게임 회사'이다. 따라서 전체 내용을 포괄할 'Ⅲ'에 '정부와 소비자의 노력 촉구'를 포함하는 것은 적절하지 않다.

오답 풀이

① 'Ⅱ-1'에서 국산 게임 업계에 닥친 위기를, 'Ⅱ-3'에서 국산 게임의 위기 해결 방안(육성 방안)을 설명하고 있으므로 'Ⅰ'을 '국산 게임의 위기와 육성 방안'으로 수정하는 것은 적절하다. 이 개요는 국산 게임 업계의 불황을 해소하기 위한 방안을 제시하고 있으므로 '국산 게임의 규제'는 적절하지 않다.

② ㉠의 하위 항목은 모두 현재 국산 게임업계의 문제점(현황)이고, ㉡의 하위 항목인 '가, 나, 다'는 국산 게임업계에 위기가 일어난 원인이다. 또한 ㉢의 하위 항목은 모두 ㉡의 원인에 따른 해결 방안이다. 따라서 ㉠~㉢에는 각각 '현황, 원인, 해결 방안'을 삽입하는 것이 적절하다.

③ 'Ⅱ-2'의 '가~다'는 국내 게임 업계의 실적이 둔화된 원인이다. 그러나 'Ⅱ-2-라'는 이와 연관성이 떨어지므로 삭제하는 것이 적절하다.

03   정답 ④

해설

'외식할 때 미리 집에 알려 주기'나 '자신의 식사량에 맞게 주문하기'는 외식할 때 음식을 남기지 않도록 하는 구체적인 지침이라 볼 수 있다. 그러나 '외식 물가를 고려한 외식 메뉴의 선택'은 음식물 쓰레기를 줄이는 실천 방안과 무관하므로 ㉤의 하위 항목으로 적절하지 않다.

오답 풀이

② ㉢의 하위 항목인 '음식물 쓰레기가 전체 쓰레기 발생량의 1/4 이상 차지'와 '음식물 쓰레기의 70%가 가정 또는 소형 음식점에서 발생하여 음식물 쓰레기가 점점 증가하는 상황' 등은 'Ⅰ. 서론: 음식물 쓰레기 발생 현황'에 해당한다.

04   정답 ④

해설

박완서의 〈아저씨의 훈장〉은 가부장적 이데올로기에 사로잡힌 한 인물의 삶을 통해 남북 분단 상황으로 인한 상처와 비극을 그린 소설이다.
서술자인 '나'는 자신의 친구이자, 아저씨의 아들인 '은표' 대신 조카를 데리고 피란 온 아저씨의 태도를 비판적으로 바라본다. 그러나 아저씨가 처음으로 부른 '은표' 소리를 통해 은표를 그리워하던 아저씨를 이해하게 되면서, 아저씨에 대한 심리가 변화되고 있다.

오답 풀이

① 1인칭 주인공 시점에 대한 설명이다. 이 작품은 '나'가 주인공인 '아저씨'를 관찰하는 1인칭 관찰자 시점을 취하고 있다.

② 작품 내부의 서술자인 '나'가 아저씨의 성격을 직접 제시한 부분은 없다. 과거와 현재 아저씨의 행동을 통해 가부장적 사고방식을 지닌 아저씨의 성격을 보여주기 방식으로 제시하고 있다.

③ "나는 아저씨가 그의 아들을 뿌리치고 ~ 은표라는 고유 명사로서의 아들이 아니었다"에서 과거 아저씨의 삶을 회상의 방식으로 이야기하고 있다.

작품 해설

박완서, 〈아저씨의 훈장〉

1. **갈래**: 단편 소설
2. **성격**: 비판적, 비극적
3. **시점**: 1인칭 관찰자 시점
4. **표현과 특성**: ① 상징적 소재인 '자물쇠'를 통해 인물의 성격을 압축적으로 드러냄.
   ② 대상에 대한 서술자의 인식 변화가 드러남.
5. **주제**: 분단으로 인한 상처와 비극
6. **해설**: 〈아저씨의 훈장〉의 서술자인 '나'는, 전통적 가치관인 가부장적 사고방식에 집착하여 아들 대신 장조카를 선택하고 그것을 자랑삼아 사는 아저씨의 행동을 비판한다. 그러면서 마지막 순간에 자신의 아들을 간절하게 부르는 아저씨의 모습을 통해 그의 삶을 이해하게 된다. 즉 아저씨는 겉으로는 표현하지 않았지만, 내면으로는 데려오지 못한 아들에 대한 미안함과 그리움으로 평생을 살아온 것이다. 이러한 그의 모습을 통해 분단으로 인한 고통을 효과적으로 보여 주고 있다.

05   정답 ①

해설

이문구의 〈유자소전(俞子小傳)〉은 실존 인물의 삶을 전(傳) 양식을 차용하여 작품화한 풍자적 성격의 소설이다.
서술자가 자기 경험을 직접 서술하여 사건의 전모를 드러내는 시점은 1인칭 주인공 시점이다. 제시문은 부수적 인물인 '나'가 주인공 유자(유재필)의 삶을 이야기하는 1인칭 관찰자 시점을 취하면서도 전지적으로 서술하고 있다.

오답 풀이

② 충청도 방언의 사용을 통해 토속적 정감을 불러일으키고 있으며 독자로 하여금 '그'에 대해 친근감을 느끼게 하고 있다.

③ 총수가 산 값비싼 비단잉어에 대한 사건을 희극적으로 묘사하고 있으며, '그'의 우스꽝스럽고 의뭉스러운 말투를 통해 총수의 허영과 위선을 풍자하고 있다. 그리고 이를 통해 골계미를 구현하고 있다.

* **골계미(滑稽美)**: 자연의 질서나 이치를 의 있는 것으로 존중하지 않고 추락시킴으로써 나타나는 미의식. 풍자와 해학의 수법으로 우스꽝스러운 상황이나 인간상을 구현하며 익살을 부리는 가운데 어떤 교훈을 준다.

④ 비단잉어의 떼죽음 때문에 총수와 '그' 사이에 신경전이 벌어진다. 서민 월급 3년 4개월 치에 이르는 비단잉어를 기르는 총수의 모습은 당시 상류층의 사치와 허영, 물질 만능주의에 빠진 모습을 보여 준다. 작가는 이러한 총수의 부정적 모습을 '그'의 비꼬는 말투와 엉뚱한 대답을 통해 풍자함으로써 비판하고 있다.

06 정답 ③

해설
유자가, 시멘트의 독성을 충분히 우려내지 않고 고기를 넣은 것이 탈이었으려니 하면서도 부러 의뭉을 떨었다는 것에서 알 수 있다.

오답 풀이
① "그 회사 직원들의 봉급 수준을 ~ 볼까 말까 한 값이었다"에 따르면, 3년 4개월 치 월급이 80만 원이 채 안 된다는 것은 총수의 회사 직원들이 아니라 '나'를 기준으로 한 계산이다.
② 총수가 유자의 관리 소홀을 질책하는 내용은 나오지 않는다. 총수는 그저 유자가 혐의자가 된 듯이 그에게 화풀이를 하고 있을 뿐이다.
④ 마리당 80만 원이라는 비싼 값으로 총수의 집에 들어온 비단잉어들이 클래식을 들은 곳은 총수의 연못이다. 그러나 비단 잉어가 원산지에서 클래식을 듣고 자라며 길러졌는지는 알 수 없다.

작품 해설
이문구, 〈유자소전(兪子小傳)〉
1. **갈래**: 단편 소설, 풍자 소설
2. **성격**: 비판적, 풍자적, 해학적
3. **시점**: 1인칭 관찰자 시점
4. **배경**: 1970년대, 서울
5. **표현과 특성**: ① '전(傳)' 양식을 통해 주제 의식을 전달함.
   ② 사투리를 통해 향토감을 드러냄.
   ③ 일화들을 제시하는 삽화적 구성을 보임.
6. **주제**: 물질 만능 주의에 빠진 현대 사회를 비판함.
7. **해설**: 〈유자소전〉은 유재필이란 실존 인물의 삶을 전(傳) 양식을 차용하여 소설화한 작품으로, 서술자인 '나'가 친구인 유재필의 범상치 않은 삶의 일대기를 전달하고 있다. 사투리를 사용하여 향토적 정서를 강하게 한 점, 희극적 상황 설정과 인물의 우스꽝스러운 말과 행동을 통해 해학적 분위기를 연출한 점 등이 특징이다.

07 정답 ①

해설
㉠은 '뵙다'를 통해 객체를 높이고 있고, 하십시오체인 '-습니다'를 통해 상대를 높이고 있다. 그러나 ㉡은 해요체인 '-세요'를 통해 상대를 높이고 있지만, 객체 높임법은 사용되지 않았다. '귀가 어두우시다'는 주체인 할아버지와 밀접하게 연관이 있는 주어를 간접적으로 높이는 주체 높임 중 간접 높임이 쓰인 표현이다.

오답 풀이
② ㉠ '께서'와 주체 높임 선어말 어미 '-시-'를 사용하여 주체를 높이고 있고, '뵙다'를 통해 객체를 높이고 있다. 또한 하십시오체인 '-습니다'를 통해 상대를 높이고 있다.
㉢ '께서'와 주체 높임 선어말 어미 '-시-'를 사용하여 주체를 높이고 있고, '모시다'를 통해 객체를 높이고 있다. 또한 하십시오체인 '-습니까'를 통해 상대를 높이고 있다.
③ ㉡ '께서'와 간접 높임에 쓰인 주체 높임 선어말 어미 '-시-'를 통해 주체를 높이고 있다.
㉢ '께서'와 주체 높임 선어말 어미 '-시-'를 통해 주체를 높이고 있다.
④ ㉢ '께'와 '드리다'를 통해 객체를 높이고 있다.
㉣ '모시다'를 통해 객체를 높이고 있다.

08 정답 ④

해설
'편찮으시다'는 주체인 '할머니'를 높이는 주체 높임 표현이다. 나머지 ㉠·㉡·㉢은 모두 객체 높임을 나타낸다.

오답 풀이
① '모시다'는 객체를 높이는 특수 어휘이다.
② 조사 '께'를 써서 객체인 '할머니'를 높이고 있다.
③ '드리다'는 객체를 높이는 특수 어휘이다.

09 정답 ②

해설
'판단이나 결론 따위를 이끌어 냄'을 뜻하는 '導出'은 '도출(이끌 도, 날 출)'로 읽는다. '창출'은 '전에 없던 것을 처음으로 생각하여 지어내거나 만들어 냄'이라는 뜻으로, '創出(비롯할 창, 날 출)'로 쓴다.

오답 풀이
① 葛藤(칡 갈, 등나무 등): 칡과 등나무가 서로 얽히는 것과 같이, 개인이나 집단 사이에 목표나 이해관계가 달라 서로 적대시하거나 충돌함. 또는 그런 상태
③ 推薦(옮길 추, 드릴 천): 어떤 조건에 적합한 대상을 책임지고 소개함.
④ 霧散(안개 무, 흩을 산): 안개가 걷히듯 흩어져 없어짐. 또는 그렇게 흐지부지 취소됨.

10 정답 ③

해설
밑줄 친 부분과 가장 잘 어울리는 한자 성어는 '주인과 손의 위치가 서로 뒤바뀐다는 뜻으로, 사물의 경중·선후·완급 따위가 서로 뒤바뀜을 이르는 말'인 '主客顚倒(주인 주, 손님 객, 머리 전, 거꾸로 도)'이다.

오답 풀이
① 泥田鬪狗[진흙 이(니), 밭 전, 싸움 투, 개 구]: 진흙탕에서 싸우는 개라는 뜻으로, 강인한 성격의 함경도 사람을 이르는 말 / 자기의 이익을 위하여 비열하게 다툼을 비유적으로 이르는 말
② 首鼠兩端[머리 수, 쥐 서, 두 양(량), 바를 단]: 구멍에서 머리를 내밀고 나갈까 말까 망설이는 쥐라는 뜻으로, 머뭇거리며 진퇴나 거취를 정하지 못하는 상태를 이르는 말
④ 變化無雙(변할 변, 될 화, 없을 무, 쌍 쌍): 변하는 정도가 비할 데 없이 심함.

DAY 12 매일 국어 12회

01 ② 02 ④ 03 ③ 04 ④ 05 ③
06 ① 07 ④ 08 ③ 09 ① 10 ②

01 정답 ②

해설
〈보기〉는 길동이의 아버지가 경제학 박사임을 근거로 하여 길동이가 경제에 대해 잘 안다는 결론을 내리는 '발생학적 오류'를 범하고 있다. 발생학적 오류란 어떤 대상의 기원이 갖는 속성을 그 대상 역시 갖고 있다고 추측하는 오류를 말한다. ② 역시 원시 종교의 주술적 요소를 근거로 현대 종교가 주술에 지나지 않는다는 결론을 내리는 발생학적 오류를 범하고 있다.

오답 풀이
① 증명할 수 없는 사실을 근거로 들어 자신의 주장을 정당화하는 '무지에 호소하는 오류'를 범한 것이다.
③ 의도하지 않은 행위의 결과에 대해 의도가 작용했다고 판단하는 '의도 확대의 오류'를 범한 것이다.
④ 근거가 제시되어야 할 주장을 근거로 삼음으로써 같은 내용을 말만 바꾸어 되풀이하는 '순환 논증의 오류'를 범한 것이다.

02 정답 ④

해설
〈보기〉는 '~보다 더 안 좋다'를 부당하게 강조함으로써 오류가 발생한 것이므로 '강조의 오류'를 범한 것이다. ④ 역시 '부모님'을 부당하게 강조한 것이므로 강조의 오류가 나타난다.

오답 풀이
① 서로 다른 사물의 우연하고 비본질적인 속성을 비교하여 결론을 이끌어 내는 '잘못된 유비추리의 오류'를 범한 것이다.
② 단어의 사전적인 의미에 자의적인 뜻을 마음대로 덧붙여 재정의함으로써 생기는 오류인 '은밀한 재정의의 오류'를 범한 것이다.
③ 일반적인 규칙이 특수한 경우에 그대로 적용될 수 없음에도 적용함으로써 빚어지는 오류인 '우연의 오류'를 범한 것이다.

03 정답 ③

 이보람, 〈아침 식사 거르면, 각종 질병 위험 높이고 업무 효율 떨어져〉, 《헬스조선》(2016. 4. 21.) / 〈아침 식사 꼭 해야 한다고? "신비한 힘 없다"〉, 《미주 한국일보》(2016. 6. 1.), 참고

해설
최 교수는 대학의 분석 결과 등 주로 과학적 근거를 들어 자신의 주장을 뒷받침하고 있다. 그러나 박 교수의 "2014년에는 오히려 아침 식사 여부가 ~ 연구 결과도 있었습니다"를 통해, 박 교수가 과학적 근거를 완전히 배제한 것은 아님을 알 수 있다.

오답 풀이
② 박 교수는 아침 식사를 안 했다는 자신의 체험을 말하고 있지만, 최 교수가 자신의 경험을 말하지는 않았다.
④ 박 교수의 마지막 진술을 통해, 최 교수의 의견 중 아침 식사는 적절한 영양소로 구성되어야 한다는 의견만을 박 교수가 수용하고 있음을 알 수 있다.

04 정답 ④

해설
㉠과 ④ 모두 몇몇의 특수한 경우나 몇 개의 우연적 사례를 근거로 하여 성급하게 일반화함으로써 빚어지는 '성급한 일반화의 오류'를 범하였다.

오답 풀이
① 두 사건 사이에 인과 관계가 없음에도 단순히 시간상으로 선후 관계인 것을 인과 관계로 잘못 판단한 '잘못된 인과 관계의 오류'를 범한 것이다.
② 논지를 따르는 대중의 규모에 비추어 참을 주장하는 '대중에 호소하는 오류'를 범한 것이다.
③ 전건 부정으로 후건 부정의 결론을 도출하는 '전건 부정의 오류'를 범하였다.

05 정답 ③

해설
정철의 〈속미인곡(續美人曲)〉은 임(임금)을 그리워하는 화자의 충절을 노래한 가사로 순수한 우리말을 구사하여 문학성이 뛰어나다.
'구름'과 '안개'는 임과의 사랑을 막는 장애물을 의미하지만, '일월'은 화자가 사랑하는 임(임금)을 의미한다.

오답 풀이
① '낙월'이 대상을 비춘다는 속성을 통해 임을 따르겠다는 주제를 강화하고 있다.
② '빈 비'는 화자의 쓸쓸하고 외로운 처지를 나타낸 객관적 상관물이다.
④ '출하리 싀여디여 ~ 번드시 비최리라'에서 알 수 있다.

📖 작품 해설

정철, 〈속미인곡(續美人曲)〉
1. **갈래**: 정격 가사, 양반 가사, 서정 가사, 유배 가사
2. **성격**: 연군가, 서정적
3. **표현**: 대화체, 은유법, 미화법 등의 사용

4. **의의**: ① 두 여인의 대화 형식으로 된 가사 작품으로 구성상의 참신함이 돋보임.
② 우리말을 뛰어나게 구사한 가사 문학의 백미(白眉)임.
5. **주제**: 연군지정(戀君之情)
6. **해설**: 〈속미인곡〉은 〈사미인곡〉의 속편으로, 전편과 마찬가지로 임을 그리워하는 여성 화자를 내세워 작가의 충절을 노래한 가사이다. 〈속미인곡〉에서는 순수한 우리말을 효과적으로 구사하고 있다. 이러한 이유로 김만중은 《서포만필》에서 〈관동별곡〉, 〈사미인곡〉, 〈속미인곡〉 중에서 〈속미인곡〉이 가장 뛰어나다고 극찬하였으며, 홍만종은 《순오지》에서 〈속미인곡〉을 공명의 〈출사표〉에 견줄 수 있다고 평했다.

06 정답 ①

해설
정철의 〈관동별곡(關東別曲)〉은 금강산과 관동 지방의 절경 예찬, 관찰사로서의 포부와 애민 정신, 임금의 은혜에 대한 예찬 등을 내용으로 하는 기행 가사이다.
'천년 노룡'은 화자를, '음애예 이온 플(그늘진 벼랑에 시든 풀)'은 도탄에 빠진 백성을 비유한 것이다. 그러나 '풍운'은 선정이 아니라 선정을 펼칠 기회, 여건 등을 의미한다. 선정을 의미하는 것은 '삼일우'이다.

오답 풀이
② 화자는 사회적 책임감에서 벗어나 자연인으로서의 욕망을 마음껏 추구하고 싶지만 '왕명(관원의 여정)이 유흔'한 현실적 여건으로 인해 '킥수(나그네의 쓸쓸한 심정)도 둘 듸 업다'며 갈등하고 있다. 이때 '왕명'은 위정자로서의 책임 의식을, '킥수'는 자연인으로서의 욕망을 나타내므로 두 시어는 대조적 관계를 이룬다.
③ ㉠은 '바다 → 하늘 → 무엇'으로 이어지는 연쇄적, 점층적 표현을 통해 바다의 끝없음을 나타내고 있다.
* **일망무제(一望無際)**: 한눈에 바라볼 수 없을 정도로 아득하게 멀고 넓어서 끝이 없음.
④ 'ᄀᆞᆺ득 노ᄒᆞᆫ 고래'는 '거칠고 성난 파도'를, '은산'은 높이 솟아 부서지는 흰 파도를, '빅셜'은 하얗게 부서지는 파도의 물보라를 은유한 표현이다. 따라서 '고래, 은산, 빅셜'의 원관념은 모두 '파도'이며, 이는 자연인으로서의 욕망을 추구하고자 하는 화자의 내적 갈등을 시각적으로 형상화한 표현이기도 하다.

작품 해설
정철, 〈관동별곡(關東別曲)〉
1. **갈래**: 정격 가사, 양반 가사, 기행 가사
2. **형식**: 3·4조, 4음보의 연속체, 3단 구성(서사, 본사, 결사)
3. **표현**: 감탄법, 대구법, 생략법 등의 사용
4. **사상적 배경**: 충의 사상(유교), 애민 사상, 신선 사상(도교)
5. **주제**: 관동 지방의 절경 예찬, 연군과 애민의 정

6. **해설**: 〈관동별곡〉은 서사·본사·결사의 3단 구성을 취한다. 서사에는 관찰사로 임명되어 부임지로 떠나는 여정이 압축적으로 제시되어 있으며, 본사에서는 부임지인 원주에 도착한 후 금강산 내외를 구경하면서 본 관동 팔경의 절경을 노래하고 있다. 결사에서는 동해의 달맞이와 꿈속에서 만난 신선과의 풍류를 노래하며 갈등이 해소된다.

07 정답 ④

해설
익숙지(○): 어간의 끝음절 '하'의 앞에 울림소리가 있으면 '하'의 'ㅏ'가 줄고 'ㅎ'이 다음 음절의 첫소리와 어울려 거센소리가 되고, 앞에 안울림소리가 있으면 '하'가 탈락된다. 따라서 '익숙하지'는 '익숙지'로 준다.

오답 풀이
① 적잖은(×) → 적잖은(○): 어미 '-지' 뒤에 '않-'이 어울려 '-잖-'이 될 적과 '-하지' 뒤에 '않-'이 어울려 '-찮-'이 될 적에는 준 대로 적는다.
② 생각컨대(×) → 생각건대(○): 어간의 끝음절 '하'가 아주 줄 적에는 준 대로 적는다.
③ 서슴치(×) → 서슴지(○): 기본형이 '서슴하다(×)'가 아니라 '서슴다(○)'이므로 '서슴지'로 써야 한다.

08 정답 ③

해설
만만하지 않다 - 만만잖다(×) → 만만찮다(○): 제39항에 따라, 어미 '-하지' 뒤에 '않-'이 어울려 '-찮-'이 될 적에는 준 대로 적는다.

오답 풀이
① 어제그저께 - 엊그저께(○): 제32항에 따라, 단어의 끝모음이 줄어지고 자음만 남은 것은 그 앞의 음절에 받침으로 적는다.
② 그렇지 않은 - 그렇잖은(○): 제39항에 따라, 어미 '-지' 뒤에 '않-'이 어울려 '-잖-'이 될 적에는 준 대로 적는다.
④ 연구하도록 - 연구토록(○): 제40항에 따라, 어간의 끝음절 '하'의 'ㅏ'가 줄고 'ㅎ'이 다음 음절의 첫소리와 어울려 거센소리가 될 적에는 거센소리로 적는다.

09 정답 ①

해설
'뜸(을) 들이다'는 '일이나 말을 할 때에, 쉬거나 여유를 갖기 위해 서둘지 않고 한동안 가만히 있는 경우를 비유적으로 이르는 말'이다. '몸을 시원하게 하여 땀을 없애다 / 잠시 휴식하다'의 뜻으로 쓰이는 관용구는 '땀을 들이다'이다.

오답 풀이
② 자빡(을) 대다{치다}: 아주 딱 잘라 거절하다.
③ 코웃음(을) 치다: 남을 깔보고 비웃다.
④ 마수걸이하다: 맨 처음으로 물건을 팔다. / 맨 처음으로 부딪다.

10   정답 ②

출전 〈한자로 보는 문화〉,《부산일보》(2009. 1. 11.)

해설
㉠의 앞부분에는 산더미처럼 쏟아지는 저술과 하루가 다르게 진보하는 지식 중 개인이 집적할 수 있는 지식의 양이 '滄海一粟(창해일속)'과 같이 매우 적다는 내용이 나타난다. 이러한 내용과 자연스럽게 이어지기 위해서 ㉠에는 '창해일속'과 유사한 의미인 '鳥足之血(조족지혈)'이 들어가는 것이 적절하다.

* 鳥足之血(새 조, 발 족, 갈 지, 피 혈): 새 발의 피라는 뜻으로, 매우 적은 분량을 비유적으로 이르는 말
* 寸陰(마디 촌, 응달 음): 매우 짧은 동안의 시간
* 滄海一粟(찰 창, 바다 해, 하나 일, 조 속): 넓고 큰 바닷속의 좁쌀 한 알이라는 뜻으로, 아주 많거나 넓은 것 가운데 있는 매우 하찮고 작은 것을 이르는 말

오답 풀이
① 滄桑之變(찰 창, 뽕나무 상, 갈 지, 변할 변): 뽕나무 밭이 변하여 푸른 바다가 된다는 뜻으로, 세상일의 변천이 심함을 비유적으로 이르는 말
③ 前虎後狼(앞 전, 범 호, 뒤 후, 이리 랑(낭)): 앞에서 호랑이를 막고 있으려니까 뒷문으로 이리가 들어온다는 뜻으로, 재앙이 끊일 사이 없이 닥침을 비유적으로 이르는 말
④ 命在頃刻(목숨 명, 있을 재, 밭 넓이 단위 경, 새길 각): 거의 죽게 되어 곧 숨이 끊어질 지경에 이름.

DAY 13 매일 국어 13회

| 01 ① | 02 ② | 03 ④ | 04 ③ | 05 ④ |
| 06 ① | 07 ① | 08 ② | 09 ② | 10 ③ |

01   정답 ①

해설
글쓴이는 인공 지능의 발달이 반길 일인지 아니면 경계할 일인지의 서로 상반되는 결론에 대한 물음을 제기하고 있다. 따라서 쟁점 제기를 글쓴이의 의도로 볼 수 있다.

* 쟁점(爭點): 서로 다투는 중심이 되는 점

오답 풀이
④ 인공 지능 기술에 대한 설명은 쟁점을 이끌어 내기 위한 것이다.

02   정답 ②

출전 2016년 LEET 언어이해, 지문 발췌

해설
제시문은, 당원 중심의 운영 구조를 지향하는 대중 정당이, 산업 구조 및 계층 구조의 다변화, 탈물질주의의 등장, 뉴미디어의 발달 등 사회적 변화에 대응하여 포괄 정당, 카르텔 정당, 포스트 카르텔 정당, 네트워크 정당 등으로 변모하는 양상과 그 결과를 고찰하고 있다.

오답 풀이
① 포괄 정당, 선거 전문가 정당, 카르텔 정당, 포스트 카르텔 정당, 네트워크 정당 등 정당의 다양한 모습을 소개하고 있지만 이들의 장단점을 분석하는 내용은 나오지 않는다.
③ 마지막 문단에서 '포괄 정당', '포스트 카르텔 정당' 등 오늘날 정당들의 모습이나 역할이 과거 대중 정당의 모습이나 역할과 거리가 멀다는 점을 지적하고 있을 뿐, 정당의 전통적 기능, 즉 대중 정당이 지녔던 기능의 복원을 주장하는 내용은 나오지 않는다.
④ 1문단에서, 대의 민주주의에서 정당의 역할(책임 정당 정부 이론)을 뒷받침하는 정당 모형이 대중 정당임을 밝히고 있다. 그러나 대중 정당의 기능은 1문단에 부분적으로 제시되어 있을 뿐이고, 2문단부터는 대중 정당이 사회의 변화에 따라 변모하는 양상을 설명하고 있다.

03 정답 ④

해설
㉠ 정당이 전문가 체제로 변모했다는 내용과, 탈물질주의에 어울리는 새로운 정당의 출현에 대한 압박이 생겼다는 내용이 이어지는 자리이다. 따라서 '어떤 일에 대하여, 앞에서 말한 측면과 다른 측면을 말할 때 쓰는 말'인 '한편'이 들어가야 적절하다.
㉡ 정당의 정치적 동원은 소셜 네트워크 내 시민들의 참여로 대체되었고 직접 민주주의의 현상도 나타났다는 문맥이다. 따라서 '게다가'나, '더욱 심하다 못하여 나중에는'의 의미인 '심지어'가 들어가야 적절하다
㉢ 앞의 개혁 조치가 대중 정당으로의 복귀를 의미하는 것이 아니라 고전적 의미의 정당 기능은 더욱 약화되었다는 문맥이다. 따라서 '일반적인 기준이나 예상, 짐작, 기대와는 전혀 반대가 되거나 다르게'의 의미인 '오히려'가 들어가야 적절하다.

04 정답 ③

해설
③의 C당은 선거 승리를 목표로 한다는 점에서 2문단에 제시된 '선거 전문가 정당'과 유사하다. 그러나 C당은 당료와 당내 조직이 선거 시에만 집중적으로 움직이는 반면, '선거 전문가 정당'은 선거 시 외부 선거 전문가들이 당료를 구성하고 기존의 당내 조직(당료)이 당의 외곽으로 밀려난다. 따라서 ③의 C당이 이 글에 제시된 정당의 유형이 아니다.
* 당료(黨僚): 한 정당에서 중심적인 직책을 맡은 사람

오답 풀이
① 마지막 문단에 제시된 포스트 카르텔 정당이다.
② 2문단에 제시된 포괄 정당이다.
④ 3문단에 제시된 카르텔 정당의 유형에 속한다.

05 정답 ④

해설
함세덕의 〈고목(古木)〉은 해방 직후 출세 지향적 인물의 욕망과 좌절을 보여 주는 희곡이다.
거복과 동정은 수재민 지원과 관련해 서로 다른 이념을 보여 주고 있다. 즉 거복은 국가보다 개인의 책임을 강조하여 수재민을 지원해서는 안 된다는 입장이고, 동정은 국가 책임도 있으며 자력으로 살기 위해서는 수재민을 지원해야 한다는 입장이다. 그러나 이러한 갈등이 두 사람의 계급 차이 때문에 일어났는지는 알 수 없다.

오답 풀이
① 거복은 사람들이 산에 나무를 이발하듯 베었기 때문에 이번 수해가 일어났다고 보고 있다. 이에 동정은 '나무를 많이 빈 것이 이번 재해의 크나큰 원인의 하나이긴 하지만'에서 이번 수해의 원인이 사람들에게 일부 있음을 인정하고 있다.
② '당분간 구조를 안하는 게 졸 듯 싶소'에서 거복은 수재민 구제 협조를 거절하고 있다. 반면 동정은 '당장의 연명을 하는 동안 ~ 생계를 이어 나갈 거예요'에서 수재민 구제에 협조해야 한다고 보고 있다.
③ "일 년에 우리 군에 ~ 서기놈들을 하셔야지"에서 동정은 일제 강점기에, 무리하게 군용재와 송탄유재를 강압한 일제와 이에 동조한 군수, 서기들에 부정적 태도를 드러내고 있다.

06 정답 ①

해설
유치진의 〈토막(土幕)〉은 신파극의 상업주의에 반대하고 서구의 사실주의 연극을 수용하여 창작 된 우리나라 사실주의 희곡의 첫 작품이다. 이 희곡은 1920년대 식민지 조선의 실상을 사실적으로 그려 냄으로써 당대의 비참한 생활과 사회 모순을 고발하였다.

오답 풀이
② 나에 명수의 죽음을 인정하지 않으며 분노하는 명서와 아버지를 위로하는 금녀의 행동이 나타날 뿐, 인물들 간의 갈등이 심화되고 있지는 않다.
③ 나의 "인제는 나는 너를 기다려서 애태울 것두 없구, 동지섣달 기나긴 밤을 울어 새우지 않아두 좋다!"에서 반어적 표현으로 아들의 죽음을 맞이한 명서 처의 처절한 슬픔을 강조하고 있다. 비극적 현실을 극복하려는 인물의 의지는 아버지를 위로하는 금녀의 대사에 나타나 있지만, 여기에 반어적 표현은 쓰이지 않았다.
④ ㉠은, 어머니의 비정상적인 모습을 불안하게 바라보는 금녀의 모습 뒤에 제시됨으로써 극적 긴장감을 조성하는 역할을 한다. 즉 ㉠은 인물의 부정적 심리가 이완되는 것이 아니라 고조됨을 나타낸다. ㉡은 명수의 죽음이 야기한 비극적 상황과 명서네 가족의 참담한 심정을 부각하는 역할을 한다.

📖 작품 해설

유치진, 〈토막(土幕)〉
1. **갈래**: 희곡(장막극), 사실주의극
2. **배경**: 1920년대, 빈곤한 농촌 마을
3. **표현과 특성**: 1920년대 조선의 실상을 사실적으로 그려 냄.
4. **의의**: 우리나라 최초의 사실주의적 희곡으로 현대 희곡의 대표작
5. **주제**: 일제 강점기 농민들의 비참한 삶과 고통
6. **해설**: 〈토막〉은 극예술 연구회가 초연한 희곡으로 우리나라 최초의 사실주의극으로 평가된다. 〈토막〉은 대중적 감정에 의존한 신파극의 상업주의를 반대하고 서구의 사실주의 연극을 수용하여 창작되었다. 따라서 이 희곡은 한국 근대극의 출발이라는 역사적 의의를 지닌다.

07 정답 ①

해설

〈보기〉의 '유리하다'는 '…에/에게 유리하다'의 형태로 쓰이는 두 자리 서술어로, 주어와 부사어를 필수적으로 요구한다. ①의 '속했다(속하다)' 또한 '…에 속하다'의 형태로 쓰이는 두 자리 서술어로, 주어와 부사어를 필수적으로 요구한다.

오답 풀이

② 여몄다: '여미다'는 '…을 여미다'의 형태로 쓰이는 두 자리 서술어로, 주어와 목적어를 필수적으로 요구한다.
③ 지었다: '재료를 들여 밥, 옷, 집 따위를 만들다'의 의미로 쓰인 '짓다'는 '…을 짓다'의 형태로 쓰이는 두 자리 서술어로, 주어와 목적어를 필수적으로 요구한다.
④ 걸었다: '걷다'는 '나는 걷다'와 같이, 주어만을 필요로 하는 한 자리 서술어이다.
⑤ 보냈다: '사람이나 물건 따위를 다른 곳으로 가게 하다'의 의미로 쓰인 '보내다'는 '…을 …에/에게 보내다'의 형태로 쓰이는 세 자리 서술어로, 주어와 목적어, 부사어를 필수적으로 요구한다.

08 정답 ②

해설

ⓒ의 '놀았다(놀다)'는 '놀이나 재미있는 일을 하며 즐겁게 지내다'의 뜻으로 쓰였는데, 이때 '놀다'는 '아이가 놀다'와 같이 주어만을 필요로 하는 한 자리 서술어이다. 참고로 '놀다'는 '…을 놀다(예 윷을 놀다) / -게 놀다(예 싱겁게 놀다)'와 같이 두 자리 서술어로도 쓰인다.

오답 풀이

① 돈다: ㉠의 '돌다'는 '물체가 일정한 축을 중심으로 원을 그리면서 움직이다'의 뜻으로 쓰이는 한 자리 서술어이다.
③ 닮았다: ㉢의 '닮다'는 '…과 닮다'의 형태로 쓰이는 두 자리 서술어이다.
④ 가르쳤다: ㉣의 '가르치다'는 '…에게 …을 가르치다'의 형태로 쓰이는 세 자리 서술어이다.

09 정답 ②

해설

'축'은 오징어를 묶어 세는 단위로, 한 축은 오징어 20마리를 이른다. 북어를 묶어 세는 단위는 '쾌'이다. 한 쾌는 북어 20마리를 이른다.

오답 풀이

① 두름: 조기 따위의 물고기를 짚으로 한 줄에 10마리씩 두 줄로 엮은 것을 세는 단위
③ 손: 한 손에 잡을 만한 분량을 세는 단위. 조기, 고등어, 배추 따위 한 손은 큰 것 하나와 작은 것 하나를 합한 것을 이르고, 미나리나 파 따위 한 손은 한 줌 분량을 이른다.
④ 접: 채소나 과일 따위를 묶어 세는 단위. 한 접은 채소나 과일 100개를 이른다.

10 정답 ③

해설

㉠은 '입에는 꿀이 있고 배 속에는 칼이 있다는 뜻으로, 말로는 친한 듯하나 속으로는 해칠 생각이 있음을 이르는 말'인 '口蜜腹劍(입 구, 꿀 밀, 배 복, 칼 검)'을 의미한다. 이처럼 사람의 겉과 속이 다르다는 것을 표현한 한자 성어로 가장 적절한 것은 '笑裏藏刀(소리장도)'이다.

* 笑裏藏刀[웃을 소, 속 리(이), 감출 장, 칼 도]: 웃는 마음속에 칼이 있다는 뜻으로, 겉으로는 웃고 있으나 마음속에는 해칠 마음을 품고 있음을 이르는 말

오답 풀이

① 兔{兎}死狗烹(토끼 토, 죽을 사, 개 구, 삶을 팽): 토끼가 죽으면 토끼를 잡던 사냥개도 필요 없게 되어 주인에게 삶아 먹히게 된다는 뜻으로, 필요할 때는 쓰고 필요 없을 때는 야박하게 버리는 경우를 이르는 말
② 人之常情(사람 인, 갈 지, 항상 상, 뜻 정): 사람이면 누구나 가지는 보통의 마음
④ 護疾忌醫(보호할 호, 병 질, 꺼릴 기, 의원 의): 병을 숨겨 의사에게 보여 주지 않는다는 뜻으로, 남에게 충고받기를 꺼려 자신의 잘못을 숨기려 함을 이르는 말

DAY 14 매일 국어 14회

01 ④ 02 ④ 03 ④ 04 ② 05 ③
06 ② 07 ① 08 ③ 09 ② 10 ①

01
정답 ④

출전 2021학년도 대학수학능력시험 6월 모의고사

해설
3문단에 따르면, 과거제를 실시한 국가는 최종 단계까지 통과하지 못한 사람들에게도 여러 특권을 부여하고 지방 사회에 기여하도록 노력했다. 따라서 최종 단계까지 통과하지 못한 사람들이 통치에 참여하지 못한 것은 아니다.

오답 풀이
① 마지막 문단에 따르면, 과거제가 유럽에 전해져 유럽에서도 관료 선발에 시험을 통한 경쟁이 도입되기도 했다.
② 1문단의 '세습적 권리와 무관하게 능력주의적인 시험을 통해 관료를 선발하는 제도'를 통해 과거제가 신분이 아니라 능력을 평가의 기준으로 삼았음을 알 수 있다.
③ 4문단의 '동아시아에서 과거제가 ~ 통치의 안정성에도 기여했다'에서 관련 정보를 확인할 수 있다.

02
정답 ④

출전 프랜시스 젠슨·에이미 엘리스 넛, 《10대의 뇌》

해설
1문단에 따르면, 남자와 여자의 발달에는 차이가 있는데 이런 차이가 발달 속도의 차이만으로 결정되진 않는다. 또한 2문단에 따르면, 남자와 여자의 뇌 구조에는 해부학적 차이가 있지만 그 차이만을 가지고 뇌 기능에 대한 결론을 내리는 것은 불가능하다. 따라서 남자와 여자의 발달 차이를 이해하기 위해서는 발달 속도의 차이나 뇌의 해부학적 차이 외의 다른 요소를 고려해야 한다.

오답 풀이
① 2문단에 따르면, 뇌 구조 차이가 신체 크기 차이와 상관관계가 있고, 남성의 뇌는 크고 여성의 뇌는 양쪽 반구 사이의 연결성이 더 높다. 남성 뇌의 특징보다 여성 뇌의 특징이 신체 크기 차이에 더 큰 영향을 미친다는 정보는 나오지 않는다.
② 1문단에 따르면, 여자의 언어 능력 발달은 남자보다 앞서고, 여자 청소년의 뇌와 남자 청소년의 뇌에는 실제로 해부학적 차이가 있다. 하지만 2문단에 따르면, 뇌 구조 차이가 특정한 장점이나 단점과 관련되어 있기 않기 때문에 해부학적 차이만을 가지고 뇌 기능에 대해 결론을 내릴 수 없다.
③ 성인으로 성장할수록 남녀 뇌의 해부학적 차이가 격차가 커진다는 정보는 찾을 수 없다. 2문단에, 남성 뇌와 여성 뇌의 차이는 아동기에는 더 과장될 수 있다는 진술이 있을 뿐이다.

03
정답 ④

출전 2017학년도 대학수학능력시험

해설
마지막 문단에 따르면, 보험사는 보험 가입자 개개인이 가진 위험의 정도를 정확히 파악하여 거기에 상응하는 보험료를 책정하기 어렵다. 이는 보험 가입자의 위험 정도에 대한 정보는 보험 가입자가 보험사보다 더 많이 갖고 있기 때문이다.

오답 풀이
① 1문단에서, 보험은 조건의 실현 여부에 따라 받을 수 있는 재화나 서비스가 달라지는 조건부 상품임을 알 수 있다.
② 2문단에 따르면, 공정한 보험에서는 보험료율과 사고 발생 확률이 같아야 한다. 또한 공정한 보험에서는 구성원 각자가 납부하는 보험료와 그가 지급받을 보험금에 대한 기댓값이 일치해야 한다.
③ 2문단에 따르면, 보험료율보다 사고 발생 확률이 높으면 구성원 전체의 보험료 총액보다 보험금 총액이 더 적은 게 아니라 더 많게 된다.

04
정답 ②

출전 2018학년도 대학수학능력시험 6월 모의평가

해설
마지막 문단에 따르면, 유동 IP 주소를 할당받는 컴퓨터에는 네임 서버의 IP 주소가 자동으로 기록되고, 고정 IP 주소를 사용하는 컴퓨터에는 사용자가 네임 서버의 IP 주소를 직접 기록해야 한다. 그런데 2문단에 따르면, DHCP에 의해 부여되는 IP 주소는 '유동 IP 주소'이다. 따라서 DHCP를 이용하는 컴퓨터에는 IP 주소가 자동으로 기록된다.

오답 풀이
① 2문단에 따르면, 공인 IP 주소에는 고정 IP 주소와 유동 IP 주소가 있다. 그런데 1문단에 따르면, 공인 IP 주소는 중복 지정하지 않은 IP 주소이다.
③ 마지막 문단에 따르면, DNS는 도메인 네임을 IP 주소로 변환해 준다. 여기서 도메인 네임은 문자로 이루어져 있고, IP 주소는 숫자로 구성되어 있다.
④ 2문단의 'DHCP는 IP 주소가 필요한 컴퓨터의 요청을 받아 주소를 할당해 주고'에서 알 수 있다.

05 정답 ③

해설

박지원의 〈소단적치인(騷壇赤幟引)〉은 글쓰기를 병법 운용에 비유하여 좋은 글을 쓰는 원리를 설명한 고전 수필이다.
글쓴이 목적이나 계획 없이 무작정 글을 쓰는 태도의 문제점과 핵심을 짚어 내어 글을 쓰는 일의 중요성을 이야기하고 있다. 그러나 글쓴이가 잘못된 글쓰기 태도를 풍자하거나 그에 대한 해결 방안을 제시하는 내용은 나오지 않는다.

오답 풀이

④ '음릉에서 길을 잃자 명마인 오추마도 달리지 못하고'라는 초나라 항우의 고사는 글쓰기의 방향을 잃어 한 글자도 집필하지 못하는 상태를 비유한 것이다.
* 초나라 항우가 적인 한나라 유방의 군사에게 쫓겨 음릉에 이르러 그만 길을 잃자 그곳에서 최후의 일전을 벌이게 되었다. 사방을 포위한 한 나라 군사 속에서 초나라의 노래가 들려오자 항우는 자신이 완전히 고립된 상태에 처하게 되었다고 여기고 "시운이 불리하니 오추마도 달리지 않는구나"라고 비장하게 읊었다고 한다.

06 정답 ②

해설

허균의 〈통곡헌 기(慟哭軒記)〉는 '통곡헌'이라는 이름을 짓게 된 내력을 통해 당대의 불의한 현실을 비판한 고전 수필이다.
'나'는 가의, 당구 등이 통곡한 과거와 비교했을 때 오늘날의 현실이 더욱 불의하다고 비판하며, 허친이 불의한 세상에 대한 비판과 성찰의 뜻으로 집의 이름을 '통곡헌'으로 지은 것이라고 설명하고 있다. 즉 '나'는 통곡할 수밖에 없는 시대 현실을 강하게 비판하고 있는 것이지, 불의한 현실을 바로잡을 해법으로 '통곡'하는 행위를 제시한 것은 아니다.

오답 풀이

① '인간의 일곱 가지 정 가운데 ~ 슬픔에 이르면 반드시 곡을 하기 마련인데'를 통해 알 수 있다.
③ '저 여러 군자들(가의, 당구)'은 아녀자들처럼 사사로운 일이 아니라 '모두가 깊은 생각이 있어서 통곡'한 인물들이다. 즉 이들은 자신이 처한 세상의 불의함에 대해 성찰하고 그로 인한 슬픔 때문에 통곡을 한 것이므로 이들의 통곡에는 '나랏일을 근심하는 마음'인 '우국지정(憂國之情)'의 뜻이 내포된 것으로 이해할 수 있다.

작품 해설

허균, 〈통곡헌 기(慟哭軒記)〉

1. **갈래**: 고전 수필, 기(記)
2. **성격**: 비판적, 교훈적, 우의적
3. **표현과 특성**: ① 문답법적인 구성을 취함.
   ② 통념에 대한 인식의 전환을 보여 줌.
   ③ 구체적 사례를 통해 주장을 뒷받침함.
4. **주제**: '통곡헌'의 내력과 시대에 대한 비판
5. **해설**: 〈통곡헌 기〉는 글쓴이 허균의 조카인 허친이 집 이름을 '통곡헌'이라고 짓게 된 내력을 밝힘으로써 시대에 대한 비판적 인식과 성찰을 드러내고 있는 고전 수필이다. 집 이름을 '통곡헌'이라고 지은 것에 대해 사람들이 고정 관념을 갖고 비웃자 중국 고사에 나오는 인물들의 예를 근거로 들어 오늘날 세태는 그들이 살았던 시대보다 더 불우함을 강조하고 있다.

07 정답 ①

해설

- **고마워하기는커녕(○)**: '는커녕'은 어떤 사실을 부정하는 뜻을 강조하는 보조사이므로 앞말에 붙여 쓴다.
- **알은체도(○)**: '알은체(=알은척)'는 '어떤 일에 관심을 가지는 듯한 태도를 보임 / 사람을 보고 인사하는 표정을 지음'을 뜻하는 한 단어이다.

오답 풀이

② • **지난∨주에(✕) → 지난주에(○)**: '이 주의 바로 앞의 주'를 뜻하는 '지난주'는 한 단어이다.
• **쉬운듯했다(○)(허용) / 쉬운∨듯했다(○)(원칙)**: '듯하다'는 보조 용언이다. '관형사형+보조 용언(의존 명사+-하다/-싶다)' 구성의 경우, 보조 용언은 띄어 씀을 원칙으로 하되 경우에 따라 붙여 씀도 허용한다.
③ • **굴∨속같이(✕) → 굴속같이(○)**: '굴속'은 '굴의 안'을 뜻하는 한 단어이고, '같이'는 '앞말이 보이는 전형적인 어떤 특징처럼'의 뜻을 나타내는 격 조사이므로 모두 붙여 쓴다.
• **오늘따라(○)**: '따라'는 '특별한 이유 없이 그 경우에만 공교롭게'의 뜻을 나타내는 보조사이므로 앞말에 붙여 쓴다.
④ • **얼마∨간은(✕) → 얼마간은(○)**: '얼마간'은 '그리 많지 아니한 수량이나 정도 / 그리 길지 아니한 시간 동안'을 뜻하는 한 단어이다.
• **좋을텐데(✕) → 좋을∨텐데(○)**: '예정'이나 '추측', '의지'의 뜻을 나타내는 의존 명사 '터'는 앞말과 띄어 쓴다. '터'는 서술격 조사 '이다'가 붙을 때에는 '터이다'가 되는데, '터이다'가 '테다'로 줄기도 한다.

08 정답 ③

해설

- **기쁨∨뿐만(✕) → 기쁨뿐만(○)**: '뿐'은 체언 뒤에 붙어서 '그것만이고 더는 없음' 또는 '오직 그렇게 하거나 그러하다는 것'을 나타내는 보조사이고 '만'도 보조사이다. 조사가 둘 이상 겹쳐질 경우에도 붙여 쓴다.
- **함께∨해야만(✕) → 함께해야만(○)**: '함께하다(=같이하다)'는 '경험이나 생활 따위를 얼마 동안 더불어 하다 / 어떤 뜻이나 행동 또는 때 따위를 서로 동일하게 취하다'의 의미인 한 단어이다.

10 정답 ①

해설

'어리석은 질문에 대한 현명한 대답'을 뜻하는 '우문현답'은 '愚問賢答(어리석을 우, 물을 문, 어질 현, 대답할 답)'으로 쓴다. 나머지 ②·③·④는 모두 '聞(들을 문)'을 쓴다.

오답 풀이

② 前代未聞(앞 전, 대신할 대, 아닐 미, 들을 문): 이제까지 들어 본 적이 없음.
③ 聞一知十(들을 문, 하나 일, 알 지, 열 십): 하나를 듣고 열 가지를 미루어 안다는 뜻으로, 지극히 총명함을 이르는 말
④ 朝聞夕死(아침 조, 들을 문, 저녁 석, 죽을 사): 아침에 참된 이치를 들어 깨달으면 저녁에 죽어도 한이 될 것이 없다는 말

선재 쌤's 공감 TIP

한자 성어를 읽을 수는 있지만 쓸 수는 없는데 이런 유형의 문제는 어떻게 풀어야 하냐고? 한자 성어의 뜻을 생각해 보자. '문일지십, 전대미문, 조문석사'에는 모두 '듣다'라는 뜻이 있지만, '우문현답'에만 '묻다'라는 뜻이 있지? 그러니까 '우문현답'의 '문'만 같은 의미가 아닌 거야. 한자 성어의 뜻을 알고 있다면 너무 걱정할 필요는 없어!

오답 풀이

① • 못∨하면서(×) → 못하면서(○): '못하다'가 '어떤 일을 일정한 수준에 못 미치게 하거나, 그 일을 할 능력이 없다'의 의미로 쓰일 경우에는 한 단어이다.
  • 큰소리만(○): '목청을 돋워 가며 야단치는 소리'의 의미로 쓰인 '큰소리'는 한 단어이다.
② • 한∨번(×) → 한번(○): '어떤 일을 시험 삼아 시도함 / 기회 있는 어떤 때에 / 어떤 행동이나 상태를 강조하는 뜻 / 일단 한 차례' 등을 나타내는 '한번'은 한 단어이다.
  '한번'을 '두 번', '세 번'으로 바꾸어 뜻이 통하면 '한∨번'으로 띄어 쓰고 그렇지 않으면 '한번'으로 붙여 쓴다. 즉 "한번 엎지른 물은 다시 주워 담지 못한다"라는 문장에서 '한번'을 '두 번'으로 바꾸면 말이 통하지 않으므로 '한번'을 붙여 쓰지만, "한∨번 실패하더라도 두 번, 세 번 다시 도전하자"라는 문장에서 '한 번'은 '두 번'으로 바꾸어도 뜻이 통하므로 '한∨번'으로 띄어 쓴다.
  • 이말∨저말(○)(허용) / 이∨말∨저∨말(○)(원칙): '이 말 저 말'과 같이 단음절로 된 단어가 연이어 나타날 적에는 붙여 쓸 수 있다.
④ • 살∨만도한데(×) → 살∨만도∨한데(○): 중간에 조사가 들어갈 적에는 그 뒤에 오는 보조 용언은 띄어 쓴다.
  • 안돼(○): '안되다'가 '근심이나 병 따위로 얼굴이 많이 상하다'의 의미로 쓰일 경우에는 한 단어이다.

09 정답 ②

해설

'가난한 집 제사{제삿날/젯날} 돌아오듯'은 '살아가기도 어려운 가난한 집에 제삿날이 자꾸 돌아와서 그것을 치르느라 매우 어려움을 겪는다는 뜻으로, 힘든 일이 자주 닥쳐옴을 비유적으로 이르는 말'이다. '하기 싫은 일을 마지못하여 기운 없이 함을 비유적으로 이르는 말'과 관련된 속담으로는 '가난한 양반 향청에 들어가듯'이 있다.

* 가난한 양반 향청에 들어가듯: 가난한 양반이 주눅이 들어 향청에 들어갈 때처럼, 행색이 떳떳하지 못하고 머뭇거리면서 쩔쩔매는 모습을 비유적으로 이르는 말 / 하기 싫은 일을 마지못하여 기운 없이 함을 비유적으로 이르는 말

오답 풀이

① 말은 해야 맛이고 고기는 씹어야 맛이다: 마땅히 할 말은 해야 한다는 말
③ 칠팔월 수숫잎: 성품이 약하여 마음을 잡지 못하고 번복하기를 잘하는 사람을 비유적으로 이르는 말
④ 노루 때린 막대기 세 번이나 국 끓여 먹는다: 조금이라도 이용 가치가 있을까 하여 보잘것없는 것을 두고두고 되풀이하여 이용함을 비유적으로 이르는 말

DAY 15 매일 국어 15회

| 01 ③ | 02 ③ | 03 ② | 04 ① | 05 ④ |
| 06 ④ | 07 ② | 08 ① | 09 ③ | 10 ④ |

01　정답 ③

해설
③은 종이컵의 사용으로 나무가 사라져 자연 환경이 파괴되는 현상을 언급한 것이므로 일회용품 사용이 환경에 미치는 영향이 나타난다. 또 '~는/은 ~ 죽어 가고 있습니다'라는 표현을 반복(대구)하고, 자연이 죽어 간다고 의인화(비유)하고 있다.

오답 풀이
① 일회용품 사용이 환경에 미치는 영향을 종이컵 사용과 산의 훼손 정도가 비례한다는 것으로 설명하고 있다. 하지만 비유와 대구가 사용되지 않았다.
② '~는 데는 ~가/이 걸리지만(걸립니다)'이라는 표현을 반복(대구)하고 있지만, 비유가 사용되지 않았고, 일회용품 사용이 환경에 미치는 영향에 대해 언급하지도 않았다.
④ 생태계가 신음한다는 비유적 표현(의인법)으로 일회용품 사용이 환경에 미치는 영향을 나타내고 있지만, 대구가 사용되지 않았다.

02　정답 ③

해설
③은 '공감 언어'라는 사투리의 특성과 사투리로 대화를 나누면 금세 마음이 통한다는 사용의 효과가 제시되어 있다. 또한 '말'을 인격화하여 '사투리'를 '말의 눈짓', '말의 고갯짓'이라고 비유적으로 표현하고 있으므로 의인법과 은유법이 사용되었다.

오답 풀이
① 독특한 지역성이 담긴 사투리의 특성이 나오지만, 사투리 사용의 효과는 나오지 않다. 또한 은유법(사투리 = 풀)은 사용되었지만 의인법은 사용되지 않았다.
② 은유법(사투리 = 말의 표정)과 의인법(말의 표정)이 사용되었으며, 지역의 자연과 사람들의 모습을 닮았다는 사투리의 특성이 나온다. 그러나 사투리 사용의 효과는 나오지 않는다.
④ 친근한 느낌을 주는 사투리의 특성과 사투리로 대화를 나누면 정서적 공감을 느낀다는 사용 효과가 나온다. 또한 '사투리는 ~ 고향 친구처럼 다정스럽다'에 직유법과 의인법이 사용되었다. 그러나 은유법은 사용되지 않았다.

03　정답 ②

해설
제시문을 고려한 보고서는, 주거지가 관광 명소화되면서 기존 거주민이 주거 환경에서 겪는 불편을 개선하는 방안과 관련된 것이어야 한다. '관광 업체의 경영 실태 및 매출 실적 분석'은 거주민의 주거 환경 문제를 해결하는 것과는 관계가 없다.

오답 풀이
① 외국의 유사한 정책 사례에서 도움을 얻을 수 있다.
④ 피해 사례를 유형화하여 보다 구체적인 개선 방안을 얻을 수 있다.

04　정답 ①

해설
문순태의 〈징 소리〉는 거대한 댐 건설로 인한 실향민들이 겪는 상실의 아픔을 드러낸 작품이다.
"새로 생긴 방울재 매운탕집들 ~ 햇빛을 쪼개어 날렸다"에 댐으로 수몰되어 낚시터가 된 방울재의 배경이 묘사되어 있다. 그러나 방울재와 대조되는 또 다른 공간에 대한 묘사는 나타나지 않는다.

오답 풀이
② 3~마지막 문단에 방울재가 댐으로 수몰된 뒤에 마을 사람들과 봉구에게 일어난 과거의 일이 요약되어 나타나고 있다.
③ "봉구는 푸우 한숨 섞인 ~ 주막들을 바라보았다"에서 한숨을 쉬고 담배를 피우는 봉구의 행동을 통해 변해 버린 방울재를 바라보는 봉구의 씁쓸한 심정을 드러내고 있다.
④ 댐으로 수몰된 방울재에 새로운 매운탕집이 생기고, 낚시꾼들이 들어서는 상황을 봉구의 시각을 통해 보여 주고 있다.

05　정답 ④

해설
"지난봄까지만 해도 ~ 벌써 열한 집으로 늘어났다", "말이 보상금이지 ~ 다시 방울재로 돌아오지 않았는가" 등에서 댐 축조로 마을이 수몰되어 방울재에 사는 사람들이 줄었다가 다시 열한 집으로 늘어났음을 알 수 있다. 그러나 댐 수몰 전에 방울재에 살았던 사람들의 수가 원래 열한 집인지는 제시문만으로는 알 수 없다.

오답 풀이
① '말이 보상금이지 ~ 알거지가 되고만 집이 어디 한두 사람인가', '봉구 그 자신도 보상금 받아 가지고' 등에서 봉구와 방울재 사람들이 마을 수몰로 인한 보상금을 받았음을 알 수 있다.
② 박팔만네는 선산을 버리고는 방울재를 떠나지 않겠다면서 처음부터 방울재를 떠나지 않았다는 데에서 알 수 있다.
③ 보상금을 받은 방울재 사람들과 봉구가 도회지에 나갔다가 보상금을 까먹고 다시 돌아왔다는 사실에서 그들이 도시 생활을 적응하는 데 어려움을 겪었음을 알 수 있다.

06 정답 ④

해설

<보기> 정지용의 <고향>은 고향에 돌아와서 느끼는 상실감을 그린 시이다.
<보기>의 화자는 변함없는 고향의 자연과 달리 변해 버린 자신의 모습 때문에 더 이상 어린 시절의 고향으로 돌아갈 수 없는 안타까움을 드러내고 있다. 그러나 이 글의 봉구는 고향인 방울재를 떠났다가 다시 돌아온 상태로, '고향에 가지 못하는 안타까운 심정'을 드러내고 있지는 않다.

오답 풀이

① 이 글의 봉구를 비롯한 방울재 사람들은 댐 축조로 인해 고향을 잃은 아픔을 겪고 있다. 마찬가지로 <보기>의 화자는 고향에 돌아왔으나 더 이상 어린 시절의 고향으로 돌아갈 수 없는 아픔을 드러내고 있다.
② 이 글의 봉구는 보상금을 받아서 방울재를 떠나 읍에 나간 경험이 있다. 또한 <보기>의 '고향에 돌아와도'라는 표현에서 <보기>의 화자도 고향을 떠난 경험이 있음을 알 수 있다.
③ 이 글의 '방울재'는 댐 건설로 수몰되었으므로 정경이 변화되었다. 그러나 <보기>의 '고향'은 과거와 마찬가지로 '산꿩이 알을 품고 뻐꾸기 제철에 울고', '그리던 하늘'도 높푸르므로 변함없는 정경을 보여 주고 있다.

 작품 해설

문순태, <징 소리>

1. 갈래: 단편 소설, 연작 소설
2. 성격: 사회 고발적, 비판적
3. 표현과 특성: ① 고향 상실의 아픔과 절규가 징 소리라는 청각 이미지로 표상됨.
   ② 날씨와 같은 배경 묘사로 작품의 분위기를 형성함.
4. 주제: 산업화 과정에서 소외된 농촌 실향민들의 고달픈 삶
5. 해설: <징 소리>는 장성댐의 축조로 인해 수몰된 마을을 배경으로 실향민들이 겪는 고향 상실의 아픔과 고향을 찾으려는 몸부림을 그린 작품이다. 갑자기 고향이 수몰되어 고달픈 도시 생활을 하는 사람들, 귀향하여 살아가는 사람들의 모습 등을 통해 작가는 산업화가 지닌 강제성과 폭력성, 산업화의 이면에서 희생당하는 농촌 빈민들의 삶과 한을 사실적으로 그려내고 있다.

07 정답 ②

해설

- **나흘날**(○)/**나흗날**(×): 끝소리가 'ㄹ'인 말과 딴 말이 어울릴 적에 'ㄹ'이 'ㄷ'으로 소리 나는 것은 'ㄷ'으로 적는다.
- **봬요**(○)/**뵈요**(×): '뵈다'의 어간 '뵈-'에 '-어요'가 붙은 구성인데, '뵈어요'는 '봬요'로 줄 수 있다.

오답 풀이

① • **멋적은지**(×) → **멋쩍은지**(○): '멋쩍다'는 '하는 짓이나 모양이 격에 어울리지 않다 / 어색하고 쑥스럽다'의 의미로, '적다[少]'의 뜻이 없이 [쩍다]로 발음되므로 '멋쩍다'로 적는다.
- **긁적이며**(○): '손톱이나 뾰족한 기구 따위로 바닥이나 거죽을 문지르다 / 되는대로 글이나 그림 따위를 마구 쓰거나 그리다'를 뜻하는 말은 '긁적이다'가 바른 표기이다.
③ **명중율**(×) → **명중률**(○): 모음이나 'ㄴ' 받침 뒤에 이어지는 '렬, 률'만 '열, 율'로 적는다.
- **볼께**(×) → **볼게**(○): 'ㄹ' 뒤에서 된소리로 발음되는 어미는 '-ㄹ까', '-ㄹ꼬'와 같이 의문을 나타내는 어미를 제외하고는 된소리로 적지 않는다는 규정에 따라 '-ㄹ게'로 써야 한다.
④ **돗자리**(×) → **돗자리**(○): 'ㄷ' 소리 나는 받침 중에서 'ㄷ'으로 적을 근거가 없는 것은 'ㅅ'으로 적는다
- **법썩**(×) → **법석**(○): 'ㄱ, ㅂ' 받침 뒤에서 나는 된소리는, 같은 음절이나 비슷한 음절이 겹쳐 나는 경우가 아니면 된소리로 적지 아니한다.

08 정답 ①

해설

'눈곱'은 [눈꼽]으로 소리나지만 '눈곱'으로 적는다. '눈곱'은 복합어이므로 <한글 맞춤법> 제5항의 적용을 받지 않는다. 또한 두 모음 사이에서 나는 된소리에도 해당되지 않는다.

오답 풀이

② '훨씬'은 'ㄹ' 받침 뒤에서 까닭 없이 된소리가 나는 경우이므로 ⓒ에 따라 '훨씬'으로 적는다.
③ '법석'은 [법썩]으로 발음하지만 ⓒ에 따라 '법석'으로 적는다.
④ '짭짤하다'는 비슷한 음절이 겹쳐나는 경우이므로 ㉢에 따라 '짭짤하다'로 적는다.

09 정답 ③

해설

ⓒ '경주(傾注: 기울 경, 물댈 주)하다'는 '힘이나 정신을 한곳에만 기울이다'의 의미로 쓰였다. 따라서 '서로 겨루고'로 바꾸어 쓰는 것은 적절하지 않다.

오답 풀이

① 차치(且置: 또 차, 둘 치)하다: 내버려 두고 문제 삼지 아니하다.
② 결부(結付: 맺을 결, 줄 부)하다: 일정한 사물이나 현상을 서로 연관시키다.
④ 재고(再考: 다시 재, 상고할 고)하다: 어떤 일이나 문제 따위에 대하여 다시 생각하다.

10 정답 ④

해설

'黍離之歎(嘆)[기장 서, 떠날 리(이), 갈 지, 탄식할 탄]'은 '나라가 멸망하여 옛 궁궐 터에는 기장만이 무성한 것을 탄식한다는 뜻으로, 세상의 영고성쇠가 무상함을 탄식하며 이르는 말'이므로 문맥에 맞지 않는다.

오답 풀이
① 先憂後樂(먼저 선, 근심 우, 뒤 후, 즐길 락(낙)): 세상의 근심할 일은 남보다 먼저 근심하고 즐거워할 일은 남보다 나중에 즐거워한다는 뜻으로, 지사(志士)나 어진 사람의 마음씨를 이르는 말
② 刮目相對(비빌 괄, 눈 목, 서로 상, 대답할 대): 눈을 비비고 상대편을 본다는 뜻으로, 남의 학식이나 재주가 놀랄 만큼 부쩍 늚을 이르는 말
③ 刎頸之交(목벨 문, 목 경, 갈 지, 사귈 교): 서로를 위해서라면 목이 잘린다 해도 후회하지 않을 정도의 사이라는 뜻으로, 생사를 같이할 수 있는 아주 가까운 사이, 또는 그런 친구를 이르는 말

DAY 16 매일 국어 16회

| 01 ③ | 02 ④ | 03 ② | 04 ④ | 05 ③ |
| 06 ① | 07 ③ | 08 ① | 09 ② | 10 ① |

01   정답 ③

해설
제시문은 동숭로의 벽돌 건물의 모습을 '묘사'하고, 재료 사용의 절제가 주는 미덕을, 요리사의 솜씨와 요리를 통해 '유추'의 방식으로 설명하고 있다. 또한 이때 솜씨가 덜한 요리사와 훌륭한 요리사를 '대조'하고 있다. ③에서는 천연 탄소 저장 장치인 해조류와 한국의 갯벌을 비교하고 있는데, 비교의 방식은 제시문에 나타나지 않는다.

오답 풀이
① 묘사 ② 유추 ④ 대조

02   정답 ④

출전 김경원, 《대한민국 경제 2013, 그 이후》

해설
1~2문단에서 비교와 대조의 방식을 사용하여 민주주의와 자본주의의 공통점과 차이점을 쉽게 이해시키고 있다.

오답 풀이
① 마지막 문단의 '누진 소득세', '메디케어 메디케이드 제도'와 같은 예시는 주된 논의 대상인 민주주의와 자본주의가 어떻게 상호 작용했는지를 보여 주기 위한 것이지, 그 둘의 공통점을 부각하기 위한 것이 아니다.
② 3문단에서 질문의 방식으로 다음에 제시될 내용을 알려 주고 있지만, 다양한 질문을 제시해 가며 쟁점 사항을 구체화하고 있지는 않다.
③ 2~3문단에서 '레스터 서로'의 견해를 인용한 것은 사회적 문제에 대한 해결책을 제시하기 위함이 아니라, 이미 존재하는 사회 현상에 대해 설득력 있는 해석을 제시하기 위한 것이다.

03   정답 ②

출전 토인비, 《역사의 연구》

해설
■의 첫 문장에서 미개 사회와 문명사회의 차이(미개 사회는 정적이고, 문명사회는 동적인 것)가 항구적이고 근본적인 것은 아니라고 한 것은 글쓴이의 의견으로, 미개 사회와 문명사회의 특성에 대한 심화 설명이지 통념을 비판한 것이 아니다. 또한 미개 사회는 초기에 동적이었다가 정적인 상태가 된 것이라고 하였으므로 미개 사회와 문명사회의 특징을 서로 뒤바꾸고 있지도 않다.

오답 풀이

① ㉮에서는 '미메시스가 지향하는 방향'을 기준으로 정적 상태인 미개 사회와 동적 상태인 문명사회의 특징을 설명하고 있다.
③ ㉰에서는 미개 사회를 '암반 위에 꼼짝도 하지 않고 누워 있는 인간들'에, 문명사회를 '암반 위에서 절벽을 향해 기어오르는 사람의 무리'에 비유하고 있다. 이를 통해 동적 상태였다가 정적 상태가 된 미개 사회와 정적 상태에서 동적 상태가 되는 문명사회의 특징에 대한 이해를 심화하고 있다.
④ ㉱에서는 정적인 미개 사회와 동적인 문명사회를 종합하여 미개 사회는 '동적인 활동으로부터 정적인 상태'가 된 것이고, 문명사회는 '정적인 상태로부터 동적인 활동으로 이행'한 것이라는 결론을 내리고 있다.

04 정답 ④

해설

㉱에 따르면, 중국 사회의 현인들은 미개 사회로부터 문명사회로의 교체를 음양으로 표현했다. 이에 따르면, '음'은 원시적 인간이 '암반'에 도달한 것이고, '양'은 문명의 활동을 개시한 것이다. 따라서 '암반' 위에서 쉬는 것이 '음'이고, '절벽' 위로 올라가는 것이 '양'이다.

오답 풀이

① ㉰에 따르면, 미개 사회는 위아래에 절벽이 있는 암반 위에 누워 있는 사람들에, 문명은 위쪽 절벽을 향해 오르는 사람들에 비유할 수 있다. 이는 '절벽'을 올라야 미개 사회에서 문명사회로 전환될 수 있다는 것이므로 '절벽'은 미개 사회가 문명사회로 전환되기 위해 거쳐야 하는 관문으로 이해할 수 있다.
② ㉯에 따르면, 미개 사회는 초기에 동적인 활동이 있다가 정적인 상태로 도달한 것이다. 따라서 '암반 위에 누워 있는 인간들'은 아래쪽 절벽을 오르는 동적인 활동을 한 뒤에 암반 위의 멈춰 있는 정적 상태에 빠져든 것이다.
③ '절벽을 향해 기어오르는 사람들'은 미개 사회의 정적인 상태(암반 위)에서 문명을 향해 움직이고 있다. 즉 미개 사회에서 문명으로 향하고 있는 중이다. ㉱에 따르면, 미개 사회로부터 문명으로 향하는 전환은 창조력을 상실한 지배적 소수자로부터 민중들이 이반한 경우와 같다.

05 정답 ③

해설

한림 제유(한림의 여러 유생들)의 〈한림별곡(翰林別曲)〉은 최초의 경기체가 작품이다.
이 시에서는 명저(名著)를 열거한 뒤, "위 주조쳐 내 외옴 경 긔 엇더ᄒ니잇고(아, 주석마저 줄곧 외우는 모습 그것이 어떠합니까?)", "위 력남ㅅ 경 긔 엇더ᄒ니잇고(아, 두루두루 읽는 모습 그것이 어떠합니까?)"라고 자신을 포함한 신흥 사대부들의 학식을 과시하고 있다. 즉 시적 화자의 능력을 예찬의 대상으로 삼은 것이다.

오답 풀이

① 신흥 사대부들의 교양이나 취미를 과시하기 위해 서적들을 열거하고 있으므로, '소박한 생활 감정'과는 거리가 멀다.
② 강호가도의 구현은 나타나지 않는다.
④·⑤ 시간의 흐름이나 문답 형식은 나오지 않는다. '경 긔 엇더ᄒ니잇고(그것이 어떠합니까?)'는 상대에게 묻는 것이 아니라, '참으로 좋습니다(굉장합니다)' 정도의 의미를 설의법으로 표현한 것이다.

06 정답 ①

해설

이황의 〈도산십이곡(陶山十二曲)〉은 자연을 노래한 언지(言志)와 학문에의 정진을 노래한 언학(言學)으로 이루어진 연시조로, 〈보기〉는 이 중 언학의 한 수이다.
〈보기〉의 화자는 시간의 흐름에도 변함이 없는 청산과 유수를 닮아 끝없이 학문에 정진하겠다는 의지를 드러내고 있다. 그러나 이 시의 화자는 자신을 포함한 신흥 사대부들의 학식을 과시하고 있을 뿐, 학문 정진에의 의지는 드러내지 않았다.

오답 풀이

② 이 시는 '경 긔 엇더ᄒ니잇고'에서, 〈보기〉는 '긋디 아니ᄂᆞᆫ고'에서 설의적 표현을 활용하고 있다.
③ 이 시는 '당한셔, 장로즈, 한류문집' 등의 명저를 열거하고 있다. 또한 〈보기〉에는 '~는 엇뎨하야 ~애'를 연속하여 반복하는 대구법이 나타난다.
④ 이 시는 '경 긔 엇더ᄒ니잇고'를, 〈보기〉는 '엇뎨하야'를 반복하고 있다.

📖 작품 해설

한림 제유, 〈한림별곡(翰林別曲)〉
1. **형식**: 분연체(전 8장, 각 장은 전절과 후절로 나뉨.)
2. **운율**: 3·3·4조, 3음보
3. **성격**: 과시적, 풍류적, 향락적, 귀족적
4. **내용과 소재**: 시부(詩賦), 서적(書籍), 명필(名筆), 명주(名酒), 화훼(花卉), 음악(音樂), 누각(樓閣), 추천(鞦韆) 등 8경을 노래함.
5. **의의**: ① 최초의 경기체가
② 한자어를 우리말 운율에 맞춰 노래함.
6. **주제**: 문인 귀족 계층의 향락적인 기풍과 학문적 자부심
7. **해설**: 〈한림별곡〉은 최초의 경기체가로, 향락적이고 호화로운 상류 계층의 생활상과 학문적 자부심이 잘 드러난 귀족 문학이다. 전 8장으로 구성되어 있는데, 각 장은 전후 두 부분으로 나눌 수 있다.

07 정답 ③

해설
㉠ '에'는 비교 부사격 조사이고 ㉡ '와로'는 공동 부사격 조사로, ㉠과 ㉡은 모두 부사격 조사이다.

오답 풀이
① 제시문은 세종 대왕이 지은 서문인 '어지(御旨)' 부분으로, 훈민정음 창제의 취지와 28자를 창제하였음이 나타나 있다.
② '노미', '뿌메'와 같이 소리 나는 대로 적는 연철 표기가 나타나는 데서 표음주의 표기를 살펴볼 수 있다.

08 정답 ①

해설
'기픈'은 '깊-+-은(깊은)'으로 분석된다. 이때 '-은'은 조사가 아니라 관형사형 어미이다.

오답 풀이
② 'ᄆᆞ른'은 'ᄆᆞᆯ+은(물은)'으로 분석된다. 이때 '은'은 보조사이다.
③ 'ᄀᆞ무래'는 'ᄀᆞ물+애(가뭄에)'로 분석된다. 이때 '애'는 양성 모음 뒤에 붙는 부사격 조사이다.
④ '내히'는 '내ㅎ+이(시내가)'로 분석된다. 이때 '이'는 자음으로 끝난 체언 뒤에 붙는 주격 조사이다.

09 정답 ②

해설
㉠ 野合(들 야, 합할 합): 좋지 못한 목적으로 서로 어울림.
㉡ 默認(잠잠할 묵, 알 인): 모르는 체하고 하려는 대로 내버려 둠으로써 슬며시 인정함.
㉢ 毁損(헐 훼, 덜 손): 체면이나 명예를 손상함. / 헐거나 깨뜨려 못 쓰게 만듦.

오답 풀이
㉠ 競合(다툴 경, 합할 합): 서로 맞서 겨룸.
㉡ 誤認(그릇할 오, 알 인): 잘못 보거나 잘못 생각함.
㉢ 消滅(꺼질 소, 멸망할 멸): 사라져 없어짐.

10 정답 ①

해설
㉠은 몹시 가난한 처지를 표현한 것이다. 그러나 '九折羊腸(아홉 구, 꺾을 절, 양 양, 창자 장)'은 '아홉 번 꼬부라진 양의 창자라는 뜻으로, 꼬불꼬불하며 험한 산길을 이르는 말'이므로 ㉠의 상황과는 가장 거리가 멀다.

* 서 발 막대{장대} 거칠 것 없다: 서 발이나 되는 긴 막대를 휘둘러도 아무것도 거치거나 걸릴 것이 없다는 뜻으로, 가난한 집안이라 세간이 아무것도 없음을 비유적으로 이르는 말 / 주위에 조심스러운 사람도 없고 아무것도 거리낄 것이 없음을 비유적으로 이르는 말

오답 풀이
② 釜中生魚(가마 부, 가운데 중, 날 생, 물고기 어): 솥 안에 물고기가 생긴다는 뜻으로, 매우 가난하여 오랫동안 밥을 짓지 못함을 이르는 말
③ 三旬九食(석 삼, 열흘 순, 아홉 구, 먹을 식): 삼십 일 동안 아홉 끼니밖에 먹지 못한다는 뜻으로, 몹시 가난함을 이르는 말
④ 赤貧如洗(붉을 적, 가난할 빈, 같을 여, 씻을 세): 마치 물로 씻은 듯이 아무것도 가진 것이 없을 정도로 가난함.

DAY 17 매일 국어 17회

01 ③　02 ④　03 ④　04 ①　05 ③
06 ③　07 ②　08 ④　09 ②　10 ①

01 정답 ③

해설
훈민은 "○○ 마트 와인이 진짜 싸거든", "그 케이스는 디자인이 예뻐서 나도 갖고 싶어하는 거야" 등에서 와인과 휴대폰 케이스와 관련해 필요 이상의 내용을 덧붙이고 있다. 이는 양의 격률을 위반한 것이다.

오답 풀이
① 질의 격률을 위반한 것은 정음이다. 정음은 소연의 파티 참석 여부에 대해 정확하지 않은 정보를 제공하고 있다.
② 정음이 관련성의 격률을 위반한 내용은 없다.
④ 정음은 "이것저것 생각나는 건 많은데……"에서 태도의 격률을 위반하고 있다.

02 정답 ④

해설
"3일이면 ~ 부산 어때?"에서 세영이 의견을 제시한 것은 맞지만 참여자 간 갈등을 해소하기 위해 노력을 한 것은 아니다.

오답 풀이
① 미선은 처음에는 친구들의 의견에 따르겠다고만 말하다가, 나중에는 여행을 가서 하고 싶은 일을 구체적으로 언급하고 있으므로 태도가 적극적으로 변했다고 볼 수 있다.
② 재희는 시험을 걱정하는 미선을 놀리고, 대화의 맥락과 상관없이 자신의 가족 여행 계획을 말하고 있다.
③ 송이는 의견을 제시하고 정리까지 하는 등 대화를 주도하고 있다. 또한 마지막 부분에서 재희와 미선 모두를 배려한 발언을 하고 있다.

03 정답 ④

해설
여권을 집에 두고 온 책임을 상대방에게 떠넘김으로써 상대방의 부담을 늘리고 있으므로 요령의 격률을 위배한 것이다.

오답 풀이
① 자신의 시력에 탓을 돌리면서 상대방에게 요청 사항을 전달하고 있으므로 관용의 격률을 위배한 것이 아니라 지키고 있다.
② 자신의 노래 실력에 대한 칭찬을 최대화하고 있으므로 화자 자신에 대한 칭찬은 최소화하라는 겸양의 격률을 위배한 발화이다.
③ 상대방의 의견을 수용하지 않고 있으므로, 자신의 의견과 다른 사람의 의견 사이의 다른 점은 최소화하고 일치점을 극대화하라는 동의의 격률을 위배한 발화이다.

04 정답 ①

해설
AI에 대한 설명회를 개최할 필요가 있다는 말에, 최 주무관은 그 필요성을 절감하고 있다고 답했으므로 ㉠은 상대의 의견에 대해 공감을 표현한 것이다.

오답 풀이
② ㉡은 평서문을 사용해 '(설명회를) 어떻게 준비해야 (AI에 대해) 효과적으로 전달할 수 있을까요?'를 간접적으로 물은 것이다. 이러한 간접 발화는 직접 발화에 비해 듣는 이의 부담감을 덜어 주는 정중한 표현에 해당한다. 따라서 ㉡은 정중한 표현(간접 발화)을 사용하여 직접적이 아니라 간접적으로 물은 것이다.
③ ㉢은 반대 의사를 드러낸 것이 아니라, 김 주무관이 제기한 '청중의 관심 분야 파악'에 대한 구체적 방법을 물은 것이다.
④ ㉣은 최 주무관의 질문에 대한 답을 의문문의 형식으로 제시한 것이다. 따라서 상대의 의견을 반박한 것이 아니다.

05 정답 ③

해설
작가 미상의 〈봉산(鳳山) 탈춤〉은 양반에 대한 서민들의 항거 정신과 풍자 의식을 담은 민속극으로, 총 7과장으로 이루어져 있다.
㉮와 ㉯에서 말뚝이가 '쉬이'라고 한 뒤, 음악과 춤이 멈추고 있다. 이는 앞선 장면에서 등장인물들이 굿거리장단으로 춤을 추던 신명난 분위기를 고조하는 것이 아니라 중단하는 것이다. 참고로 '쉬이'는 춤에서 재담으로 전환하여 관객의 주의를 집중시키고, 새로운 사건의 시작을 예고하는 등의 기능을 한다.

오답 풀이
① 양반들은 말뚝이의 말에 화를 냈다가 다시 안심한 뒤 '춤'을 추고 있다. 따라서 ㉠의 '춤'은 양반과 말뚝이 사이의 갈등이 일시적으로 해소된 것, 즉 그들이 일시적으로 화해했음을 의미한다.
② ㉡과 ㉢은 극 중 인물인 말뚝이가 무대 밖의 관객들이나 악공들을 불러 극 중 개입을 유도한 것이므로 무대와 객석의 구분이 따로 없는 민속극의 특징을 보여 준다.
④ ㉮와 ㉯에서 '말뚝이의 조롱 – 양반의 질책 – 말뚝이의 변명 – 양반의 안심'이라는 재담의 구조가 반복되고 있다. 이를 통해 말뚝이가 끊임없이 양반을 풍자하여 비판하는 의식을 드러내고 있음을 알 수 있다.

06 정답 ③

해설

말뚝이의 사설이 시작되기 전의 "음악과 춤 멈춘다"라는 지시문으로 보아, 말뚝이가 굿거리장단에 맞추어 사설을 늘어놓은 것은 아니다. 말뚝이는 "양반 나오신다야! ~ 양반이 나오신단 말이오"에서 동음이의어를 활용한 언어유희('개잘량이라는 '양' 자에 개다리소반이라는 '반' 자 쓰는 양반')로 양반을 풍자하고 있다.

오답 풀이

① 양반들은 자신들을 조롱하는 말뚝이를 "야아, 이놈, 뭐야아!"라고 화를 내며 야단치고 있다.
② '굿거리장단에 맞추어 점잔을 피우나, 어색하게 춤을 추며 등장', '샌님과 서방님은 ~ 부채와 장죽을 가지고 있고'에서 알 수 있다.
④ 양반들의 등장 장면에서, 부채만 가진 도련님은 '형들의 면상을 부채로 때리며 방정맞게 군다'는 내용에서 알 수 있다.

작품 해설

작자 미상, 〈봉산(鳳山) 탈춤〉

1. **갈래**: 민속극, 가면극(탈춤) 대본
2. **구성**: 전 7과장의 옴니버스식 구성
3. **성격**: 풍자적, 해학적, 비판적, 골계적, 탈중세적, 근대 지향적
4. **주제**: 양반에 대한 서민들의 항거 정신과 풍자 의식
5. **해설**: 〈봉산 탈춤〉은 황해도 봉산 지방에서 전해 내려오는 가면극이다. 원래는 벽사 의식의 하나로 종교적 성격이 강했지만 지금은 오락적 요소가 더 강한 민속극 중 대표적인 가면극으로 알려져 있다. 제6 과장 양반춤은 양반집 하인인 말뚝이가 양반들을 희화화하고 조롱하는 내용인데, 익살스러운 춤 동작과 과장된 표현의 가면이 서사적 요소와 결합하여 당시의 서민 의식을 느끼게 한다.

07 정답 ②

해설

'인왕리 Inwang-ri'의 표기는, '도, 시, 군, 구, 읍, 면, 리, 동'의 행정 구역 단위와 '가'는 각각 'do, si, gun, gu, eup, myeon, ri, dong, ga'로 적으며, 그 앞에는 붙임표(-)를 넣고 붙임표 앞뒤에서 일어나는 음운 변화는 표기에 반영하지 않는다는 규정에 따른 것이다.

오답 풀이

① '합정 Hapjeong'은 [합쩡]과 같이 된소리되기가 일어나지만 표기에는 반영하지 않는다.
③ '학여울 Hangnyeoul'은 [항녀울]로 발음되는데 이와 같이 'ㄴ' 첨가가 되는 경우에는 변화의 결과에 따라 적는다.
④ '학여울 Hangnyeoul'의 'ㄹ' 받침은 어말이므로 'l'로 적고, '대관령 Daegwallyeong'과 같이 'ㄹㄹ'로 소리 나면 'll'로 적는다.

보충 자료 2

① Baengma
② Hobeop
③ Seorak
④ Ulleung
⑤ Gwanghuimun
⑥ Jiphyeonjeon
⑦ Apgujeong
⑧ Ban-gudae
⑨ Min Yongha/Min Yong-ha
⑩ Jongno 2(i)-ga
⑪ Geungnakjeon

08 정답 ④

해설

- **한복남(인명) Han Boknam(원칙)(○) / Han Bok-nam(허용)(○)**: 인명은 성과 이름의 순서로 띄어 쓴다. 이름은 붙여 쓰는 것을 원칙으로 하되 음절 사이에 붙임표(-)를 쓰는 것을 허용한다. 이름에서 일어나는 음운 변화는 표기에 반영하지 않는다.
- **선릉[설릉] Seolleung(○)**: 자음 사이에서 동화 작용이 일어나는 경우 변화의 결과에 따라 적는다.

오답 풀이

① • **샛별 saetbbyeol(×) → saetbyeol(○)**: 된소리되기는 표기에 반영하지 않는다.
   • **알약[알략] allyak(○)**: 'ㄴ, ㄹ'이 덧나는 경우 변화의 결과에 따라 적는다.
② • **오죽헌 Ojukeon(×) → Ojukheon(○)**: 체언에서 'ㄱ, ㄷ, ㅂ' 뒤에 'ㅎ'이 따를 때에는 'ㅎ'을 밝혀 적는다.
   • **속리산[송니산] Songnisan(○)**: 자음 사이에서 동화 작용이 일어나는 경우 변화의 결과에 따라 적는다.
③ • **삼죽면 Samjung-myeon(×) → Samjuk-myeon(○)**: 붙임표(-) 앞뒤에서 일어나는 음운 변화는 표기에 반영하지 않는다.
   • **여의도 Yeouido(○)**: '의'는 'ui'로 적는다.

09 정답 ②

해설

'오달지다'는 '마음에 흡족하게 흐뭇하다 / 허술한 데가 없이 알차다'의 의미이므로 문맥에 맞지 않는다. 이 문장에는 '매우 후미지고 으슥하다'를 뜻하는 말인 '궁벽지다' 정도를 쓰는 것이 적절하다.

오답 풀이

① **철겹다**: 제철에 뒤져 맞지 아니하다.
③ **데생기다**: 생김새나 됨됨이가 완전하게 이루어지지 못하여 못나게 생기다.
④ **왁자하다**: 정신이 어지러울 만큼 떠들썩하다. / 소문이 온 동네에 널리 퍼져 요란하다. / 정신이 어지러울 만큼 떠들다.

10 정답 ①

해설

㉮는 연시조 〈조홍시가(早紅枾歌)〉 중 한 수로, 박인로가 이덕형을 찾아가 조홍시를 대접받았을 때, 회귤고사를 생각하고 효를 다하지 못한 안타까움을 노래한 것이라고 전해진다. ㉯는 정철의 연시조 〈훈민가(訓民歌)〉 중 제4수로, 부모에 대한 효도를 권고하는 내용을 담고 있다.
㉮와 ㉯는 모두 '효(孝)'를 주제로 한다. 이와 거리가 가장 먼 한자 성어는 '구름을 바라보거나 달빛 아래 거닌다는 뜻으로, 객지에서 집을 생각함을 이르는 말'인 '看雲步月(볼 간, 구름 운, 걸음 보, 달 월)'이다.

오답 풀이

② 斑衣之戲(얼룩질 반, 옷 의, 갈 지, 놀 희): 늙어서 효도함을 이르는 말. 중국 초나라의 노래자가 일흔 살에 늙은 부모님을 위로하려고 색동저고리를 입고 어린이처럼 기어 다녀 보였다는 데서 유래한다.
③ 反哺報恩(돌이킬 반, 먹을 포, 갚을 보, 은혜 은): 까마귀 새끼가 자라서 늙은 어미 까마귀에게 먹이를 물어다 주어 보답한다는 뜻으로, 자식이 자라서 어버이의 은혜에 보답함으로써 효를 행함을 이르는 말
④ 昏定晨省(어두울 혼, 정할 정, 새벽 신, 살필 성): 밤에는 부모의 잠자리를 보아 드리고 이른 아침에는 부모의 밤새 안부를 묻는다는 뜻으로, 부모를 잘 섬기고 효성을 다함을 이르는 말

DAY 18 매일 국어 18회

| 01 ③ | 02 ② | 03 ② | 04 ④ | 05 ③ |
| 06 ③ | 07 ② | 08 ① | 09 ④ | 10 ② |

01 정답 ③

출전 KBS한국어능력시험, 《이슈시사상식》(2021. 9월호)

해설

㉰에 척추동물의 비효율적 진화 과정은 나오지 않는다. ㉰에서는 동물의 크기가 커지는 방향으로 진화하는 과정에서 나타난 다양한 문제를 해결하기 위해 불가피하게 장기에 비대칭적 구조가 나타났음을 설명하고 있다. 이러한 내용을 고려할 때, ㉰의 중심 내용으로는 '척추동물의 장기가 비대칭적인 이유' 정도가 적절하다.

오답 풀이

① ㉮에서는 좌우가 대칭인 인체 구조의 특성이 미적 요소뿐만 아니라 생존에 중요하기 때문에 나타난 것이며, 좌우 비대칭인 인체 구조는 환경적 요인 때문에 나타난 것이라고 설명하고 있다.
② ㉯에서는 척추동물과 무척추동물의 심장 위치를 통해 척추동물과 무척추동물의 장기 구조상의 차이를 설명하고 있다.
④ ㉱에서는 척추동물의 비대칭성이 몸의 안팎이 모두 비대칭인 원시 생물체에서 진화했기 때문이라는 새로운 견해를 제시하고 있다.

02 정답 ②

해설

㉮에 따르면, 탄생 환경의 안정성이 영향을 미치는 것은 '장기'가 아니라 눈, 손가락, 외모 등과 같이 겉으로 나타나는 '인체의 형태'이다. 척추동물의 장기의 비대칭성은 동물의 크기가 커지는 방향으로 진화하는 과정에서 불가피하게 선택된 것이므로 탄생 환경이 안정되더라도 장기는 비대칭적일 것이다.

오답 풀이

① ㉱의 '(불가사리의) 유생은 좌우 대칭이다. ~ 원래 비대칭이었던 원시 극피동물'에서 알 수 있다.
③ ㉰에 따르면, 척추동물은 커지는 방향으로 진화하는 과정에서 몸 전체에 피를 보내고 대장이나 소장의 길이를 충분히 확보하기 위해 혈관과 장기가 나선 모양으로 배치되었다.
④ ㉯~㉰에 따르면, 갑각류는 대칭적인 구조의 심장을 가지고 있는 반면 척추동물은 혈관이 나선형 모양으로 배치되어 있기 때문에 심장 자체도 비대칭적이다.

03 정답 ②

해설

㉠ 이 글의 논지는 심장을 비롯한 척추동물의 장기는 비대칭적 구조를 취하고 있다는 것이다. 그런데 ㉠에 제시된 사실은 인간의 심장이 왼쪽 혹은 오른쪽으로 치우쳐 비대칭적이라는 것이므로 ㉠의 논지를 약화하지 않고 강화한다.

㉢ 대에서 고등 생물은 많은 영양분을 필요로 하기 때문에 대중이나 소장의 길이를 확보하기 위해 척추동물의 장기가 나선형(비대칭적)으로 배치되었다고 주장하고 있다. ㉢의 사실은 이 주장을 뒷받침할 수 있는 근거이므로 이 글의 논지를 강화한다.

오답 풀이

㉡ 가에 따르면, 성장 과정에서 환경의 요인으로 인해 우리 몸의 좌우 비대칭이 나타날 수 있다. 따라서 ㉡의 사실은 이 글의 논지를 약화하는 게 아니라 강화한다.

04 정답 ④

해설

김기택의 〈멸치〉는 밥상 위에 오른 딱딱한 멸치를 통해 상실된 생명력의 회복을 염원한 시이다.
5~10행에, 바닷속을 헤엄치던 멸치가 그물로 건져 올려진 뒤에 바람과 햇볕에 말려져 생명력을 잃어 가는 모습이 나타나 있다. 여기서 '그물, 바람, 햇볕' 등은 멸치의 생명력을 앗아 가는 외부 세계를 의미한다. 그러나 역설적 표현은 사용되지 않았다.

오답 풀이

① 1~4행(굳어지기 전까지는 ~ 갈래의 길이었다), 14~21행(지금 젓가락 끝에 ~ 그물을 찢었던 것이다)에서 화자는 멸치가 과거 바닷속에서 헤엄쳤을 때의 역동적인 생명력을 상상하고 있다.
② 5~13행(그들이 물결 속에서 ~ 접시에 담겨졌던 것이다)에서 화자는 그물에 잡힌 멸치가 접시에 담기기까지의 모습을 상상하고 있는데, 이를 통해 멸치가 생명력을 상실해 가는 과정을 순차적으로 제시하고 있다.
③ "바다의 무늬는 뼈다귀처럼 남아 / 멸치의 등과 지느러미 위에서 딱딱하게 굳어 갔던 것이다", "모래 더미처럼 길거리에 쌓이고" 등에서 직유법과 시각적·촉각적 이미지 등을 사용하여 생명력을 상실한 멸치의 모습을 나타내고 있다.

05 정답 ③

해설

안도현의 〈간격〉은 교훈적, 상징적 성격을 지닌 시이다.
"벌어질 대로 최대한 벌어진 / ~ / 기어이 떨어져 서 있어야 하는"에서 나무와 나무 사이, 즉 개인과 개인 사이에는 간격이 있어야 한다는 사실을 강조하고 있다. 그러나 개인과 개인 사이의 거리가 너무 넓으면 안 된다는 내용을 유추할 수 있는 근거는 이 시에 나오지 않는다.

오답 풀이

② '숲을 멀리서 바라보고 있을 때는 몰랐'던 사실을, "숲에 들어가 보고서야 알았다"라는 내용에서 알 수 있다.
④ 바람직한 공동체를 비유한 '울울창창 숲'이 "나무와 나무 사이 / 그 간격과 간격이 모여" 이루어진다는 내용에서 알 수 있다.

작품 해설

안도현, 〈간격〉

1. **갈래**: 자유시, 서정시
2. **성격**: 성찰적, 상징적
3. **어조**: 독백적, 성찰적 어조
4. **표현과 특성**: ① 자연물을 의인화하여 인간의 삶과 관련된 의미를 부여함.
    ② 깨달음을 얻기 전후를 대비하여 표현함.
5. **주제**: 인간관계에 있어서 적당한 간격의 소중함에 대한 깨달음
6. **해설**: 〈간격〉은 불에 타 버린 숲에 들어가 본 화자의 체험을 통해 존재와 존재 사이의 간격에 대한 새로운 깨달음을 노래한 시이다. 1~7행에서는 숲을 원경으로 바라보아 나무와 나무 사이의 간격을 제대로 파악하지 못했던 화자의 인식을 드러내고 있다. 8~15행에서는 불에 탄 숲에 들어와 나무와 나무 사이의 적당한 간격이 숲을 이루었음을 알게 된 화자의 깨달음이 제시되어 있다. 여기서 간격은 사람이 사람을 대할 때 일정한 거리를 두고 바라볼 줄 아는 여유를 의미한다. 이를 바탕으로 진정한 인간관계의 완성은 한 발짝 떨어진 위치에서 관조할 수 있는 여유와 조급해 하지 않는 기다림의 거리를 유지할 때 가능하다는 주제를 드러내고 있다.

06 정답 ③

해설

황지우의 〈새들도 세상을 뜨는구나〉는 애국가가 시작되고 끝나는 순간까지의 짧은 시간을 묘사하며 비상하는 새 떼들과 달리 현실을 벗어나지 못하는 화자의 좌절감을 부각한 시이다.
이 시에 감정 이입은 나타나지 않는다. 세상 밖으로 자유롭게 날아갈 수 있는 '흰 새 떼들'은 자유롭지 못한 화자와 처지가 대조된 객관적 상관물로, 화자의 좌절감을 심화하는 기능을 하고 있다.

오답 풀이

① 16~17행의 '날아갔으면 / 하는데'에 '하는데'를 다음 행에 배치한 행간 걸침이 나타난다. 이를 통해 자유를 소망하다가 그것이 좌절되고 마는 현실로 시상이 전환되고 있다.
② '경청한다', '삼천리 화려 강산' 등은 화자의 속뜻과 반대되는 반어적 표현이며, '낄낄대면서, 깔쭉대면서'는 현실에 대한 조롱과 야유를 드러낸 음성 상징어이다. 이를 통해 억압적이고 획일화를 강조하는 현실을 풍자·비판하고 있다.
④ '현실-상상-현실'의 구조를 통해 자유를 찾아 도피하고픈 마음이 현실 속에서 좌절되는 것을 강조하고 있다.

선재 쌤's 공감 TIP

이 시의 시상은 '영화가 시작되기 전 애국가를 경청함 → 세상 밖을 향해 날아가는 새들의 자유로운 비상을 바라봄 → 현실에서 벗어나고 싶지만 좌절함'의 순서로 전개되고 있어. 그러니까 '현실-상상-현실'의 구조를 보이는 거지. 선생님이 어렸을 때만 해도 영화를 보기 전에 모든 관객이 일어서서 애국가를 들어야만 했어. 어떻게 그런 일이 있을 수 있는지 지금으로서는 상상도 안 되지? 당시의 시대가 얼마나 억압적이었는지, 또 화자는 그런 시대에서 얼마나 큰 답답함과 좌절감을 느꼈겠는지 생각하면서 시를 감상해 보자.

작품 해설

황지우, 〈새들도 세상을 뜨는구나〉
1. **갈래**: 자유시, 서정시
2. **성격**: 비판적, 풍자적, 냉소적
3. **어조**: 부정적 현실에 대한 냉소적 어조
4. **표현과 특성**: ① 애국가의 시작과 끝에 맞춘 시상 전개
   ② '우리'와 '새', '비상'과 '하강'의 대비
5. **주제**: 암울한 현실에 대한 좌절감과 비판
6. **해설**: 〈새들도 세상을 뜨는구나〉는 애국가가 시작되고 끝나는 순간까지의 짧은 시간을 묘사하며 시상이 전개된다. 영화 화면을 보면서 화자는 '이 세상 밖 어디론가 날아'가고자 하는 충동을 느낀다. 이는 당대의 억압적인 군사 독재 문화에 대한 저항 의식과 연결되는 것으로, 시에서는 당대의 현실이 새 떼들의 '끼룩거림'으로 풍자되고 있다. 그러나 현실 속의 화자는 애국가가 끝날 때쯤 다시 '대한 사람 대한으로' 돌아올 수밖에 없다. 이러한 좌절감은 '앉는다 / 주저앉는다'로 표현되는데, 이는 새 떼들의 비상과 대비되어 현실을 벗어나지 못하는 화자의 좌절감을 부각한다.

07 정답 ②

학교(에, 로, 까지)(×) → 학교{에, 로, 까지}(○): 열거된 항목 중 어느 하나가 자유롭게 선택될 수 있음을 보일 때에는 중괄호({ })를 쓴다.

08 정답 ①

너는 중학생이냐? 고등학생이냐?(×) → 너는 중학생이냐, 고등학생이냐?(○): 한 문장 안에 몇 개의 선택적인 물음이 이어질 때는 맨 끝의 물음에만 물음표를 쓴다.

오답 풀이
② 언제 돌아오세요?(○): 의문문이나 의문을 나타내는 어구의 끝에 물음표를 쓴다.
③ 당신도 참 대단(?)하네요(○): 특정한 어구의 내용에 대하여 의심, 빈정거림 등을 표시할 때, 또는 적절한 말을 쓰기 어려울 때 소괄호 안에 물음표를 쓴다.
④ 노자(?~?)(○): 모르거나 불확실한 내용임을 나타낼 때 물음표를 쓴다.

09 정답 ④

'끗발(이) 좋다'는 '노름 따위에서, 좋은 끗수가 잇따라 나오다 / (속되게) 세도나 기세가 당당하다'의 의미이다. 이 문장에서는 '노여움이나 부끄러움을 타지 아니하다'를 뜻하는 '반죽이 좋다'를 쓰는 것이 적절하다.

오답 풀이
① 곁(을) 주다: 다른 사람으로 하여금 자기에게 가까이할 수 있도록 속을 터 주다.
② 멍에(를) 메다{쓰다}: 마음대로 행동할 수 없도록 얽매이다.
③ 코에 걸다: 무엇을 자랑삼아 내세우다.

10 정답 ②

'左顧右眄(왼쪽 좌, 돌아볼 고, 오른쪽 우, 곁눈질할 면)'은 '이쪽저쪽을 돌아본다는 뜻으로, 앞뒤를 재고 망설임을 이르는 말'의 의미로 문맥에 맞지 않는다. 이 문장에서는 '어떤 일을 머뭇거리지 아니하고 선뜻 결정함을 비유적으로 이르는 말'인 '一刀兩斷[하나 일, 칼 도, 두 양(량), 끊을 단]'을 쓰는 것이 자연스럽다.

오답 풀이
① 得意滿面(얻을 득, 뜻 의, 찰 만, 낯 면): 일이 뜻대로 이루어져 기쁜 표정이 얼굴에 가득함.
③ 切磋琢磨(끊을 절, 갈 차, 쪼을 탁, 갈 마): 옥이나 돌 따위를 갈고 닦아서 빛을 낸다는 뜻으로, 부지런히 학문과 덕행을 닦음을 이르는 말
④ 股肱之臣(넓적다리 고, 팔뚝 굉, 갈 지, 신하 신): 다리와 팔같이 중요한 신하라는 뜻으로, 임금이 가장 신임하는 신하를 이르는 말

DAY 19~20 실력 확인 모의고사

01 ①	02 ②	03 ①	04 ④	05 ④
06 ④	07 ④	08 ③	09 ②	10 ①
11 ①	12 ③	13 ②	14 ②	15 ④
16 ③	17 ②	18 ①	19 ④	20 ③

01
정답 ①

출전 2021학년도 3월 고2 전국연합학력평가

해설
㉠ '운명론적 세계관'은 인간에게 주어진 운명을 자신의 의지나 노력으로 바꿀 수 없어 이를 내면화(수용)하는 가치관이다. ①은 '자손에게 물려주어 대대로 내려오니 논밭도 좋거니와 머슴들도 근검하더라'로 풀이할 수 있는데, 이는 과거에 풍요로웠던 논밭과 근검한 머슴들의 모습을 나타낸 것이다. 이러한 모습이 벗어날 수 없는 운명을 의미하는 것은 아니므로 ㉠과 거리가 가장 멀다.

오답 풀이
② 자신의 기막힌 삶을 '팔자'라고 하며, '남희슈의 죽을 목숨 동희슈의 죽는고나(남해수에 죽을 목숨 동해수에 죽는구나)'에서 물에 빠져 죽을 운명을 벗어날 수 없음을 한탄하고 있으므로 ㉠과 관련이 있다.
③ '장안 유협 경박자(남편)'를 만난 것을 '삼생의 원업이오 월하의 연분', 즉 운명으로 보고 있으므로 ㉠과 관련이 있다.
④ '하늘'이 준 자신의 '궁(가난)'을 '내 분수'라고 하며 가난함을 수용하고 받아들이고 있으므로 ㉠과 관련이 있다.

현대어 풀이
② 망측하고 기막힌다. 이런 팔자가 또 있는가. 남해수에 죽을 목숨 동해수에 죽는구나.
③ 삼생의 원망스러운 업보이자 부부의 인연을 맺어준다는 월하의 연분으로 서울 거리의 호탕한 풍류객이자 경박한 사람을 꿈같이 만나서
④ 하늘이 준 이 내 가난을 설마한들 어찌하리? 가난도 내 분수이니 서러워하여 무엇하리?

02
정답 ②

출전 〈디지털 사회로 진입한 원동력은 바로 읽기〉, 《월간유레카》 459호

해설
1440년경 구텐베르크에 의해 텍스트 생산 방식이 '필사'에서 '인쇄'로 바뀌게 된다. 이로 인해 일반 민중도 책을 접할 수 있게 되어 인류 문명은 예전과 비교할 수 없는 속도로 발전하게 되었다.

오답 풀이
① 2문단에 따르면, 구텐베르크의 인쇄기 발명 이후 50년 동안 제작된 책은 그 이전 인류가 만든 모든 책보다 훨씬 많다. 이는 구텐베르크가 인쇄기를 발명한 1440년경에서부터 50년 동안 제작된 책과 그 이전 제작된 책의 수를 비교한 것이다. 모든 역사적 시기 중 15세기에 만들어진 책이 가장 많았는지는 알 수 없다.
③ 2문단에서, 텍스트를 읽는 것이 비판적 사고 능력을 기르는 데 도움이 된다는 것은 알 수 있지만, 인쇄기 발명 이후 소수의 지배층과 일반 대중 중 비판적 사고 능력이 누가 더 발전했는지는 알 수 없다.
④ 인과 관계를 정리하면, '인쇄술의 도입 → 책 가격 하락 → 일반 대중의 접근성 향상'이다. ④는 인과 관계를 거꾸로 나타냈으므로 적절하지 않다.

03
정답 ①

해설
①은 '그 남자가 내 친구와 결혼하다 = 사실'의 구성을 보이는 동격 관형절로, 관형절 내에 생략된 문장 성분이 없다. 나머지 ②·③·④는 모두 관형절 내에 문장 성분이 생략된 형태인 관계 관형절이다.

오답 풀이
② (가수가) 이 노래를 불렀다.
③ 여기서 (물건이) 팔린다.
④ 철수가 (그림을) 그렸다.

04
정답 ④

출전 러셀, 《무용한 지식과 유용한 지식》

해설
'무용한 지식'은 사람들에게 즐거움을 줄 수 있지만, 현대인은 효율성을 중시하기 때문에 경제적 혜택을 줄 수 있는 지식이나 권력의 증대만을 가치 있는 것으로 여기고 있다고 지적하는 글이다.

'무용한 지식'은 개인들에게 커다란 즐거움을 줄 수 있다. → ㉢ 그러한 지식을 추구하려면 게으름이 요구된다. → ㉣ 게으를 때 마음이 가벼워지고, 장난도 치고 싶으며, 스스로가 선택한 활동에 전념할 수 있기 때문이다. → ㉠ 그러나 대부분의 현대인에겐 '무용한 지식'을 추구하며 빈둥댈 돈도, 여가도 없다. → ㉤ 왜냐하면 그들은 효율성 숭배에 사로잡혀 있기 때문이다. → ㉡ 따라서 (현대인은) 지식의 경제적 혜택 혹은 그러한 혜택이 가져오는 권력의 증대만을 가치 있는 것으로 여긴다.

05
정답 ④

출전 송경은, 〈침팬지가 인간의 학습 능력을 뛰어넘을 수 없는 이유〉, 《동아사이언스》(2015. 11. 19.), 수정

해설
㉠에는 침팬지가 인간을 쫓아오기 어려운 이유가 들어가야 한다. 2문단의 연구 결과에 따르면, 침팬지는 유전자가 정해 준 뇌 고랑의 형태와 위치에서 크게 벗어나지 못해 뇌 발달과 학습 능력이 제한된 반면, 인간은 유전자의 힘이 느슨하여 뇌가 외부 환경에 민감하게 반응해 새로운 학습을 할 수 있다. 이러한 내용을 고려할 때, ㉠에는 '인간이 침팬지보다 뇌 발달에 유전자의 힘을 덜 받기 때문에' 침팬지가 인간의 지능을 따라올 수 없다는 내용이 들어가야 한다.

오답 풀이
① 마지막 부분에 따르면, 침팬지는 인간보다 가소성이 작다. 또한 고랑의 영향력과 가소성의 관계는 제시문에 나오지 않는다.
② 침팬지는 인간과 달리 근친이더라도 뇌 고랑의 형태와 위치가 비슷하다. 이는 침팬지가 유전자가 정해 준 출발선에서 크게 벗어나지 못해 뇌가 외부 환경에 적응하려는 능력이 인간보다 떨어진다는 것을 의미한다.
③ 인간과 침팬지의 대뇌 피질의 수나 대뇌 피질의 수와 지능 간의 관계는 알 수 없다.

06
정답 ④

해설
신동엽의 〈봄의 소식(消息)〉은 '봄'을 의인화하여 부정적 상황에서도 봄은 반드시 올 것이라는 희망을 드러낸 시이다.
3·마지막 연에서 '그렇지만'을 사용하여 시상을 전환하고 있다. 즉 3연에서는 2연의 봄에 대한 긍정적 소식에 대한 시상 전환이, 마지막 연에서는 4연의 봄에 대한 부정적 소식에 대한 시상 전환이 나타난다. 이를 통해 봄의 도래에 대한 화자의 절망과 기대감을 드러내고 있다. 그러나 부정적 상황을 극복하기 위한 화자의 의지를 강조한 부분은 없다.

오답 풀이
① 1·4연에서 '마을 사람들은 되나 안 되나 쑥덕거렸다 / 봄은 ~다카니'의 통사 구조가 반복되고 있다. 이를 통해 '발병, 위독, 자살, 장사' 등의 부정적 상황에 처해 봄이 올 수 없는 절망적인 상황을 표현하고 있다.
② '봄은 발병 났다카니, 봄은 위독하다카니' 등에서 추상적 대상인 '봄'을 의인화하여 구체적으로 드러내고 있다.
③ '-다카니', '눈이 휘둥그래진 수소문에 의하면', '말도 있었다' 등의 시구를 통해 화자가 다른 사람들이 하는 말을 듣고 전달하는 형식을 사용하고 있음을 알 수 있다.

07
정답 ④

해설
㉣은 자신의 의견과 다른 사람의 의견 사이에 다른 점을 최소화해야 한다는 '동의의 격률'을 설명한 것이다. 직원이 편안한 청바지를 추천하자 손님은 '제가 이런 색의 옷은 안 입어 봐서요, 이것보다 색깔이 짙은 건 없을까요?'라고 직원의 추천을 바로 거절하고 있다. 이는 자신의 의견과 다른 사람의 의견 사이의 다른 점을 최소화한 것이 아니므로 ㉣을 위배한 것이다.

오답 풀이
① ㉠은 요령의 격률을 설명한 것이다. '오늘 저희 매장에서 ~ 잠깐 보고 가시겠어요?'에서 직원은 손님의 부담을 최소화하여 자신의 매장에 들러 달라고 요청하고 있으므로 ㉠을 지키고 있다.
② ㉡은 관용의 격률을 설명한 것이다. '저랑 잘 어울리는 ~ 옷을 잘 못 입어서요'에서 손님은 자신에게 부담이 되는 표현을 최대화하여 직원에게 바지 추천을 부탁하고 있으므로 ㉡을 지키고 있다.
③ ㉢은 겸양의 격률을 설명한 것이다. '고객님께서는 피부가 ~ 잘 어울리시겠어요'에서 직원이 손님을 칭찬하자, 손님은 '뭘요, 청바지가 예뻐서 누구에게나 잘 어울릴 것 같아요'라고 자신에 대한 칭찬을 최소화하고 있다.

08
정답 ③

출전 장경영, 〈청년층 일자리 감소 문제도 노·사·정이 해법을 찾아야 합니다〉, 《생글생글》(2023. 9. 4.), 수정

해설
1문단의 "정년이 60세에서 ~ 부담해야 할까?"에서 중심 화제인 정년 연장을 제시하고 있다. 그러나 마지막 문장에서 노사 간 합의를 통해 자율적으로 정년 연장 등의 계속 고용 방식을 결정해야 한다고 했으므로 정년 연장 자체를 비판하고 있지는 않다. 글쓴이가 비판하는 것은 기업의 사업 특성을 고려하지 않은 채 일괄적으로 정년 연장을 법제화하는 것이다.

오답 풀이
① 마지막 문단의 "각 기업이 ~ 결정해야 한다"에서, 일괄적인 정년 연장 법제화가 일으키는 문제를 예방하기 위한 방향성을 제시하고 있다.
② 1문단의 한국 경제 연구원의 연구 보고서, 3문단의 한국 개발 연구원의 2020년 보고서라는 통계 자료를 제시하여 정년 연장 시 기업의 비용이 증가하고, 청년 고용이 감소한다는 주장의 신뢰성을 높이고 있다.
④ 2~3문단에서, 정년 연장이 될 경우(원인) 일어나는 문제(결과)를 인과적으로 설명하고 있다.

09 정답 ②

해설
3문단에 따르면, 정년이 늘어나 기존 근로자들이 더 일하게 되면 청년층의 취업 기회가 줄어든다. 그러나 정년 연장은 60세에서 65세로 연장하는 것을 포함하여 더 다양한 나이 기준이 존재할 수 있으며, 정년 연장 외에도 청년층의 취업률을 감소시키는 또 다른 원인이 존재할 수 있으므로 ②는 적절하지 않다.

오답 풀이
① 1문단에 따르면, 기업의 직·간접 비용은 근로자에게 지급하는 임금과 고용한 근로자를 위해 부담하는 4대 보험료를 의미한다. 정년을 연장하고 청년층 고용을 늘리면 근로자에게 지급하는 임금과 4대 보험료가 늘어나므로 기업의 직·간접 비용이 증가함을 추론할 수 있다.
③ 정년이 60세에서 65세로 연장되면, 기업의 투자가 감소하여 경제 성장률이 떨어진다. '만일 p이면 q이다'인 가언 삼단 논법에서 p는 q이기 위한 충분조건이고, q는 p이기 위한 필요조건이다. 따라서 정년이 60세에서 65세로 연장되는 것은 경제 성장률이 떨어지는 현상의 충분조건이다.
④ 1~2문단에 따르면, 정년이 60세에서 65세로 연장되면(전건) 기업은 늘어난 비용을 감당하기 위해 투자를 줄인다(후건). ④는 가언 삼단 논법(가정적 조건문)의 후건을 부정하여 전건을 부정한 것이므로 적절하다.

10 정답 ①

해설
㉠ 소쩍새: 한 형태소 안의 두 모음 사이에서 나는 된소리는 소리 나는 대로 적으므로 ㉠의 예로 적절하다.
㉡ 먹이: 어간에 '-이'가 붙어서 명사로 된 것은 그 어간의 원형을 밝히어 적으므로 ㉡의 예로 적절하다.

오답 풀이
② ㉠ 오뚝이: '-하다'나 '-거리다'가 붙는 어근에 '-이'가 붙어서 명사가 된 것은 그 원형을 밝히어 적으므로 ㉡의 예에 해당한다.
㉡ 머리카락(머리ㅎ가락): 두 말이 어울릴 적에 'ㅎ' 소리가 덧나는 것은 소리대로 적으므로 ㉠의 예에 해당한다.
③ ㉠ 싸전(쌀-전): 끝소리가 'ㄹ'인 말과 딴 말이 어울릴 적에 'ㄹ' 소리가 나지 아니하는 것은 아니 나는 대로 적으므로 ㉠의 예로 적절하다.
㉡ 널따랗다: 겹받침의 끝소리가 드러나지 아니하는 것은 소리대로 적으므로 ㉠의 예에 해당한다.
④ ㉠ 빛깔: 명사나 혹은 용언의 어간 뒤에 자음으로 시작된 접미사가 붙어서 된 말은 그 명사나 어간의 원형을 밝히어 적으므로 ㉡의 예에 해당한다.
㉡ 마감(막+암): 어간에 '-이'나 '-음' 이외의 모음으로 시작된 접미사가 붙어서 다른 품사로 바뀐 것은 그 어간의 원형을 밝히어 적지 아니하므로 ㉠의 예에 해당한다.

11 정답 ①

출전 김동환 외, 고등학교 《화법과 작문》 교과서, 미래엔, 수정

해설
제시문은 '고통의 감정을 느낄 수 있는 존재는(p는) 자신의 이익을 추구할 권리가 있고 차별받아서는 안 된다(q이다) → 동물은(r은) 고통을 느끼는 존재다(p이다) → 따라서 동물은(r은) 차별해서는 안 되고 권리를 지켜줘야 한다(q이다)'로 정리할 수 있으므로 연역 추론인 정언 삼단 논법이 쓰였다. ①에도 '모든 나라의 문화는(p는) 다른 나라의 문화와 서로 교류하며 변화하고 발전한다(q이다) → 언어는(r은) 문화에 해당한다(p이다) → 따라서 언어는(r은) 교류하면서 조금씩 변화한다(q이다)'와 같이 정언 삼단 논법이 나타난다.

오답 풀이
② 국어학 개론 수업을 들은 개인들의 경험을 종합하여 '다음 학기 국어학 개론의 과제도 쉬울 것'이라는 일반적 결론을 내리고 있다. 이는 특수하거나 개별적인 여러 사실로부터 일반적인 결론을 이끌어 내는 귀납 추론에 해당한다.
③ 나비의 삶과 인간의 삶 사이의 유사성을 통해 인간의 삶도 찰나에 불과하다는 결론을 내리고 있다. 이는 유비 추론에 해당한다.
④ 과거와 미래에 집착하는 삶과 현재에만 몰두하는 삶을 모두 지양하고 과거, 현재, 미래를 모두 고려하는 삶을 강조하고 있다. 이는 두 개의 대립하는 논점을 지양하고 통합함으로써 좀 더 높은 차원의 결론을 내린 것이므로 변증법에 해당한다.

12 정답 ③

해설
이범선의 〈오발탄(誤發彈)〉은 한국 전쟁 직후 서울 해방촌을 배경으로 하여 고향을 떠난 피란민 가족의 비참한 삶을 사실적으로 보여 주는 소설이다.
택시에 탄 철호는 운전수에게 행선지를 '해방촌'으로 말한 뒤, 다시 'S 병원'에서 다시 'X 경찰서'로 이동하라고 말하고 있다. 즉 철호는 해방촌에 가자고 말만 한 것이지 해방촌에 간 것은 아니다.

오답 풀이
① 택시에 탄 철호가 '해방촌'에서 'S 병원'으로 가자고 하자 운전수는 휙 핸들을 돌린다. 그리고 철호가 다시 'X 경찰서'로 가자고 하자 '이번에는 다행히 차의 방향을 바꿀 필요가 없었다'. 즉 해방촌과 S 병원은 반대 방향이라서 차의 방향을 바꿔야 했지만, S 병원과 X 경찰서는 같은 방향이라 차의 방향을 바꿀 필요가 없었다.
② S 병원으로 가던 철호는 택시가 한국은행 앞 로터리를 돌고 있을 때 행선지를 X 경찰서로 다시 바꾸었다.
④ X 경찰서에 도착한 철호는 내리지 않은 채 운전수에게 다른 곳으로 가자고 하고 있다.

13 정답 ②

출전 조윤제, 〈'노는 물' 선택의 묘〉, 《중소기업뉴스》(2019.2.18.)

해설
제시문은 주변 사람에 따라 자신의 성품과 인격도 바뀔 수 있다는 내용이다. 이러한 내용에 어울리는 한자 성어는 '麻中之蓬(마중지봉)'이다. '麻中之蓬(삼 마, 가운데 중, 갈 지, 쑥 봉)'은 '삼밭 속의 쑥이라는 뜻으로, 곧은 삼밭 속에서 자란 쑥은 곧게 자라게 되는 것처럼 선한 사람과 사귀면 그 감화를 받아 자연히 선해짐을 비유적으로 이르는 말'이다.

오답 풀이
① 雲泥之差[구름 운, 진흙 니(이), 갈 지, 어그러질 차]: 구름과 진흙의 차이라는 뜻으로, 서로 간의 차이가 매우 심함을 이르는 말
③ 夏葛冬裘(여름 하, 칡 갈, 겨울 동, 갖옷 구): 여름의 서늘한 베옷과 겨울의 따뜻한 갖옷이라는 뜻으로, 격이나 철에 맞음을 비유적으로 이르는 말. 반대되는 의미의 한자 성어로 '夏爐冬扇'이 있다.
  * 夏爐冬扇[여름 하, 화로 로(노), 겨울 동, 부채 선]: 여름의 화로와 겨울의 부채라는 뜻으로, 격(格)이나 철에 맞지 아니함을 이르는 말
④ 悠悠自適(멀 유, 멀 유, 스스로 자, 갈 적): 속세를 떠나 아무 속박 없이 조용하고 편안하게 삶.

14 정답 ②

출전 2024학년도 대학수학능력시험 9월 모의평가, 재구성

해설
㉠ 갑은 글자를 깨치기 이전부터 생활 속에서 자연스러운 지도를 통해 읽기 발달을 할 수 있다고 주장한다. 반면 을은 읽기 지도는 글자를 읽을 수 있는 기초 기능을 배운 후에 해야 한다고 주장한다.
㉢ 갑은 아이가 글자를 깨치기 이전부터 자연스러운 지도를 통해 듣기·말하기가 같이 발달할 수 있다는 입장이다. 또한 을도, '듣기·말하기와 달리 읽기 발달은 글자를 읽을 수 있는 기초 기능을 배운 후부터 시작~'에서 알 수 있듯이 듣기·말하기를 글자를 읽기 전에 지도할 수 있다는 입장이다.

오답 풀이
㉡ 읽기와 쓰기 영역이 함께 발달할 수 있는 학습 지도에 찬성하는 사람은 을이 아니라 갑이다. 갑은 글자를 깨치기 이전부터 일상 속 자연스러운 지도를 통해 읽기·쓰기가 같이 발달할 수 있도록 해야 한다고 주장하지만, 을은 듣기·말하기를 먼저 가르친 후 읽기, 쓰기의 순으로 가르쳐야 한다고 주장한다.

15 정답 ③

해설
작가 미상의 〈춘향가(春香歌)〉는 신분을 초월한 사랑과 신분 상승의 욕구 등을 주제로 한 판소리 사설이다.
㉢에 지난날을 후회하는 춘향의 심정은 나타나지 않는다. ㉢에서는 '이게 누구시오?', '어찌 그리 무정한가?', '날 살리러 와 계시오?'와 같이 의문형 진술이 반복되고 있는데, 이는 어사또를 만난 반가움, 어사또에 대한 그리움과 원망, 어사또가 자신을 구원해 주리라는 기대감 등 춘향의 복잡한 심정을 드러낸 것이다.

오답 풀이
① ㉠의 '몹쓸 딸자식'에는 자신 때문에 모친이 고생한다고 자책하는 춘향의 심정이, '천방지방 다니다가 낙상하기 쉽소. 이흘랑은 오실라 마옵소서'에는 모친을 염려하는 춘향의 심정이 드러나 있다.
② ㉡ "너의 서방인지 남방인지, 걸인 하나가 내려왔네!"에서 춘향 모친은 '서방'과 음이 유사한 '남방'을 함께 써서 어사또를 비꼬는 언어유희적 표현을 사용하고 있는데, 이는 어사또에 대한 춘향 모친의 불편한 심정을 드러낸 것이다.
④ ㉣의 '어찌 아니 한심하랴'는 서술자의 목소리가 노출되는 편집자적 논평으로, 걸인의 행색으로 자신을 찾아온 어사또를 보고 기대가 좌절된 춘향의 심정을 서술자가 직접적으로 제시한 것이다.

16 정답 ③

출전 2014학년도 고려대학교 수시논술(인문)

해설
다에서는 새로운 사회적 연결망으로 인해 출현하게 된 자발적 결사체와 출현 배경(목적)을 설명하고 있다. 그러나 다양한 형태의 자발적 결사체가 출현했다는 내용은 나와 있으나, 형태에 관한 구체적 설명은 나와 있지 않으므로 '자발적 결사체의 형태'가 중심 내용은 아니다.

오답 풀이
① 가에서는 혈연, 지연, 학연 등과 같은 사회적 연결망의 유형을 고대, 봉건 사회, 산업화 등의 인류 역사에 따라 설명하고 있으므로 '시대적 흐름에 따른 사회적 연결망의 유형'이 중심 내용으로 적절하다.
② 나에서는 새로운 사회적 연결망이 기술의 발전에 따라 형성되었음을 밝힌 뒤, 기존의 사회적 연결망을 동요시키고, 구성 주체들 간 평등한 구조를 지닌 새로운 사회적 연결망의 특징을 설명하고 있다.
④ 라에서는 자발적 결사체를 통해 구성원들이 책임감, 신뢰, 협동심 등을 기르고 민주주의가 발전한다고 하면서 자발적 결사체의 긍정적 효과를 설명하고 있다.

17
정답 ②

해설
못 마신다라고(×) → 못 마신다고(○): 앞말이 간접 인용되는 말임을 나타내는 격 조사는 '고'이다.

오답 풀이
① 일본 정부에(○): 무정 명사 다음에는 '에'를 사용하고 사람, 동물 등의 유정 명사 다음에는 '에게'를 사용한다.
③ 이로써(○): 시간을 셈할 때 셈에 넣는 한계를 나타내거나 어떤 일의 기준이 되는 시간임을 나타낼 경우에는 '로써'를 쓴다.
④ 장애인에 한한다(○): '어떤 조건, 범위에 제한되거나 국한되다'라는 의미인 '한(限)하다'는 '…에 한하다'의 형태로 쓰인다.

18
정답 ①

해설
• 얻다가(○): '얻다가'는 '어디에다가'가 줄어든 말이다.
• 어떡해(○): '어떡해'는 '어떻게 해'가 줄어든 말이다.

오답 풀이
② • 백분률(×) → 백분율(○): 한자음 '률(率)'이 단어의 첫머리 이외에 올 경우에는 두음 법칙이 적용되지 않으므로 본음대로 적지만, 모음이나 'ㄴ' 받침 뒤에서는 '율'로 적는다.
• 치른(○)/치룬(×): '무슨 일을 겪어 내다'의 의미로는 '치르다'가 바른 표기이다. '치르다'는 '치러 - 치르니' 등으로 활용한다.
③ • 그리고 나서(×) → 그러고 나서(○): '-고 나서' 앞에는 동사만이 오기 때문에 접속 부사 '그리고'에 '나서'를 결합하여 쓰는 것은 잘못이다.
• 덮인(○)/덮힌(×): '덮다'의 피동사는 '덮이다'이다.
④ • 몇 일(×) → 며칠(○): '며칠'은 '몇 일'로 쓰는 경우가 많지만 이렇게 표기할 경우 '몇 월'이 [며둴]로 소리 나는 것처럼 [며딜]로 소리가 나야 한다. 그러나 실제 발음은 [며칠]이므로, '몇'과 '일'의 결합으로 보지 않고 소리 나는 대로 '며칠'로 적는다.
• 장맛비(○): '장맛비'는 사이시옷을 받쳐 적는 단어이다.

19
정답 ④

해설
㉠ 固辭(굳을 고, 말씀 사): 제의나 권유 따위를 굳이 사양함.
㉡ 操作(잡을 조, 지을 작): 기계 따위를 일정한 방식에 따라 다루어 움직임.
㉢ 辭意(말씀 사, 뜻 의): 맡아보던 일자리를 그만두고 물러날 뜻 / 글이나 말로 이야기되는 뜻

오답 풀이
㉠ 考査(상고할 고, 사실할 사): 자세히 생각하고 조사함. / 학생들의 학업 성적을 평가하는 시험
㉡ 造作(지을 조, 지을 작): 어떤 일을 사실인 듯이 꾸며 만듦. / 진짜를 본떠서 가짜를 만듦. 또는 그렇게 만든 물건 / 지어서 만듦.
㉢ 謝意(사례할 사, 뜻 의): 감사하게 여기는 뜻 / 잘못을 비는 뜻

20
정답 ③

출전 두산그룹 적성 문제, 《이슈 & 시사상식》 5월호

해설
3~마지막 문단에 따르면, 개념을 식별하는 능력이 개념을 이해하는 능력을 함축하는 것이 아니며, 그 역도 마찬가지이다. 따라서 가을 장면을 완벽히 식별할 수 있어도 가을 개념을 이해했다고 말할 수는 없다. 이를 바탕으로 할 때, '호랑이'와 '사자'를 구분(식별)한다고 해서 이 둘의 개념을 이해했다고 말할 수는 없을 것이라고 추론할 수 있다.

오답 풀이
① 3문단에 따르면, 가을 개념을 몰라도 가을을 식별할 수 있다. 즉 개념을 식별하는 데 개념 이해가 반드시 필요한 것은 아니다. 따라서 인공 지능이 고양이와 개의 개념 차이를 선수 학습하지 않아도 고양이와 개를 식별할 수 있다.
② '인간'을 가리켜 '원숭이'라고 부르는 것은 인간과 원숭이를 식별하지 못한 것이므로 '식별 능력'이 부족한 것이다. 또한 2문단에서 '고양이'를 '족제비'라고 부르더라도 '고양이'의 개념을 모른다고 판단할 수 없다고 했듯이, 인간과 원숭이를 식별하지 못한다고 해서 인간과 원숭이에 대한 개념 이해 능력이 부족하다고 판단할 수는 없다.
④ 마지막 문단에 따르면, 인공 지능이 사물의 개념을 충분히 이해하는 것을 영원히 불가능하다고 단언할 수는 없다. 따라서 인공 지능이 '사물의 개념을 이해할 수 없을 것'이라고 추론할 수는 없다.

공무원 국어의 표준
선재국어가 제시하는 초효율 학습 전략!

동영상 강의 gong.conects.com

2024

매일 국어 ③

정답과 해설